중국인 한국어 교사 연구

전북대학교 교과교육연구총서 ⑬

중국인 한국어 교사 연구

김가람

발간사

이 시대 교육의 중요성에 대해서는 다시 강조해도 부족함이 없을 듯합니다. 우리 전북대학교 사범대학은 지역사회와 나라를 대표하는 교육 연구와 실천의 요람으로서 나름의 역할을 충실히 해왔음을 자부합니다. 그동안 안으로는 학문적으로 교육의 이론을 세우고, 밖으로는 이를 실천하는 우수한 선생님들을 수없이 배출해 온 역사가 이를 잘 보여준다고 믿습니다. 그러나 하루가 다르게 변화하는 교육 현실은 우리에게 또 다른 도전을 요구하고 있습니다.

특히 그동안 광범위한 영역에서 교과 교육은 있어 왔으나, 이에 관한 이론 수준의 연구가 부족했던 것이 사실입니다. 이에 우리 전북대학교 교과교육연구소는 이런 학계와 교육계의 반성을 바탕으로 교과 교육 방면의 지식 체계를 구조화할 수 있는 이론의 개발에 노력하기로 했습니다. 교과교육연구총서의 발간과 보급은 이를 뒷받침할 수 있는 사업의 하나로 기획된 것입니다.

이론 없는 실천은 공허하기 쉽습니다. 우리의 궁극적 목표는 교육 현장에서 이루어지는 것이지만, 이를 위해서는 치열한 이론 탐구가 전제되어야 합니다. 이론 제시가 토론을 낳고, 토론의 결실이 현장에 반영되고, 다시 그 결과가 이론 연구에 영향을 주어야 합니다. 학교 현장에서의 교육은 교과 교육의 형태를 띠고 있습니다. 때문에 교과 교육에 대한 이론적 연구는 어떤 연구보다 우선시되고 중요하게 여겨져야 할 것입니다. 우리 전북대학교 교과교육연구소는 앞으로도 이 점에 역점을 두고 여러 사업을 진행해 나가고자 합니다.

우리 연구소의 노력이 총서의 형태로 결실을 맺기까지는 집필에 참여해주신 연구자 여러분은 물론이거니와, 많은 분들의 헌신적인 노고가 깃들어 있음을 잘 알고 있습니다. 우리는 이를 항상 기억하고 또 다른 결실로 보답하기 위해 노력하고자 합니다. 특히 이런 뜻깊은 사업의 취지에 동감하고 아낌없는 지원을 해주시는 전북대학교 당국의 배려에 감사의 말씀을 드립니다.

이제 약간은 두근거리는 심정으로 우리 노력의 결과를 하나씩 세상에 내놓고자 합니다. 아무쪼록 이 총서를 접하는 많은 이들에게 의욕과 성과가 함께 하기를 기원합니다.

전북대학교 교과교육연구소장

머리말

이 책의 출발은 2013년 봄으로 거슬러 올라간다. 당시 학과 조교였던 정진석 선생님(강원대 국어교육과)이 북경대에 객원교수로 파견 갈 수 있는 기회가 있는데 지원해 보는 것이 어떠냐고 연락을 했다. 평소에 믿고 의지하는 선배의 제안이었기에 긍정적으로 생각을 하였고, 가족과 상의한 후에 결정을 하겠다고 답을 하였다. 곧바로 아내에게 연락을 했고, 아내는 갑작스런 제안에 놀라기는 했지만, 신혼 생활을 북경에서 하는 것도 나쁘지 않겠다고 생각을 하여 북경행을 결정했다. 한때 유행이었던 '중국견문록' 한 권을 끼고 그렇게 우리 부부는 북경으로 향했다.

1년 동안 북경대 조선(한국)어 문화학부에서 객원교수로 중국인 학생들에게 한국어를 가르쳤다. 석사 과정을 마치고 약 3년 반 동안 국내 대학의 언어 교육기관에서 한국어를 가르쳤던 것과는 너무나도 다른 경험이 마냥 새로웠다. 낯선 중국 생활보다 중국 대학에서 이루어지는 한국어교육이 더 신기했다. 한국에서는 한국인 선생님이 한국어로 가르치는 것이 당연하지만, 이곳에서는 중국인 선생님이 중국어로 한국어를 가르쳤다. 한국어교육이라는 것이 국내에서 원어민 한국어 선생님만으로 이루어지는 것이 아니라는 것을 배우게 되었고, 국외 한국어교육은 현지의 맥락이 영향을 미친다는 것을 마주하면서 한국어교육에 대한 큰 깨달음을 얻었다. 그리고 이러한 깨달음은 연구로 이어졌고, 2015년부터 중국의 한국어교육, 중국인 한국어 교사에 대한 여러 편의 논문을 발표하게 되었다. 그리고 2020년 2월에는 '중국인 한국어 교사의 코드 스위칭 사용 양상과 맥락 연구'라는 제목으로 박사 논문을 출간하게 되었다.

이 책은 박사 논문을 중심으로 중국에서 한국어교육과 중국인 한국어 교사의 언어 사용에 대한 일련의 연구를 묶은 것이다. 중국을 포함하여 국외 한국어교육 현장은 국내와는 다르다. 원어민 교사보다는 비원어민, 즉 현지인 교사들이 많고, 학습자들의 국적과 언어는 동일하다. 또한 교수학습 현장에는 현지의 교육 정책과 교육 문화가 더 큰 영향을 미친다. 따라서 이러한 특수성을 고려한 한국어교육 연구가 이루어져야 함이 자명하지만, 여전히 한국어교육학계에서는 국내의 한국어교육 현장을 중심으로 연구를 수행하고 있으며, 교사 연구 역시 원어민 한국어 교사를 중심으로 이루어지고 있다. 국외에는 국내보다 더 많은 수의 학습자들이 한국어를 배우고 있으며, 많은 수의 비원어민 한국어 교사들이 한국어를 가르치고 있다. 이러한 교육 현장에 대한 정확한 이해가 없다면 지속가능한 한국어교육은 불가능할 것이다. 이러한 관점에서 중국의 한국어교육을 올바르게 바라보고, 이해해 보려는 시도에서 출발한 연구가 이 책에까지 이르게 되었다. 비록 논문 몇 편이 묶인 작은 책이지만, 이 책이 국외 한국어교육 현장과 비원어민 한국어 교사에 대한 연구를 추동하는 마중물이 되기를 바라는 마음으로 출간을 결정하였다.

첫 번째 단독 저서이기 때문에 감사드릴 분들이 많다. 무엇보다 이 책의 근간이 되는 박사 논문 지도교수이신 김호정 선생님께 감사드린다. 김호정 선생님은 석사 지도교수님의 갑작스러운 퇴직으로 소년 가장(?)이 되어 방황하던 시기에 학과에 새롭게 부임하셔서 나를 첫 번째 지도 학생으로 거두어 주셨고, 교사론이라는 변방의 주제로 논문을 쓰겠다는 호기로움을 넉넉하게 품어주셨다. 학문에 대해서는 한 치의 양보도 없는 꼼꼼한 분이지만 생활에 있어서는 한없이 자애로운 성품을 가지신 지도교수님 덕분에 무사히 졸업을 하게 되었고, 가정생활도 잘 영위할 수 있게 되었다. 학위 논문의 심사위원장을 맡으셔서 논문이 논문다워지도록 방향을 잡아주신 구본관 선생님, 본래 생각과는 다른 방향으로 논문이 전개되면서 방법론이 흔들릴 때 큰 힘이 되어 주신 민병곤 선생님께 감사드린다. 또한 국립국어원장이라는 중책을 맡고 계신 중에도 학부 제자의 학위 논문 심사위원으로 참여하여 큰 힘이 되어 주신 소강춘 선생님, 멀리 광주에서 먼 길을 마다 않고 달려와 논문의 세부적인 부분까지 꼼꼼하게 챙겨주신 백승주 선생님까지. 학위 논문의 심사를 맡아 주신 선생님들의 지도가 없었다면 학위 논문은 물론 이 책은 세상에 나올 수 없었을 것이다. 또한 대학원 시절 언제나 학문과 생활에서 본이 되어 주신 서울대학교 국어교육과 은사님들의 학은 덕분에 지난한 공부의 여정을 마칠 수 있었다.

학위 논문의 출발은 북경대에서의 경험이었다. 북경대 조선(한국)어문화학부 학과장이신 왕단 선생님께서는 같은 분야의 연구자로서 나를 존중해 주셨을 뿐만 아니라, 한국에서 온 후배의 중국 생활에 대해서도 물심양면으로 챙겨 주셨다. 귀국 후에도 중국 관련 일들을 함께 할 수 있는 기회를 주셔서 국내에서 중국의 한국어교육 전문가로서 행세할 수 있도록 도움을 주고 계신다. 북경에서 지내는 동안 한국인 선배로서 큰 힘이 되어 주신 금지아 선생님, 입국 때부터 출국 때까지 북경 생활의 동반자가 되어 주신 문려화 선생님, 북경에서 지내는 동안 우리 부부의 키다리 아저씨가 되어 준 정일 선생님께도 감사드린다. 무엇보다 연구 참여자로서 수업을 참관하게 해 주시고, 자료 수집 과정에서 인터뷰에 성실하게 임해 주신 중국인 선생님들께 다시 한번 감사드린다. 이분들의 헌신적인 참여가 없었다면 이 책은 시작하지도 못했을 것이다.

이 책은 전북대학교 사범대학 교과교육연구소의 13번째 연구 총서이다. 총서의 기회를 주신 교과교육연구소 소장이신 국어교육과 한창훈 선생님께 감사드린다. 연구 교수로 전북대에 처음 오게 되었을 때부터 연구 공간을 제공해 주셨고, 그곳에서 연구에 전념할 수 있는 편안한 환경을 만들어 주신 덕분에 좋은 성과들을 낼 수 있었다. 또한 국어교육과의 주재우, 민재원, 이인화 선생님은 가장 가까운 곳에서 함께 연구와 교육, 생활을 공유하는 분들이었다. 연구실에서 공부를 하다가 점심시간에 복도에서 만나 함께 식사를 하고, 산책을 하며 나누었던 연구 이야기, 교육 이야기, 육아와 정치 그리고 야구 이야기까지 이런 경험이 있었기에 단조로운 전주 생활이 더욱 풍성해질 수 있었다. 올해부터 연구실을 옮기게 되면서 이제는 자주 볼 수 없게 되었지만, 여전히 학교생활의 든든한 지원군이 되어 주셔서 감사할 따름이다.

연구자의 성과 뒤에는 가족의 지원이 필연적이다. 칠순을 넘기신 부모님은 요즘도 매일 큰아들을 위해 새벽 기도를 가신다. 내 인생의 가장 친한 친구이자, 가장 존경하는 대상인 부모님처럼 살아가는 것이 인생 후반부의 목표임을 선언하며, 감사의 인사를 대신하고자 한다. 작년부터 투병 중이신 장인어른, 간병으로 힘든 시간을 보내고 있음에도 환하게 웃으시면 사위를 격려해 주시는 장모님께도 감사드린다. 이 책이 조금이나마 두 분께 힘이 되었으면 하는 바람이다. 박사 논문과 함께 이 세상에 태어난 딸은 내 인생에 벼락같이 찾아온 축복이다. 딸을 통해 인생이 아름다운 것임을, 인생이 행복한 것임을 새삼 깨닫는다. 아빠 연구실을 누구보다 좋아하는 재인이와 함께 연구실에서 이 글을 쓰고 있는 지금이 내 인생 최고의 순간임은 당연하다. 학부 시절 만나 20년 동안 곁을 지켜주고 있는 아내는 축복 받은 내 인생의 가장 아름다운 동반자이다. 이 책의 출발이 북경에서 경험이고, 그 경험을 온전히 함께 한 아내가 있었기에 연구는 물론 지금 누리고 있는 평안한 삶도 가능했다. 아내의 수고와 격려, 사랑에 대해 이 책이 작은 보답이 되었으면 한다.

북경에 다녀온 이후 중국의 한국어교육과 관련한 논문을 발표한 지 올해로 10년이 되었다. 지난 10년 동안 연구자로서 내가 가장 주목했던 연구 주제는 중국인 한국어 교사를 포함한 비원어민 한국어 교사에 관한 것이었다. 이 주제로 8편의 논문을 썼고, 한국연구재단에서 두 번의 연구비를 지원 받아 관련 연구를 수행하였다. 10년 간의 성과를 이 책에 담아 출간을 함으로써 연구자 인생의 첫 번째 페이지에 마침표를 찍는다. 마침 올해 전북대 한국어학과에 임용이 되면서 삶의 전환점을 맞이한 만큼 앞으로 새로운 화두에 천착하여 긴 호흡으로 학문공동체에 기여할 수 있는 연구로 새로운 10년을 살아갈 계획이다.

마지막으로 연구자이자 교육자로서 필요한 지혜의 근원이 되신 하나님께 감사드리며, 이 책이 중국에서 한국어를 가르치는 중국인 선생님들을 이해하는 데에 조금이나마 보탬이 되기를 소망한다.

2025년 10월의 어느 멋진 날에, 인문사회관 822호 연구실에서

차례

제3장 중국인 한국어 교사의 문법 용어 사용 양상

제4장 중국인 한국어 교사의 코드 스위칭 사용 양상

제1장

중국인 한국어 교사의 개념과 특성

1. 서론

이 글의 목적은 중국에서 한국어를 가르치는 중국인 한국어 교사[1]에 대한 이론적 고찰을 통해 중국인 한국어 교사의 개념과 특성을 탐색하는 것이다. 중국은 전세계에서 가장 활발하게 한국어교육을 실시하고 있는 곳이다. 한국어학과가 꾸준히 늘어나고 있으며, 한국어 강좌 개설 대학 또한 증가하고 있는 추세이다. 중국에 진출한 한국 기업의 사내 한국어 강좌와 한국문화원, 세종학당 등의 정부 주도 한국어교육까지 가세해 한국어교육의 외연을 넓혀가고 있다(조항록, 2004:12). 이처럼 중국에서 한국어교육이 양적인 측면에서 가파른 성장세를 보이고 있지만, 질적인 측면에서의 성숙은 미흡한 편이다. 아직까지 중국 내에서 표준화된 한국어 교육과정이 제정되지 않았으며, 교재 또한 한국에서 출판된 교재를 번역해서 사용하는 곳이 많다. 교육 현장뿐만 아니라 연구의 측면에서도 여전히 현황 소개와 대조분석에 근거한 기초 연구가 주를 이루고 있는 실정이다. 따라서 한국어교육의 내실을 다지고, 질적인 성숙을 꾀하기 위해서는 중국에서 진행되는 한국어교육의 특수성에 대한

---

1 국어기본법에서는 "재외동포나 외국인을 대상으로 국어를 가르치는 사람을 한국어 교원"이라고 지칭하고 있다. 따라서 중국인 학습자를 대상으로 한국어를 가르치는 사람은 법률에 근거하여 '한국어교원'이라고 해야 할 것이다. 그러나 한국어교원은 법률 용어일 뿐 일반적으로 가르치는 사람에 대하여 '교사'라는 지칭을 주로 사용하기 때문에 한국어를 가르치는 사람도 '한국어 교사'가 더 보편적이다. 이러한 관점에서 이 글에서도 '중국인 한국어 교사'라는 용법을 사용하고자 한다.

심층적인 이해가 필요하다. 다른 지역과는 차별되는 교육 현장의 특성과 중국인 학습자에 대한 이해, 중국에서 사용하는 한국어 교재 대상의 교재론 연구와 중국인 한국어 교사론 연구 등이 이에 해당할 것이다. 이러한 맥락에서 이 글에서는 중국의 한국어교육에서 드러나는 특수한 현상인 중국인 한국어 교사에 대한 이론적 고찰을 실시하고자 한다.

중국에서 한국어를 가르치는 한국어 교사는 원어민에 해당하는 한국인 한국어 교사와 비원어민 한국어 교사인 중국인 한국어 교사로 구분된다. 그리고 중국인 한국어 교사는 다시 재외동포인 조선족(朝鮮族) 한국어 교사와 한족(漢族)[2] 한국어 교사로 세분화된다. 이처럼 중국의 한국어 교사는 한국인, 조선족, 한족의 세 집단으로 구성되어 있는데, 이러한 교사 구성은 매우 특수한 현상이다. 중국보다 많은 수의 재외동포가 거주하고 있는 미국의 경우도 한국인 원어민 교사가 다수를 차지하고 있으며, 일본 역시 재일동포 교사보다는 한국인 교사가 대다수이다. 또한 러시아나 중앙아시아의 국가들 역시 교사 집단이 중국처럼 삼분화되어 있지는 않다(조항록, 2004). 따라서 중국의 한국어교육이 지닌 특수성을 보여줄 수 있는 삼분화된 교사 구성에 대한 연구는 매우 필요할 것이다. 그러나 중국의 한국어교육 연구는 이러한 특수성에 대하여 간과하였다. 노금송(2009), 오상순(2010)에서 한국어 교육자를 주제로 논의하였지만 학위, 교수 직함, 교육 경력, 지역 등을 기준으로 교수진 현황을 소개하는 수준에 그쳤다. 최윤곤(2010)에서는 중국의 비원어민 한국어 교사를 대상으로 연구를 하였지만 원어민과 비원어민의 이분법으로만 구분하여, 조선족과 한족으로 세분화되는 중국인 한국어 교사의 특수성에 대해서는 논의하지 않았다. 축문영(2012)에서도 말하기 교육을 담당하는 한

2 본 연구에서 사용하는 한족(漢族)이라는 명칭은 중국의 56개 민족 가운데 하나인 한족을 지칭하는 고유명사가 아니라, 재외동포에 해당하는 조선족과 상대적인 개념으로 조선족을 제외한 나머지 민족으로 구성된 중국인 한국어 교사를 총칭하는 의미이다.

국어 교사의 전략을 다루면서 말하기 교육을 담당하는 교사는 조선족이라고 전제를 하고 다른 가능성을 배제한 채 논의를 전개하였다.

최근에 이르러 세 교사 집단을 구분하여 각각의 특성을 살펴보는 연구들이 진행되었는데, 왕해하(2012), 김가람(2015b)에서 한국인, 조선족, 한족 출신의 세 교사 집단에 대한 학습자 인식을 연구하였으며, 신은경(2014)에서는 한족과 조선족 교사의 PCK 분석을 통해 교육 역량을 평가하였다. 그러나 이러한 연구들은 설문조사나 수업 관찰, 인터뷰 등을 토대로 진행된 실증적 연구이기 때문에 드러난 사례에만 주목하였을 뿐 이러한 현상이 등장하게 된 배경과 형성 과정, 그리고 각각의 개념 등에 대한 이론적 논의는 부족한 편이다.[3] 이러한 중국인 한국어 교사의 특수성에 대한 연구 경향은 한국어교육의 전반적인 교사론 연구 경향과 유사하다. 강승혜(2014:19)에서는 한국어 교사론 연구가 학습자 연구에 비해 상대적으로 미흡하다고 지적하면서 특히 교사 요인이나 교사의 역할 및 자질에 대한 연구가 상대적으로 적게 진행되었기 때문에 교사 집단의 특성을 밝히고, 교사에 대한 이해를 도울 수 있는 심층적인 연구가 필요하다고 하였다. 이러한 연구 동향에 근거했을 때 중국인 한국어 교사 집단의 특성을 밝히고, 이들의 자질과 역할에 대하여 선행 연구 분석을 통한 이론적 고찰을 실시하는 것은 한국어교육 연구 전체에서도 매우 시의적절한 연구가 될 것이다. 따라서 이 글에서 주목하는 중국인 한국어 교사의 이원화는 중국의 한국어교육 특수성을 보여줄 수 있는 것은 물론 한국어교육 전반에서도 교사론 연구의 지평을 확대할 수 있는 기초 연구가 될 수 있을 것이다.

---

3 이미 수행된 실증적 연구는 드러난 현상에만 주목한 채 현상 이면에 자리 잡고 있는 개념과 특성, 사적 전개 등을 간과하였다. 따라서 기존의 선행 연구에 대한 고찰과 연구자의 분석을 토대로 한 이론적 탐색은 실증적 연구 결과를 해석하는 데에 도움이 될 뿐만 아니라, 또 다른 연구를 촉진하는 기초 연구가 된다는 점에서 의의가 있다.

2. 조선족 한국어 교사의 개념과 특성

2.1. 조선족 공동체의 형성

권태환(2006:17-18)에 따르면 중국 조선족 공동체의 출발은 1860년대로 거슬러 올라간다. 당시 조선은 계속되는 흉년과 각종 난으로 커다란 혼란에 휩싸여 있었고, 기아에 허덕이던 상황에서 중국과 국경을 마주하고 있던 함경도 주민들이 비옥한 간도 땅으로 건너가 농사를 짓기 시작한 것이 조선족 공동체의 시작으로 알려져 있다. 그러나 본격적인 조선에서 만주로의 이동은 일제에 의해 조선이 멸망한 1910년부터였다. 1910년~20년 사이에 일본의 식민지 농업 정책에 의해 조선에서 밀려난 헐벗은 농민들이 만주로 이주하였으며, 1930년대 중반 일본의 만주 침략 이후 일본이 만주 지역을 식량 기지로 개발하기 위해 조선인들의 집단 이주를 정책적으로 추진하면서 만주로의 이동이 급증하게 되었다. 이후 1945년 일제의 멸망으로 많은 수의 조선인이 귀국하였지만, 귀환하지 않은 한인들은 그곳에 정착하였고, 중국 정부는 이들을 정식 소수민족으로 인정하였다. 1945년 모택동은 <중국혁명과 중국 공산당>에서 '중국 경내에 거주하고 있는 조선인을 중국의 소수민족으로 인정한다'라고 선포하였고, 이후 1952년에는 길림성 연변에 '조선족자치주'가 건립되었고, 조선인, 고려인, 반도인 등으로 불리던 명칭은 '조선족'이라는 공식적인 이름을 갖게 되었다. 1958년에는 길림성에 '장백조선족자치현'이 건립되고 길림(吉林), 흑룡강(黑龍江), 요녕(遼寧), 내몽고(內蒙古) 등의 지역에 42개 조선족자치향이 건립되었다.[4] 이처럼 중국의 조선족은 중국 공

4 중국의 민족자치구역의 획분은 인구수와 구역의 규모에 따라 자치구(自治區), 자치주(自治州), 자치현(自治縣), 자치향(自治鄕)으로 구분된다. 자치구는 성(省)급의 규모이고 자치주는 도시(市) 규모로서 성 산하에 있으며, 자치현은 시 산하에, 자치향은 현 산하에 있다.

산당의 민족 정책 하에 중국의 공민(公民)으로 평등의 권리를 갖게 되었다.

이후 조선족은 주로 길림, 요녕, 흑룡강으로 구성된 동북 3성(東北三省)에 집중적으로 거주하였다. 동북 3성의 조선족 거주자는 1982년에는 전체 중국 전체 거주자의 98%에 이르렀으며, 그 가운데 63%가 길림성에 거주했고, 길림성에 거주하는 조선족의 63%가 연변 조선족자치주에 거주했다. 총 조선족 인구의 43%가 이곳에 거주한 것인데, 1992년 한·중수교 이후 이들 3성에 집중된 조선족 인구는 다른 도시로 분산되기 시작하였다. 청도(靑島), 위해(威海)와 같이 한국 기업의 진출이 활발한 연안 도시 지역과 북경(北京), 상해(上海) 등의 대도시 지역으로 조선족 이주가 본격화되면서 이들 도시를 중심으로 높은 인구 성장률을 보였다.

2.2. 조선족 언어의 특성

중국에서는 조선족이 사용하는 언어를 '조선어'라고 칭한다. 일반적으로 국어학계에서 '조선어'라는 명칭은 북한의 우리말을 의미한다. 그러나 중국 정부에서는 소수민족인 조선족들이 사용하는 우리말을 '조선어'로 규정하고 있기에 이 글에서는 조선족이 사용하는 언어를 '조선어'라고 칭하고, 북한의 우리말을 '북한어', 남한 즉, 대한민국의 우리말을 '한국어'라고 칭하겠다. 현재 조선족은 이중언어교육을 실시하고 있다. 이중언어교육이란 소수민족 학생이 자신의 민족어와 공용어인 중국어 즉 '보통화'(普通話)를 동시에 배우는 언어 교육 형식을 말한다. 이러한 정책에 따라 조선족 초등학교와 중학교(고등학교 포함)에서는 민족어로서 조선어를 배울 뿐만 아니라 한어(漢語) 교육 또한 강조되고 있다. 조선족들이 민족어로서 배우게 되는 조선어는 어휘와 문법 체계, 억양과 발음 등에서 한국어와 사뭇 다른 양상을 보이고 있다. 이러한 차이는 기본적으로 조선어의 규범이 한국어와는 다른 양상으로 변화한 것에 기인한다. 문창덕(2006)은 해방 후 중국 조선어 규범의 변화에 대해서 4시기로 구분하여 정리하였다. 제1시기(1945~1954년)는 '한글 맞춤법 통일안'을 따른 시기로 당시에는 남한과 북한, 조선족 모두가 같은 규범을 따르던 시기였다. 제2시기(1954~1969년)는 조선과학원의 '조선어철자법'을 따른 시기로 조선어는 북한의 언어 정책에 큰 영향을 받았다. 이후 제3시기(1970~1976년)는 '조선족 언어 문제 모택동 학습반'에서 채택된 '조선말 띄어쓰기(방안)'를 따른 시기로 이때부터 조선족 사회의 독자적인 언어 규범이 채택된 시기이며, 제4시기(1977년~현재)는 동북3성 '조선말규범집' 집필 소조에서 편찬한 '조선말규범집'을 따르는 시기이다. 이러한 독자성을 바탕으로 1990년에는 <외래어 표기법>과 <다듬은 말 처리 세칙>, 1991년에는 <방언 어휘 사정 원칙>을 제정하였다(손영, 2013:20-21). 이처럼 조선어는 초창기에는 우리말의 모습을 간직하고 있었지만 시간이 지나면서 북한어, 한국어, 한어의 복합적인 영향으로 다양한 모습으로 변화를 거쳤고 현재는 조선족들만 이해할 수 있는 새로운 형태의 변이형으로 자리 잡게 되었다.

최근 조선어 이중언어교육을 위한 민족 학교의 '조선어문' 교육은 실용성을 강조하는 사회 분위기 속에서 큰 문제에 직면하고 있다. 특히 농촌 지역의 작은 소학교의 경우 인구 수 감소로 폐교 위기에 직면하고 있으며, 도시에 호구를 두고 있는 조선족 학생들도 민족학교보다는 한족 학교를 선호하는 경향이 커지면서 조선족 민족학교 교육이 점점 어려움을 겪게 될 것으로 전망하였다(권태환, 2006). 이러한 상황 속에서 성장하게 될 조선족들의 경우 앞으로 재외동포로서의 특수성은 상실한 채 일반 외국인 학생들과 마찬가지로 '외국어로서 한국어'를 배우게 되는 상황을 맞이하게 될 것으로 보인다.

2.3. 조선족 한국어 교사의 특성

조선족 한국어 교사의 특성에 대한 논의는 조선족이 원어민 화자인가 비원어민 화자인가에 대한 질문에서 시작되어야 한다. 전통적인 조선족 1~2세대의 경우 한국에서 이주한 지 얼마 되지 않았고, 대부분이 조선족자치주, 크게는 동북 3성에 집거하면서 조선어를 공통으로 사용하면서 생활했다. 그리고 대부분의 자녀들은 민족학교에 다니면서 조선어를 공부했다. 따라서 이들은 가정에서나 학교에서 조선어를 모국어로 사용했기 때문에 원어민 화자에 가까웠다. 그러나 시간이 지나면서 조선어는 한어(漢語)의 차용과 북한어의 영향을 강하게 받게 되면서 현재의 한국어와는 사뭇 다른 양상으로 변하게 되었다. 특히 북한어의 영향으로 표준 한국어와는 다른 문법 체계를 갖게 되었고, 한어의 영향까지 더해져 형태와 어휘 측면에서도 독자적인 모습을 보이게 되었다. 언어적인 측면 외에도 최근 들어 조선족의 거주 범위가 동북 3성을 벗어나 중국 전체로 확장되면서 한국의 고유 문화에 대한 이해도가 떨어지게 되었다. 또한 학교 교육 역시 민족학교가 아닌 일반 중국인 학교에 진학하게 되면서 한국인 원어민 화자로서 역할을 감당하기 어려운 모습으로 변하게 되었다. 따라서 조선족 한국어 교사는 한족과 마찬가지로 비원어민 한국어 교사로 규정해야 할 것이다.

그러나 현재 한국어교육에 종사하는 조선족 한국어 교사의 경우 전통적인 조선족의 교육 환경 속에서 자라면서 재외동포 한국어 교사라는 독특한 언어 정체성을 발달시켜 왔다. 전통적인 조선족 교사의 경우 한국어에 대한 지식이 풍부하고, 한국과의 교류가 용이하기 때문에 학습자들에게 원어민 화자의 역할을 할 수 있다(왕단, 2009:57). 특히 조선족 한국어 교사는 재외동포로서 가정에서 제1언어로 조선어를 습득했으며, 민족학교에 다니면서 민족어로서 조선어를 배웠기 때문에 조선어가 매우 능숙하다. 또한 조선족들이 성장한 지역 공동체의 경우 한국의 전통적인 문화를 간직한 경우가 많기 때문에 한국 문화에 대해서도 익숙하다. 이러한 특성을 근거로 김가람(2015b)에서 밝힌 한국어 교사에 대한 인식 조사에서도 조선족 한국어 교사가 한족에 비해 문화교육에 적합하다고 하였다. 따라서 전통적인 조선족 집거 지역에서 자란 조선족 교사가 한국인 원어민 역할을 감당하더라도 큰 무리는 없을 것이다.

그러나 조선어 자체가 현재 한국어와는 다른 모습을 보이고 있어서 억양이나 발음에서 차이가 나타나며, 문법 체계가 달라지면서 한국어에 대한 내적 이해도가 떨어지는 문제가 발생하였다. 특히 인터넷과 매체의 발달로 표준 한국어를 빈번하게 경험한 학습자들은 조선족 한국어 교사의 한국어가 표준 한국어와는 다르다는 것을 알게 되었고 이는 한국어 교사에 대한 인식에도 영향을 미쳐 한국어 교사에 대한 전체적인 선호도에서 한국인, 한족에 이어 가장 낮은 선호도를 보였다(김가람, 2015b). 또한 중국어를 완벽하게 구사하지 못한다는 단점과 더불어 교수 방법과 태도, 학습자와의 관계 형성에서 문화 충돌 반응을 보이기도 하였다. 왕해하(2012:73-75)에 따르면 조선족 한국어 교사가 상하 예절을 중시하고, 학생들에게 고압적인 태도를 갖는 경우가 있다고 하였다. 이처럼 조선족 한국어 교사는 한국어와 중국어 모두 능통하기 때문에 원어민과 비원어민 교사의 역할을 모두 감당할 수 있다는 장점이 있는 반면 조선어의 특성으로 인한 어려움과 한족 학습자와의 관계 설정에서 문화적인 문제점을 보이고 있음을 알 수 있다.

3. 한족 한국어 교사의 개념과 특성

3.1. 한족 한국어 교사의 등장

중국에서 한국어교육은 연변대학 출신의 조선족을 중심으로 교육과 연구가 이루어졌다. 초창기 한국어학과의 대부분은 조선족 한국어 교사를 중심으로 운영되었으며, 사용 교재도 연변대학교 출신들이 제작한 것을 주로 사용하였다. 그러나 한·중수교 이후 한족 출신 학습자들이 한국어과를 졸업한 후에 한국어교육을 전공으로 한국으로 유학을 가게 되었고, 한국 유학 1세대가 중국으로 돌아오면서 한족 출신 한국어 교사가 등장하기 시작하였다.

한족 출신 한국어 교사의 유형은 크게 다음의 두 가지로 요약된다. 첫째, 중국 대학에서 한국어를 전공한 뒤 한국 대학원에 진학하거나 중국 대학원에 진학해서 한국어를 전공으로 하여 석사, 박사 학위를 받은 뒤에 대학에서 한국어를 가르치는 경우이다. 이는 가장 대표적인 유형으로 중국 대학에서 고학력 교수자를 요구하는 정책에 따라 한국어를 전공으로 학위를 받은 경우이다. 현재 대도시의 큰 대학 한족 교수들은 대부분 이러한 과정을 거쳐 임용되었다. 초창기 한국어학과의 경우 한국어를 할 수 있는 조선족들이 박사 학위 없이 채용된 것에 비해 한족 출신들은 체계적인 교육과정을 거쳐 임용된 경우가 많기 때문에 교육과정의 체계를 완성하고 운영하는 데에 큰 기여를 하고 있다. 두 번째는 한국에서 유학을 하였으나 한국어를 전공 하지 않은 경우이다. 이 때 한국에서 전공은 한국 역사나 경제와 같은 한국학, 실제적인 취업에 도움이 되는 경영학, 관광학 등인데 한국어가 비교적 능숙하기 때문에 한국어학과에서 한국과 관련이 있는 인접 학문 분야를 강의하기 위해서 채용한 것이다. 중국 대학의 경우 한국어과라고 하더라도 온전히 한국어 자체만을 교육하는 것이 아니라, 언어 교육의 목적이 취업인 경우가 많기 때문에 취업에 도움이 되는 관련 학문에 대한 강의도 많이 개설된다. 따라서 '무역 한국어', '실용 한국어' 등의 교과목을 담당하는 교수의 경우 한국어를 전공한 사람보다, 한국어에 능숙한 타전공자 한족이 많다. 이러한 경로를 거쳐 현재 많은 수의 한족 한국어 교사가 한국어를 가르치고 있으며, 한국어를 배우는 학습자의 대다수가 한족이기 때문에 앞으로 한족 출신 한국어 교사의 수는 점점 더 증가할 것으로 보인다.

3.2. 한족 언어의 특성

조선족의 언어인 조선어는 한국어와 같은 뿌리에서 출발하였지만 여러 가지 외적인 요인에 영향을 받아 현재의 모습으로 변화하였다. 따라서 조선어의 역사적인 변화 과정과 변화에 영향을 준 요인을 살펴보는 것은 조선족 한국어 교사의 특성을 이해하는 데에 필요한 일이다. 그러나 한족의 언어인 현대 중국어를 상세하게 기술할 필요는 없다. 이는 중국어학 연구의 몫이기 때문이다. 따라서 대조언어학의 측면에서 한국어와의 차이를 간단하게 기술하는 것으로 한족 한국어 교사가 사용하는 언어의 특성을 제시하고자 한다.

한족 한국어 교사가 사용하는 언어는 중국의 표준어인 보통화(普通話)이다. 보통화는 북경어음을 표준으로 삼아 북방 방언을 기초로 한 현대 중국의 표준어로서 1949년 중화인민공화국이 성립된 이후 수도 북경을 중심으로 70%의 한족이 사용하는 북방 방언을 중심으로 한 보통화가 현대 중국의 표준어로 제정되었다.

보통화는 음운, 형태, 통사, 화용 등의 다양한 층위에서 한국어와 차이를 보인다. 먼저 음운론의 측면에서 보통화는 성조가 있으며, 한국어처럼 자음이 평음, 격음, 경음으로 구별되지 않는다. 또한 한국어에 존재하지 않는 /zh, ch, sh/ 발음이 존재하며, 兒化가 많다(정명숙, 2003). 형태론적인 측면에서 한국과 중국은 모두 한자어를 기반으로 단어가 형성되어 있지만 유의어의 잘못된 사용과 어휘 파생법의 과잉 적용, 모국어식 한자 표현 등으로 중국인 학습자의 오류 유형 중 가장 빈번하게 발생하는 것이 어휘 오류이다(고석주·김미옥, 2004:118). 특히 한자어 어휘는 철자는 같지만 의미가 다른 동형이의어(同形異義語), 철자는 다르지만 의미가 같은 이형동의어(異形同義語) 등이 다수 존재하여 어휘 학습을 어렵게 만든다. 또한 문장 어순에 있어서도 SOV, SVO로 서로 차이를 보인다. 외국어 학습에 있어서 목표어와 모국어의 차이는 필연적인 현상이다. 보통화와 한국어뿐만 아니라 모든 언어 현상에서 보편적으로 나타나는 현상으로 언어 간의 차이는 간섭(Interference)과 전이(Transfer)를 유발하며, 목표어 학습에 부정적 혹은 긍정적 영향을 미친다. 한족 한국어 교사의 언어인 보통화는 한국어와 다른 다양한 언어적 특성으로 인해 한국어 학습에서 어려움을 야기하였다. 그러나 이러한 차이는 한족 학습자 역시 동일하게 경험하기 때문에 학습자에 대한 이해와 학습의 어려움을 확인하는 층위에서는 장점으로 작용할 수도 있다. 이러한 언어적 차이에 기반한 한족 한국어 교사의 특성은 다음 절에서 상세하게 다루도록 하겠다.

3.3. 한족 한국어 교사의 특성

한족 한국어 교사는 전형적인 비원어민 한국어 교사이다. 조선족 한국어 교사 역시 비원어민 한국어 교사에 해당하지만 재외동포라는 특수성을 가지고 있기 때문에 한족에 비해서 한국어와 한국 문화에 훨씬 익숙하다. 그러나 한족의 경우 성인이 된 이후에 처음으로 한국어를 배우기 시작한 경우가 대부분이며, 중국에서 '외국어로서 한국어(KFL)교육'을 시작한 후에 어학연수 혹은 상급학교 진학 등을 통해 한국에 와서 '제2언어로서 한국어(KSL)교육'을 거치는 경우가 많다. 따라서 한족 한국어 교사가 가질 수 있는 가장 큰 특성은 한국어 학습 경험이 풍부하다는 것과 성공적인 학습자라는 정체성이다. 한족 한국어 교사는 학습자들과 마찬가지로 한국어를 배운 경험이 있기 때문에 자신의 경험을 바탕으로 학습자를 이해할 수 있으며, 학습자들에게 필요한 학습 전략을 제공하거나 맞춤형 교육을 실시할 수 있다. 또한 가정이나 지역 공동체에서 조선어를 '습득'한 조선족 교사와 달리 체계적인 교육과정을 거쳐 한국어를 '학습'하였다는 점에서 큰 장점을 가지고 있다. 자신들의 교육 경험을 근거로 강좌의 개설과 운영, 나아가 교육과정의 체계화에도 기여할 수 있을 것이다. 또한 모국어를 사용할 수 있으며, 모국어에 대한 대조언어학적 지식을 바탕으로 학습자들에게 쉽게 한국어를 가르칠 수 있다는 점은 한족 한국어 교사가 가지는 장점이다.

그러나 한족 한국어 교사는 전형적인 비원어민 한국어 교사기 때문에 이로 인해 발생하는 태생적인 한계를 지니고 있다. 앞 절에서 살펴보았듯이, 한족 교사의 모국어인 보통화는 한국어와 음운론의 측면에서 많은 차이를 보이고 있기 때문에 한국어 발음에서 많은 문제를 안고 있다. 따라서 한족 교사의 경우 발음이나 말하기 교육 대신에 모국어를 활용하여 설명하는 문법이나 어휘 과목을 많이 담당하고 있다. 발음뿐만 아니라, 전체적인 한국어 사용 능력에 있어서도 조선족 한국어 교사에 비해 부족한 편이다. 신은경(2014)에서 제기하였듯이, 한족 한국어 교사는 한국어 교사임과 동시에 목표어로서 한국어를 끊임없이 배우고 사용해야 하는 학습자라는 점에서 부담감을 가지고 있다. 이러한 부담감은 한국어 사용에도 영향을 미치게 된다. 호욱문, 김영주(2013)에서는 중국인 한국어 교사를 대상으로 '한국어 수업에서 중국어 사용'에 대한 인식을 조사하였는데, 조사 결과 실제 교육 현장에서 중국인 교사들이 필요 이상으로 중국어를 빈번하게 사용한다고 하였다. 교사 인터뷰를 통해 중국어 사용의 이유를 확인하였는데, 응답자의 19%가 '자신의 실력이 부족해서 한국어로 수업하기 힘들기 때문'이라고 응답하였다. 이처럼 조선족 교사만큼 한국어 실력이 뛰어나지 않다는 점이 한족 교사가 지닌 가장 큰 단점이다. 이밖에도 한국 문화에 대한 깊이 있는 이해의 부족과 중국의 교육 제도 하에서 익숙해진 강의 중심의 주입식 교수법 또한 한족 교사가 가진 단점으로 지적된다.

4. 결론 및 제언

지금까지 중국인 한국어 교사의 현황 및 특성에 대하여 살펴보았다. 중국의 한국어 교사 구성은 다른 지역과 달리 원어민 교사인 한국인과 비원어민 교사인 조선족, 한족의 세 집단으로 구성되어 있다. 그리고 비원어민 한국어 교사인 조선족과 한족은 제1언어와 성장 환경, 교수 장단점 등에 있어서 많은 차이를 보인다. 따라서 중국의 한국어교육 연구가 양적인 성장을 넘어 질적인 성장을 추구해야 하는 시점에서 중국의 한국어교육이 지닌 특수성을 보여줄 수 있는 중국인 한국어 교사의 이원화에 대한 고찰은 매우 의미 있는 연구라고 할 수 있다. 본 연구에서 살펴본 것처럼 조선족 한국어 교사와 한족 한국어 교사는 비원어민 한국어 교사라는 동일한 범주에 함께 포함하기 어려울 정도의 많은 차이를 보인다. 제1언어는 물론 한국어 학습 환경이 다르다. 또한 두 집단이 한국어 교사로 성장하게 된 배경과 과정, 그리고 한국어 교사로서 수행하는 역할 또한 많은 차이를 보인다. 그리고 이러한 두 집단의 차이는 학습자 인식 조사에서도 선명하게 나타난다. 따라서 이러한 차이를 고려한 교사 교육으로의 방향 전환이 필요하다. 한국어 교사는 시험을 통한 '선발'의 과정이 아니라 교육을 통한 '양성'의 과정이기 때문에 예비 교사의 양성 단계와 현직 교사를 위한 재교육 단계 모두에서 이러한 차이를 반영해야 할 것이다. 특히 이미 많은 수의 조선족 교사와 한족 교사가 현장에서 한국어교육을 실시하고 있기 때문에 이들을 위한 재교육 과정에서 이러한 차이를 반영하는 것이 시급하다.

이정희·김중섭(2006:248)에서는 '중국 한국어 교육자 연수 프로그램' 참가자를 대상으로 요구 조사를 실시하였는데, 한족 출신의 교사는 한국어 교수법 강의에 대한 요구가 높았으며, 조선족 출신 교사는 국어학 및 언어학 등 이론 중심의 강의를 받기 원한다고 하였다. 이처럼 실제적인 조사에서도 각 교사 집단에 따라 부족하다고 인식하는 분야가 다르기 때문에 이러한 차이를 고려하여 재교육 프로그램을 구성해야 할 것이다. 이러한 맥락에서 김영근, 임총인(2015)에서 제시한 이분화된 교사 재교육의 방안은 적절한 방안이 될 수 있다. 재교육 프로그램의 구성을 두 집단의 교사 모두에게 필요한 공통 과목과 각각의 집단에게 필요한 선택 과목으로 구분하여 교사 재교육을 실시해야 한다는 제안인데, 이처럼 교사 집단의 특성에 맞게 맞춤형 연수를 실시한다면 더 큰 효과를 거둘 수 있을 것이다.

이러한 맥락에서 娄小琴(2008)에서 조선족 교사와 한족 교사를 구분하여 제안한 교육 내용은 매우 의미 있는 내용이 될 것이다. 먼저 조선족 교사를 위하여 조선족이 주로 사용하는 언어가 한국인들이 사용하는 한국어와 차이가 나기 때문에 발음과 억양, 어휘, 문법 등에 대한 체계적인 교육을 실시해야 한다. 이러한 교육은 조선족만을 위한 교육 내용이 될 수 있다. 그리고 교사 스스로 상하 관계보다는 수평적인 관계에 중점을 두는 중국 문화의 특성을 고려하여 학생들과의 관계 개선을 위해 노력하는 것도 필요할 것이다. 다음으로 한족 교사를 위해서는 한국어 학습 자체와 한국어 교수법 및 한국 문화에 대한 깊이 있는 교육이 의미 있는 내용이 될 수 있을 것이다. 한족 교사의 경우 한국어가 조선족 교사만큼 익숙하지 않기 때문에 한국어 구사 능력을 배양하기 위하여 '고급 한국어'를 교육하는 것이 필요하다. 또한 문화교육을 위하여 중국인의 시각에서 한국 문화를 바라보고 상호문화적인 관점에서 문화교육을 실시할 수 있는 '상호문화교육' 등의 내용을 교사 재교육 단계나 예비 교사교육 단계에서 실시한다면 한족 한국어 교사의 단점을 극복하고, 장점을 살릴 수 있는 교사양성과정이 될 수 있을 것이다.

다음으로 각 교사 집단별로 가진 장점을 적극적으로 활용하고 단점을 보완할 수 있도록 교사 집단을 다양화하는 것이 필요하다. 일부 지역에서는 전문성을 갖춘 한국어 교사를 채용하기 어려운 실정 탓에 원어민이라는 이유로 비전공자인 한국인과 조선족이 한국어 교사의 대부분을 차지하는 곳도 있다. 그러나 한국어교육은 한국어만 구사할 수 있다고 해서 가능한 것이 아니다. 한국어 능력은 물론, 학습자에 대한 이해와 다양한 교수법의 활용, 수업 자료의 조직과 활용에 이르기까지 다양한 방면에서 전문성을 갖추어야 제대로 된 한국어교육이 가능하다. 따라서 한국어교육에 대한 이해가 부족한 비전공자가 교육을 담당할 경우 학습 내용과 방법에 있어서 많은 문제를 야기할 수 있으며, 이는 자연스럽게 학습 효과의 저하로 연결될 수 있다. 그리고 궁극적으로는 학습자 감소와 한국어교육의 쇠퇴라는 문제에 직면할 수도 있다. 따라서 전문성을 갖춘 전공자를 한국어 교사로 채용하는 방법을 적극적으로 모색해야 할 것이다. 교사 채용은 경제적인 문제와 직결된 부분이기 때문에 많은 제약이 따르는 것이 사실이다. 따라서 초창기에는 한국 정부나 기업 혹은 한국 대학에서 교사 채용에 드는 비용을 부담하거나, 직접 교사를 파견하는 방안이 적절할 것이다. 이후 자생력을 갖게 되었을 때, 교육기관 스스로 자체적인 채용을 실시한다면 보다 안정적인 환경에서 교육을 제공할 수 있을 것이다.

왕단(2009:57)에서는 한국인 원어민, 한족, 조선족의 세 집단으로 구성된 한국어 교사의 다양화는 한국어교육의 큰 자산이며, 다양화된 교사 집단이 각각의 특성에 맞게 교육을 실시하는 것이 최상의 교육 환경을 제공하는 것이라고 하였다. 따라서 한족과 조선족, 나아가 전문성을 갖춘 한국인 교사를 채용하여 교과목의 특성과 학습자 수준에 적합한 최상의 교육 환경을 제공하는 것이 필요할 것이다.

한국어교육에서 중국인 학습자를 대상으로 한 교육의 중요성에 대해서는 재론의 여지가 없다. 현재도 가장 큰 비중을 차지하고 있으며, 앞으로도 계속해서 절대적인 비중을 차지할 것이다. 따라서 중국인 학습자의 특수성을 고려한 차별화된 교수학습 방법에 대한 논의가 필요하다. 이러한 측면에서 조선족 한국어 교사와 한족 한국어 교사를 구분하여 이들을 위한 논의를 진행하는 것은 매우 의미 있는 연구가 될 것이다. 앞으로 이들을 대상으로 한 다양한 후속 연구를 통해 중국의 한국어교육 연구가 더욱 풍성해지길 기대한다.

제2장

중국인 한국어 교사에 대한 학습자 인식

1. 서론

이 글의 목적은 중국 대학에서 한국어를 가르치고 있는 한국인, 조선족(朝鮮族), 한족(漢族) 한국어 교사에 대한 중국인 대학생의 인식을 조사하는 것이다. 현재 중국에는 많은 수의 대학에 한국어 전공 학과가 개설되어 있고, 많은 학습자들이 한국어를 공부하고 있다. 한국어교육의 성장은 자연스럽게 교사의 수요 증대로 이어졌고, 많은 수의 한국어 교사가 중국에서 한국어교육을 담당하고 있다. 중국에서는 지리적, 역사적 특수성에 의해 한국인, 조선족, 한족의 세 교사 집단이 한국어를 가르치고 있는데, 이러한 교사 집단의 삼분화(三分化)는 중국에서만 확인할 수 있는 매우 독특한 현상이다. 특히 한국인 원어민 교사를 통한 교육이 활발하게 이루어지는 미국이나 일본과 달리 현지인 한국어 교사가 많은 비중을 차지하고 있으며, 이 가운데 재외동포에 해당하는 조선족 한국어 교사의 비중이 매우 크다는 것은 다른 나라에서는 쉽게 찾아볼 수 없는 사례이다(조항록, 2004; 왕단, 2009).

중국의 한국어 교사 가운데 조선족 한국어 교사는 태어날 때부터 중국어와 한국어를 동시에 배울 수 있는 이중 언어 환경에 놓여 있었기 때문에 중국 내 한국어교육의 정초(定礎)와 육성, 운영에 있어서 우위를 점해 왔다(왕해하, 2012:4). 한족 한국어 교사는 1992년 한·중수교 이후 중국 내 한국어 학습 수요가 확대됨에 따라 한국어를 배우기 시작하였으며, 이후 한국에서 유학을 하고 최근 중국으로 돌아와 소장 학자로서 자리를 잡아가고 있다. 이와 더불어 다양한 파견 사업이나 현지 채용을 통해 한국어를 가르치는 한국인 원어민 교사 또한 증가하고 있는 추세이다. 이상의 세 교사 집단은 국적과 모국어가 다를 뿐만 아니라, 전공이 다른 경우도 있으며, 실제적인 한국어 사용 능력과 발음, 억양에 있어서도 큰 차이를 보인다. 이러한 차이에 기인하여 이들이 담당해야 할 교과목과 역할은 다르다. 이러한 차이는 교사 집단뿐만 아니라 이들에게 한국어를 배운 학습자들에게서도 나타날 것이다. 어떤 집단의 교사에게 한국어를 배웠느냐에 따라서 학업 성취도나 한국어 사용 능력에서 차이를 보일 수도 있으며, 학습 동기나 태도에서도 차이를 보일 수 있다.

따라서 이 글에서는 이러한 문제의식에 근거하여 중국에서 한국어를 가르치고 있는 한국어 교사 집단의 차이가 학습자 인식에 미치는 영향을 탐색하고, 학습자들이 느끼고 있는 교사 집단에 대한 차이와 선호도 등을 살펴보고자 한다. 영어교육을 포함한 다양한 선행 연구에서도 교사 집단에 대한 학습자 인식을 조사한 연구가 많이 이루어졌지만, 이때의 연구는 원어민과 비원어민을 이분법으로 구분하여 진행한 연구가 대부분이다(니콜라, 2010; 최윤곤, 2010; 최열, 2011). 그러나 중국에서 한국어교육은 비원어민 교사의 경우 다시 조선족과 한족으로 구분이 가능하기 때문에 이분법의 층위로는 적확한 구분이 불가능하다. 따라서 중국 지역의 한국어 교사에 대한 인식 연구는 한국인, 조선족, 한족의 세 집단으로 구분하여 접근해야 한다. 왕해하(2012)에서는 세 집단으로 교사를 구분하여 산동(山東)지역의 5개 대학과 한국의 3개 대학 중국인 학습자를 대상으로 한국어 교사에 대한 인식을 조사하였다. 이 연구에서는 학습 영역별로 한국어 교사가 학습에 미치는 영향의 정도를 조사하였기 때문에 학습자 변인은 고려하지 못했다. 중국에서 이루어지는 한국어교육(KFL)과 한국에서 이루어지는 한국어교육(KSL)은 큰 차이를 보이지만 이러한 학습 환경의 특성을 간과하였으며, 학습 목적과 학습 기간의 차이에 따른 영향의 정도도 고려하지 않았다.

이러한 맥락에서 이 글에서는 비교 집단을 세 단위로 구분하고, 학습 환경을 북경 지역 대학으로 제한하여 각 교사 집단에 대한 대학생 학습자의 인식을 확인하였다. 구체적인 학습자 변인에 따라 교사에 대한 인식이 어떠한 차이를 보이는지를 확인하기 위하여 설문조사를 실시하였고, 설문조사의 결과를 보완하기 위하여 추가적으로 인터뷰를 실시하였다. 이상의 관점에서 필자가 설정한 연구 문제는 다음과 같다.

연구문제 1. 중국인 대학생들은 원어민 교사와 비원어민 교사의 장단점을 명확하게 인식하고 있을 것이다.

연구문제 2. 중국인 대학생들의 한국어 전공 여부, 학습 경험, 학습 기간에 따라 한국어 교사 선호도는 달라질 것이다.

2. 이론적 검토

2.1. 원어민과 비원어민의 구분

조선족 한국어 교사를 원어민으로 볼 것인가, 비원어민으로 볼 것인가에 대해서는 심도 깊은 논의가 필요하다. 영어교육에서는 원어민과 비원어민 화자를 구분하는 기준으로 제1언어, 국적, 교육 환경을 꼽는다(Stern, 1983).[1] 조선족의 경우 제1언어로 조선어[2]를 사용하고 있으며, 민족학교에 다니게

---

1 원어민 화자와 비원어민 화자의 구분에 대한 논의는 김가람(2015:4-5)에서 자세하고 다루고 있다.

2 이 글에서 주로 다루게 되는 언어는 남한의 우리말인 '한국어', 북한의 우리말인 '북한어', 중국 조선족이 사용하는 우리말인 '조선어'로 지칭하고자 한다. 이 세 가지 언어는 모두

되면 학교에서도 조선어로 교육을 받는다. 그리고 이들의 국적은 중국이다. 결국 조선족을 한국어 원어민 화자로 규정하기 위해서는 이들이 사용하는 '조선어'가 한국어와 동일한 언어이거나 한국어 방언의 하나로 규정될 수 있어야 한다. 김선희(1998)는 연변 지역 조선족의 언어 이질화를 다루면서 남북 분단으로 인해 남북한의 언어 이질화가 심해졌으며, 북한어와 밀접한 관계를 맺고 있는 연변 지역 조선어의 경우 북한어의 영향으로 우리 국어와 더 큰 이질화를 갖게 되었다고 하였다. 또한 한어(漢語)의 영향까지 더해져 이질화는 가속화되었고, 어휘, 음운, 표기 등 많은 부분에서 큰 차이를 보이고 있다고 하였다. 곽충구(2000)에서는 중국 동포의 조선어 변화 요인을 ① 국가 체제 지향성의 변화, ② 조선어 개별 방언의 언어 내적 변화, ③ 조선족 언어 규범의 영향, ④ 조선족 방언 사이의 상호 간섭 및 통합, ⑤ 한어(漢語)의 차용, ⑥ 북한어의 영향, ⑦ 한국어의 영향 7가지로 제시하였다. 이주 초기 조선어는 인접한 함북 방언 사용자들이 많았고, 집단으로 거주하였기 때문에 언어의 모습 역시 동일성을 유지하였지만, 이후 위에서 언급한 변화 요인에 따라 조선어는 다양한 양상으로 변화하여 현재에 이르고 있다고 하였다. 김현기(2009)에서는 실험음성학적 연구를 통해 1980년 이후 출생한 조선족 대학생들을 대상으로 이들의 발화를 음성학적으로 분석하였는데, 모음, 이중 모음, 자음 등 모든 부분에서 한국의 젊은 세대와는 차별화된 음성 언어적 차이를 보였다. 결국 이러한 선행 연구를 통해서 조선족들이 사용하는 조선어는 현재 한국어와는 다른 양상을 보이고 있음을 알 수 있다. 이러한 차이가

민족어로서 우리말에서 출발하였다. 그러나 지리적, 정치적, 역사적 변인에 의해 서로 다른 모습으로 변화의 과정을 거쳐 오늘날에 이르고 있다. 일반적으로 북한의 우리말을 지칭할 때는 국가 명칭인 '조선민주주의인민공화국'을 차용해서 '조선어'라고 칭하는 경우가 많지만 이 글에서 '조선어'는 조선족이 사용하는 우리말을 중국 정부가 '조선어'로 지칭하고 있기 때문에 혼란을 피하기 위해서 '북한어'라는 명칭을 사용하고자 한다.

한국어 내에서 지역 방언 혹은 세대 방언으로 통용될 수 있는 범위 내에서 차이인지 아닌지에 대해서는 더욱 심도 깊은 논의가 필요하지만 외국어 혹은 제2언어로 한국어를 가르치는 분야에서는 이러한 차이를 방언의 범위로 보기 어렵다고 보았다. 판단의 근거는 다음과 같다.

첫째, 조선어의 근간을 이루고 있는 문법 체계가 한국어와는 다르다. 조선어는 중국 정부의 지도하에 형성된 <조선어문법체계>에 근거하고 있다. 이는 한국어의 근간이 되는 한글 맞춤법, 표준어규정, 외래어 표기법 등과는 다른 체계이다. 문법의 체계와 표현의 차이는 현실 언어생활의 차이로 이어졌고, 현재는 다른 양상의 언어를 사용하고 있다.

둘째, 조선어는 한국어보다 북한어와 더 가깝다. 지리적인 이점 외에 중국과 북한과의 우호적인 관계의 영향으로 조선어는 북한어의 영향을 많이 받았다. 특히 조선족들의 조선어 보급과 교육에 중추적인 역할을 담당하는 연변대학의 경우 북한의 대학들과 밀접한 관계를 맺으면서 교수 파견이나 교환학생 프로그램 등 다양한 교류 활동을 해왔다. 이러한 과정을 거쳐 북한의 많은 연구자들이 연변대에서 교육과 연구를 병행하였고, 이러한 결과는 조선어 연구와 교육에도 투영되었다. 민족 학교에서 사용하는 조선어 교과서의 경우 북한의 영향을 받아 집필된 것이 대부분이고, 이들을 가르치는 교사들 역시 북한의 영향을 많이 받았다. 따라서 한국어보다는 북한어에 더 가깝다. 이상의 논의를 근거로 조선어는 한국어와 많은 차이를 보이고 있음을 알 수 있다. 따라서 조선어를 제1언어로 사용하는 조선족 역시 한국어 원어민 화자로 규정하기에는 무리가 따른다.

2.2. 학습자 인식 연구사 검토

외국어교육에서 교사에 대한 학습자들의 인식 연구는 원어민과 비원어민 교사에 대한 인식의 차이를 조사하는 분야에서 활발하게 진행되었다. 특히 원어민 교사에 대한 맹목적인 우월 의식이 지배하는 패러다임 속에서 비원어민 교사의 가치를 재조명하기 위하여 다양한 연구들이 이루어졌는데, 이 가운데 학습자 인식 연구는 상향식(Bottom-up)접근으로 교육 수요자들의 요구와 인식을 반영한다는 점에는 각광을 받았으며 다양한 분야에서 연구가 이루어졌다. Mahboob(2004)은 양적 연구 방법을 사용하여 비원어민 영어 교사에 대한 학습자 인식을 조사한 연구이다. 미국의 ESL 과정에서 영어를 배우는 37명의 학습자를 대상으로 원어민 영어 교사와 비원어민 영어 교사에 대한 학습자 인식을 조사하였는데, 조사 결과 원어민 교사는 어휘, 문화, 구어(Oral skills) 교육에 능숙하고, 비원어민 교사는 문법과 문어(Literacy skills) 교육에 능숙하며, 학생들의 질문에 더 잘 대답을 해주며, 교수 방법이 더 뛰어나다고 하였다. 따라서 이 두 그룹의 교사가 협력하여 팀티칭으로 수업을 하는 것이 바람직한 영어교육 환경을 만드는 데에 도움이 된다고 하였다. Lasagabaster & Sierra(2005)에서는 76명의 대학생을 대상으로 원어민 영어 교사와 비원어민 영어 교사에 대하여 인식도를 조사하였는데, 응답자의 60.6%가 원어민 교사를 선호했지만, 원어민 교사와 비원어민 교사가 함께 수업을 하는 경우에 대해서는 71.6%의 선호도를 보였다. 또한 고등교육에서는 비원어민 교사에 대한 선호도가 높았으며, 대부분의 응답자들이 비원어민 영어 교사의 장점을 인식하고 있다는 결과를 얻었다. 마지막으로 Cheung(2009)에서는 홍콩의 중학생들을 대상으로 원어민 영어 교사와 비원어민 영어 교사에 대한 인식과 장단점을 조사하였다. 조사 결과 비원어민 영어 교사들은 학생들에 대한 공감, 학습자 요구에 대한 이해, 문법 교수 등에서 강점을 보였다. 반면에 수업 자료의 활용과 영어 능력에 있어서는 한계가 있다고 하였다. 원어민 교수 역시 영어 실력은 우수하지만 문법에 대한 관심이 적고, 학습자의 요구나 문제에 대하여 크게 고려하지 않는다는 단점이 있음을 지적하였다. 영어교육에서는 이러한 결과를 근거로 비원어민 영어 교사의 활성화를 주장하였다. 이 글에서도 영어교육 연구와 같은 맥락에서 중국에서 한국어를 가르치는 중국인 한국어 교사에 대한 학습자 인식 조사를 통해 비원어민 한국어 교사의 가능성을 확인하고자 한다.

3. 연구 대상 및 방법

본 연구에서는 중국에서 한국어를 공부하고 있는 중국인 대학생을 대상으로 한국어 교사 집단에 대한 인식을 확인하기 위하여 설문 조사를 실시하였다. 설문 대상자는 북경 지역의 대학에 재학 중인 학부생과 대학원생이다. 연구 최초에는 응답자를 학부생으로만 제한하였으나 교양 수업을 듣는 수강생의 경우 대학원생이 포함되어 있어서 대학원생 역시 자료 수집 대상에 포함하였다. 북경 시내 6개 대학에서 271명이 설문에 응답하였다. 이 가운데 5개 대학은 한국어 전공 과정이 설치된 대학이고, 1개 대학은 교양과정만 존재하는 대학이다. A대학의 경우 한국어 전공이 설치되어 있지만 교양 한국어 과목 역시 존재해서 전공자와 비전공자 두 집단이 모두 설문에 응답하였다. 구체적인 응답자 분포는 [표 1]과 같다.

설문은 연구자가 직접 각 대학에 방문해서 응답자들에게 설문지를 배포하고, 수거하는 방식으로 진행하였다. 설문 구성은 성별과 전공, 학습 목적, 기간 등을 기록하는 정보 수집 부분과 본 설문지로 구분되어 있으며, 각 분야별로 가장 적합한 교사 집단을 고르는 선다형으로 구성되어 있다. 일반적인 인식도 조사는 리커트(Likert)척도를 활용하여 문항을 구성하고, 응답 결과를 통계 분석하는 방식을 사용한다. 그러나 본 연구에서는 한국인, 조선족, 한족이라는 세 가지 집단에 대한 인식을 각 분야별로 확인해야 하기

[표 1] 연구 대상

학교	응답자	수업 현황		학년				대학원
		전공	교양	1학년	2학년	3학년	4학년	
A학교	70	○	○	17	17	15	12	9
B학교	25	○	×	0	5	10	1	9
C학교	67	○	○	45	22	0	0	0
D학교	34	○	×	14	9	10	0	1
E학교	51	○	○	4	8	15	14	10
F학교	24	○	×	14	10	0	0	0
합계	271	5개	2개	84	86	42	42	17

때문에 리커트 척도로 문항을 구성하기에는 많은 어려움이 따른다. 따라서 본 연구에서는 각 영역별로 가장 적합한 교사를 선택하는 선다형으로 문항을 구성하였다. 따라서 리커트 척도를 사용하여 수집한 연속형 데이터에 비하여 통계 처리에 있어서는 제약이 있기는 하지만 명확하게 학습자의 인식을 확인할 수 있다는 점에서 조사의 신뢰성을 확보할 수 있다. 세 집단의 교사와 더불어 '상관 없음'을 보기로 추가하여 사지선다형으로 인식도를 조사하였고, 마지막 문항은 세 집단의 교사들에 대한 총평을 주관식으로 기술하는 부분으로 통계에서 드러나지 않는 부분에 대한 보완을 위하여 추가하였다. 그리고 추가 인터뷰가 가능한 응답자는 따로 표시를 하라고 하였으며 이들을 대상으로 추가 인터뷰를 실시하여 통계적인 내용을 보완하였다. 연구는 2013년 10월에 시작되어 2015년 6월까지 진행되었다. 수집된 자료는 통계 패키지 SPSS 18.0을 사용하여 분석하였다. 이들을 대상으로 객관식은 학습 영역별 적합도, 교실 운영, 학습자와의 관계, 선호도 등 4가지 영역의 17문제로 구성되었으며, 마지막 문항은 교사 집단의 장단점을 자유롭게 기술하는 주관식 문항으로 구성되었다. 설문지의 내용을 요약하면 다음과 같다.

[표 2] 설문 조사 문항의 구성

범주	주요 내용	문항 번호	문항 수
학습 영역별 적합도	말하기, 쓰기 교육을 포함한 학습 영역	1-9	9
학습자와의 관계	의사소통의 적극성과 친밀함	10-12	3
교수법	자료 활용과 학습 참여도	13-15	3
선호도	전체적인 선호도	16	1
교사 집단의 장단점	교사 집단의 장단점에 대한 자유 기술	17	1

4. 연구 결과 및 논의

이번 장에서는 먼저 본 연구에서 수행한 설문 조사 결과에 대한 빈도분석 결과와 변수로 설정한 세 가지 항목에 대한 교차분석 결과를 제시하고자 한다. 전체 271명의 학생들에게 17문항을 사지선다형으로 조사하였기 때문에 모든 문항에 대한 분석 결과를 한 편의 논문으로 제시하는 것은 불가능하다. 따라서 각 문항별 응답 분포만을 제시하고, 다음 장에서는 연구자가 설정한 가설을 검증하는 과정에서 필요한 통계 분석 결과를 제시하고자 한다. 각 문항별 응답 현황은 [표 3]과 같다.

이상의 통계 결과로 확인할 수 있는 것은 한족의 경우 읽기와 어휘, 문법, 학습 전략 교육에서 높은 선호도를 보이고 있고, 한국인의 경우 발음, 말하기, 듣기, 쓰기, 문화 교육에서 우위를 보인다는 것이다. 이는 영어교육을 포함한 선행 연구 결과와 일치한다. 선행 연구에서도 원어민 교사의 경우 발음이나 말하기 교육과 같은 구어 교육에 적합하고, 비원어민 교사의 경우 학습자의 모국어로 소통이 가능하다는 측면에서 모국어를 활용한 읽기, 어휘, 문법 교육에 적합하다고 하였다. 또한 학습 방법에 있어서도 비원어민 교사는

[표 3] 빈도 분석 결과

범주	질문 내용	한족	조선족	한국인	상관 없음	결측	합계
학습 영역별 적합도	발음 교육	32	12	215	10	2	271
	말하기 교육	8	8	245	9	1	271
	듣기 교육	54	24	179	10	9	271
	읽기 교육	132	45	82	9	9	271
	쓰기 교육	31	31	199	9	9	271
	어휘 교육	104	41	85	33	8	271
	문법 교육	156	36	66	10	8	271
	문화 교육	104	47	106	11	14	271
	학습전략 교육	169	25	31	37	9	271
친밀도	의사소통	104	44	109	10	8	271
	친밀도	93	40	65	60	13	271
	요구 반영	90	36	126	10	10	271
교수법	자료 활용	110	45	104	10	11	271
	과제 활용	30	23	177	41	0	271
	수업 참여도	98	41	117	11	4	271
선호도	전체적 선호도	63	23	138	10	10	271

이미 학습자들과 동일한 과정을 거쳐 목표어를 학습한 성공적인 학습자이기 때문에 자신의 학습 경험을 토대로 다양한 학습 전략과 방법을 제시해 줄 수 있다고 하였는데, 이번 조사에서도 이러한 측면이 명확하게 드러났다. 친밀도를 확인하는 문항에서는 한족과 한국인이 가장 높은 점수를 얻었지만 집단별로 큰 차이가 없으며, 교수법에서는 자료 활용의 부분은 한족이, 다양한 과제를 활용하여 수업을 진행하는 부분과 학생 참여도 부분에서는 한국인이 가장 높은 점수를 얻었다. 마지막으로 전체적인 선호도에서는 한국인 원어민 교사가 가장 높은 점수를 얻었다. 결국 이러한 결과를 통해 선행 연구와 마찬가지로 중국인 대학생 역시 원어민 한국어 교사와 비원어민 한국

어 교사의 장단점을 명확하게 인식하고 있음을 알 수 있다.

이상의 결과는 단순하게 응답 결과만을 수치로 제시한 것이다. 따라서 응답 결과가 통계적으로 신뢰할 수 있는지에 대해서는 알 수 없으며, 응답 집단의 변수가 고려되지 않았기 때문에 엄밀한 의미의 통계 자료가 아니다. 따라서 다음 절에서는 SPSS를 활용하여 연구자가 설정한 연구 가설을 검증하는 통계 분석 결과를 제시하고자 한다.

4.1. 한국어 전공 여부와 한국어 교사 인식도

설문 조사 대상자는 한국어 수업을 듣는 중국인 대학생과 대학원생이다. 이들 중 대부분은 한국어를 전공으로 하는 학생이지만, 교양 수업의 경우 전공이 한국어가 아니더라도 수강이 가능하다. 따라서 한국어가 전공은 아니지만 여러 가지 이유로 한국어 수업을 듣는 중국인 대학생들이 많이 있고, 이들이 인식하고 있는 한국어 교사에 대한 선호도는 한국어 전공 학생들과는 차이를 보일 것이라고 추측할 수 있다. 이러한 연구 가설은 분석 결과 통계적으로 유의미한 차이를 보이는 것으로 드러났다(p = .000).

[표 4] 전공 여부와 한국어 교사에 대한 인식도 카이제곱 검정 결과

	값	자유도	유의 확률
Pearson 카이제곱	61.349a	3	.000**

한국어를 전공으로 하는 학습자들은 한족이나 조선족 한국어 교사에 대한 선호도도 매우 높아서 한국인 교사와 큰 차이를 보이지 않았고, 교사의 국적을 크게 중요하게 여기지 않는 인원도 매우 많았다(28.4%). 그러나 한국어를 전공으로 하지 않는 대학생들의 경우 한국인 교사에 대한 선호도가 절대적으

로 높았다. 한족이나 조선족 교사에 대하여 높은 선호도를 응답한 인원은 각 1명씩으로 극소수에 불과했다. 결국 이러한 차이는 학습자들의 학습 목적과 동기에서 비롯된 것으로 보인다. 한국어 전공생의 경우 의사소통 능력 외에도 다양한 분야의 한국어와 한국문화를 공부한다. 따라서 이들이 깊이 있는 지식을 습득하기 위해서는 한족이나 조선족 교사들이 모국어를 사용하여 지식을 전달하는 것이 적합하다. 그러나 한국어가 전공이 아닌 응답자들의 경우 한국어 학습 동기가 한국 문화에 대한 호기심이나 한국이라는 나라에 대한 단순한 관심이 대부분이다. 따라서 이들에게는 살아있는 한국어를 배울 수 있는, 최신의 한국 문화를 소개해 줄 수 있는 한국인 교사가 적합하다. 따라서 응답자들은 자신의 상황을 고려하여 적합하다고 판단되는 교사 집단에게 높은 선호도를 표시하였고, 이들이 기대하는 교사의 역할이 다르기 때문에 교사 집단에 대한 인식도 역시 차이를 보였다.

4.2. 학습 경험과 한국어 교사에 대한 인식도

Lasagabaster & Sierra(2005)에서는 76명의 대학생을 대상으로 원어민 영어 교사와 비원어민 영어 교사에 대하여 인식도를 조사하였는데, 니콜라(2010)는 이 연구의 신뢰성에 문제가 있음을 지적하였다. 왜냐하면 조사 대상이었던 76명의 학생 가운데 24명이 원어민 교사와 실제로 공부한 적이 없는 응답자였기 때문이다. 이러한 문제 제기의 기저에는 원어민 오류(Native speaker fallacy)라는 개념이 자리 잡고 있다. 원어민 오류는 Phillipson(1992)이 처음 사용한 개념으로 외국어 교육 학습자들은 원어민 화자가 가진 유창성과 '실제적인' 언어 사용 능력, 자신감 등을 맹신하며, 비원어민 화자는 그렇지 못할 것이라고 단정 짓게 되는 것을 의미한다. 따라서 실제적인 학습 경험 없이 막연한 상상만으로 내린 판단에는 원어민 오류가 개입을 하게 되고,

이는 응답 결과에 영향을 미칠 수도 있을 것이라고 판단했기 때문이다. 따라서 이 글에서도 학습 경험이 교사 선호도 판단에 영향을 미치는 중요한 요인이라고 보고, 세 집단의 한국어 교사 모두에게 한국어를 배운 경험이 있는 학습자와 일부 집단의 교사에게서만 한국어를 배운 학습자는 응답 양상이 다를 것이라는 가정을 설정하였다. 이러한 가설은 분석 결과 사실로 확인되었다(p = .000).

[표 5] 학습 경험과 한국어 교사에 대한 인식도 카이제곱 검정 결과

	값	자유도	유의 확률
Pearson 카이제곱	42.736a	3	.000**

세 집단의 교사 모두에게서 한국어를 배운 경험이 있는 응답자의 경우 원어민 교사에 대한 선호도가 높지 않았다. 오히려 '상관 없음'이 가장 높은 선호도를 보였다. 반면에 일부 집단의 교사에게만 한국어를 배운 경험이 있는 응답자들은 한국인 원어민 화자에 대한 선호도가 절대적으로 높은 수치를 보였다.

F-248
한국인 선생님이 발음과 어법이 정확하고 문화교육에 적합하다. 한국어 교수에 가장 정통하다.
F-256
한국인 선생님이 모국어라서 발음이 좋고, 문화와 한국어에 대한 인식이 충만하다.

F 학교의 경우 1학년 학생들은 조선족 한국어 교사만이 한국어를 가르친

다. 따라서 1학년 학생들의 학습 경험은 조선족에게만 국한되는데, 이들의 주관식 응답을 살펴보면 원어민 한국어 교사에 대한 '원어민 오류'를 가지고 있음을 확인할 수 있다. 반면에 세 명의 교사 집단 모두에게 한국어를 배운 경험이 있는 응답자들은 주관식 기술에서도 교사 집단의 문제보다는 학습자 개인의 역량을 중시했으며, 각각의 교사 집단이 가지고 있는 장단점을 파악하고 있어서 교사 집단의 중요성을 크게 고려하지 않았다.

> B-74
>
> 세 명의 교사는 다 장단점이 있어서 상관없다.
>
> A-70
>
> 상관없다. 교사들은 다 능력이 다르다. 이러한 차이를 인정해야 한다.

이러한 결과는 학습 경험이 적은 응답자들의 경우 '원어민 오류'를 가지고 있지만, 실제 학습 경험이 있는 응답자는 자신들의 학습 경험을 근거로 판단하기 때문에 맹목적으로 원어민을 선호하는 것은 아니라는 사실을 보여준다.

4.3. 학습 기간과 한국어 교사에 대한 인식도

호욱문, 김영주(2013)에서는 중국에서 한국어를 가르치는 한국어 교사와 중국인 한국어 학습자를 대상으로 한국어 수업에서 중국어 사용에 대한 인식을 조사하였는데, 학습자의 56%가 한국어만 사용하는 수업은 바람직하지 않다고 하였다. 그리고 응답자의 90%가 한국어 수업에서 중국어 사용이 실제 학습에 도움이 된다고 하였다. 특히 고급 학습자의 경우 수업 내용이 어려워지기 때문에 전체 수업 시간 중에 40% 이상 중국어를 사용하는 것이 필요하다고 응답하였다. 이러한 결과는 30~40% 정도 중국어 사용이 필요하다는 초, 중급 학습자들의 응답과 상이한 결과이다. 선행 연구를 통해 드러난 학습자들의 인식을 고려할 때, 중국에서 한국어를 배우는 중국인 학습자들에게 모국어의 사용은 한국어교육에서 중요한 변수가 된다. 따라서 한국어 교사 선호도 역시 중국어 사용이 중요한 영향을 미칠 것이라는 것을 예측할 수 있다. 학습 기간이 긴 고급 학습자들은 모어 사용의 필요성을 강조하기 때문에 한족이나 조선족 교사에 대한 선호도가 높고, 학습 기간이 짧은 초, 중급 학습자는 한국인 원어민 화자에 대한 선호도가 높을 것으로 예측할 수 있다. 분석 결과 학습 기간에 따라 교사에 대한 선호도가 달라질 것이라는 가설은 채택되었다($p = .000$).

[표 6] 학습 기간과 한국어 교사에 대한 인식도 카이제곱 검정 결과

	값	자유도	유의 확률
Pearson 카이제곱	32.018a	8	.000**

학습 기간을 1년 미만, 2년 미만, 3년 이상의 세 그룹으로 나누어서 세 집단의 한국어 교사에 대한 선호도를 분석하였는데 통계적으로 유의미한 차이가 존재하는 것으로 나타났다. 그러나 이 글에서 분석 도구로 사용한 교차분석은 학습 기간에 따라 차이가 있는지 없는지만을 측정할 수 있는 도구이기 때문에 학습 기간과 집단별 선호도의 차이를 확인할 수 없다. 따라서 '학습 기간이 길어질수록 원어민 한국어 교사에 대한 선호도가 높아진다'와 같은 일반화된 결과를 도출할 수 없다. 그래서 이 글에서는 선행 연구 결과와 비교를 위해 빈도분석 결과를 토대로 학습 기간에 따른 교사 선호도를 수치상으로 살펴보았다. 영어교육에서 이루어진 선행 연구에 따르면 학습 기간에 따라 원어민, 비원어민 영어 교사에 대한 학습자들의 선호도가 차이를 보인다고 하였다. 일반적으로 학습 기간이 짧은 초급 단계의 학습자들은

원어민을 선호하고, 학습 기간이 긴 고급 단계의 학습자들은 비원어민을 선호한다고 하였다(Moussu & Braine; 2006, Cheung & Braine; 2007). 이는 앞서 살펴본 한국어 수업에서 모국어 사용에 대한 인식을 조사한 연구와 일치하는 결과이다. 그러나 또 다른 한국어교육 관련 연구에서는 학습 기간이 짧고 한국어 수준이 낮은 단계의 학습자에게는 모국어를 사용할 수 있는 비원어민 교사가 적합하고, 목표어 사용이 익숙한 고급 단계의 학습자들에게는 원어민 교사가 더 적합하다는 결과가 제시되었다(니콜라, 2010:362-363).

이 연구의 분석 결과 학습 기간이 1년 미만으로 짧은 학습자들은 한국인 교사에 대한 선호도가 높은 것으로 나타났다. 한국어 학습 기간이 1년 미만인 응답자의 59%인 74명이 한국인 교사를 가장 선호한다고 응답한 반면에 한족은 16명, 조선족은 15명만이 가장 선호한다고 응답하였다. 반면에 한국어를 3년 이상의 공부한 학습자의 경우 '상관 없음'이 23명으로 가장 높은 응답을 보였고, '한국인' 19명, '한족' 18명 순으로 비슷한 응답 분포를 보였다. 이러한 결과는 영어교육의 선행 연구와 동일한 응답 결과를 보이는 것이다. 그러나 한국어교육에서 실시한 니콜라(2010)의 연구와는 상반되는 결과이다. 이러한 상반된 결과의 의미를 해석하기 위해서는 추가적인 논의가 필요하다. 니콜라(2010)의 연구를 근거로 추론한다면 한국어를 처음 배우기 시작한 1학년 학생의 경우 한국인 교사보다는 중국어로 강의가 가능한 조선족이나 한족 선생님을 선호한다는 결과가 도출되어야 하지만, 반대의 결과가 도출되었다. 이러한 차이의 원인은 크게 교사 개인의 역량 차이, 원어민 오류의 영향, 학습 목적의 차이를 들 수 있다.

A대학의 경우 학습 기간이 1년 미만인 응답자 14명 가운데 절반이 넘는 8명이 원어민 교사를 선호하였다. A대학의 전체 응답자 70명을 대상으로 했을 때는 한국인 원어민 교사를 선택한 응답자는 31%에 해당하는 22명에 불과하다. 따라서 학습 기간이 짧은 1학년 학생들에게서 원어민 교사에 대한

선호도가 높게 나온 것을 볼 수 있다. A대학의 경우 1학년 학생들에게는 한국어 강의를 하는 원어민 교사는 1명인데, 이 교수자의 경우 학부는 한국의 대학을 졸업하였고, 이후 중국으로 유학을 가서 중국 대학에서 중국 문학으로 박사 학위를 받았다. 전공이 한국어는 아니지만 오랜 강의 경력을 가지고 있으며, 중국 거주 경력이 길고, 박사 학위를 받을 정도의 높은 수준의 중국어 구사 능력을 갖추고 있다. 따라서 학습자들이 기대하는 모국어를 활용한 수업과 중국인 학습자에 대한 이해가 가능한 경우이다. 결국 A대학의 경우 원어민 한국인 교사가 중국인 한국어 교사가 갖추어야 할 역량을 갖추고 있었기 때문에 학습 기간이 짧은 학습자라도 원어민 한국어 교사를 선호한 것으로 보인다. C대학의 경우도 마찬가지이다. 1년 미만의 학습자 14명 가운데 8명이 원어민 교사에 대한 높은 선호도를 보였는데, C대학 역시 한국인 원어민 교사가 한국 대학에서 한국어로 학부와 석사를 마치고 중국 대학에서 인류학으로 박사 학위를 받은 교사이다. 따라서 이 경우도 한국인이기 때문에 가질 수 있는 원어민 교사의 장점과 더불어 유창한 중국어 실력과 중국 문화에 대한 이해 등을 바탕으로 학습 기간이 짧은 학습자들에게 큰 도움을 주었을 것으로 여겨진다. 따라서 이러한 경우 한국어 교사의 개인 역량에 근거하여 일반적인 선행 연구와는 다른 결과가 도출된 것으로 보인다.

교사의 개인 역량 차이 외에 원어민 오류의 영향으로 선행 연구 결과와 상반되는 결과가 도출된 것으로 보인다. E대학의 경우 학습 기간이 1년 미만인 전체 응답자 42명 모두가 한국인 교사를 가장 선호했다. 이들은 한국어 학습 기간이 짧고, 한국어 능력도 부족하지만 원어민 한국인 교사를 가장 선호했다. E대학은 전공 과정으로 한국어학과가 존재하지 않는다. 따라서 모든 학생들은 교양 과목으로 한국어를 배우게 되는데, 대부분의 학생들은 한국 문화에 대한 관심과 호기심에서 한국어를 배우게 되는 경우이다. 따라서 이들에게 한국어는 한국인 교사에게 배워야 한다는 고정관념이 자리 잡고 있으며, 이러한 원어민 오류의 영향으로 E대학의 응답자들은 한국인 원어민 교사를 선호한 것으로 보인다. 주관식 문항에 대한 응답에서도 이러한 결과를 확인할 수 있다.

> E-207
> 한국어뿐만 아니라 한국 문화와 사람의 성격에 대해서도 알 수 있음.
> E-244
> 한국인이 한국 문화나 생활에 대해서 잘 가르칠 수 있다.

이상의 논의를 통해 학습 기간이 교사 선호도에 미치는 영향을 살펴보았다. 중국인 대학생의 경우 선행 연구와 다른 결과를 보였는데, 이는 한국인 교사가 가진 개인의 특수성과 학습자들이 가진 학습 목적에서 비롯된 것으로 보인다. 즉 학습 기간이 짧고 목표어 수준이 낮은 초급 단계의 학습자들에게는 모어로 수업이 가능한 비원어민 교사가 높은 선호도를 보이는 경우가 많지만, 원어민 교사가 학습자들의 모어를 능숙하게 구사할 경우 학습자들의 선호도는 달라질 수 있음을 확인하였다. 또한 학습 목적에 따라 의사소통 능력보다는 목표 문화에 대한 관심에서 비롯된 학습 목적은 원어민 교사에 대한 선호도를 강화시켜 학습 기간과 수준에 관계없이 원어민 교사를 선호하게 한다는 것을 확인하였다.

지금까지 논의를 통해 한국어 교사에 대한 선호도는 전공 여부, 학습 경험, 학습 기간에 따라 차이가 있음을 확인하였다. 전공생보다 비전공생이 한국인 원어민 교사에 대한 선호도가 높았으며, 세 집단 모두에게 한국어를 배운 경험이 있는 학습자는 교사의 국적을 중요한 요소로 인식하지 않았지만, 학습 경험이 일부 교사에게만 있는 학습자의 경우 원어민 교사를 선호하였다. 마지막으로 학습 기간에 따라 교사에 대한 선호도는 차이를 보이지만,

선행 연구 결과처럼 학습 기간이 짧을수록 한국인 교사에 대한 선호도가 높고, 학습 기간이 길어지면 중국인 한국어 교사를 선호한다는 일반적인 결과는 도출되지 않았다.

5. 결론 및 제언

이 글의 목적은 중국 대학에서 한국어를 가르치는 한국어 교사에 대한 학습자 인식을 살펴보는 것이다. 원어민 한국어 교사의 역할을 강조하는 분위기에서 학습자들의 인식을 확인하여, 비원어민 한국어 교사의 가치를 재조명하기 위하여 연구를 진행하였다. 인식도 조사를 위해 북경 시내 6개 대학의 271명의 학생들을 대상으로 설문 조사를 실시하였고, 조사 결과를 보완하기 위하여 인터뷰를 실시하였다. 조사 결과 선행 연구와 마찬가지로 중국인 대학생들 역시 말하기, 발음, 쓰기 교육에서는 한국인 교사를 선호하였고, 문법이나 어휘 교육에 있어서는 한족과 조선족 교사를 선호하였다. 이러한 결과는 선행 연구와 동일한 것으로 학습자들이 각 한국어 교사 집단의 장단점을 명확하게 인식하고 있다는 것을 의미한다. 학습자들의 선호도에 영향을 미치는 주요한 변인과의 관계를 분석한 결과 한국어 전공 학생이거나 세 집단의 교사에게 모두 한국어를 배운 경험이 있는 응답자들은 한족이나 조선족 교사에 대한 선호도가 높았다. 반면에 한국어를 전공으로 하지 않거나, 일부 교사에게만 한국어를 배운 경우 원어민 화자인 한국인 교사에 대한 높은 선호도를 보였다. 그러나 이러한 선호도는 일반화할 수 없으며 교사의 개인 역량과 학습자들의 학습 목적에 따라 달라질 수 있음을 확인하였다. 이러한 결과를 통해 중국인 대학생들 역시 원어민 오류를 가지고 있음을 알 수 있으며, 비원어민 한국어 교사에 해당하는 조선족, 한족 교사의 역할 또한 매우 중요하게 인식하고 있다는 것을 확인하였다.

결국 한국어교육은 원어민 한국인 교사가 담당해야 한다는 편견에서 벗어나 비원어민 한국어 교사의 가치를 인정하고 이들이 지닌 다양한 가능성을 활용해야 한다는 결론을 얻을 수 있다. 중국의 한국어교육 현장에서도 한국인 원어민 교사와 비원어민 교사인 조선족, 한족 교사가 협력하여 최상의 교육 환경을 제공하기 위해 노력해야 할 것이다. 이를 위해 한국어 교육기관은 세 집단의 교사들을 균형적으로 선발하여, 각 집단의 교사들에게 적합한 교과목과 역할을 배정해야 한다. 북경과 같은 대도시 지역은 전문성을 갖춘 한국인 한국어 교사를 채용하는 것이 어렵지 않지만 소도시의 경우 많은 어려움이 따른다. 따라서 이런 지역의 경우 조선족 한국어 교사가 원어민의 역할을 하거나, 한국어교육을 전공하지 않은 한국인들이 한국어를 가르치는 경우도 있다. 따라서 한국 정부의 파견 사업이나 한국 대학과 교류 협정을 통해 전문성을 갖춘 한국인 교사를 채용하는 것이 필요할 것이다. 또한 한족 교사의 경우 비록 한국어를 전공한 전문가라고 하더라도 여전히 한국어를 공부해야 하는 학습자이다. 조선족 교사 역시 비록 제1언어가 조선어라고 하더라도 조선어는 현재의 표준 한국어와는 발음, 억양, 문법 체계, 어휘 등 많은 부분에서 차이를 보이고 있다. 따라서 다양한 재교육 과정을 통하여 이들의 한국어 능력을 향상시킬 수 있도록 해야 할 것이다. 그리고 무엇보다도 한국어교육을 전공하는 중국인 학습자들이 훌륭한 비원어민 한국어 교사로 성장할 수 있도록 지원을 아끼지 않아야 할 것이다.

이 연구는 북경 지역의 6개 대학만을 연구 대상으로 한정하여 진행하였기 때문에 연구 결과를 중국인 학습자 전체로 일반화하는 것에는 무리가 따른다. 따라서 후속 연구를 통해 북경 외에 다른 지역의 한국어 교사에 대한 학습자 인식을 살펴보는 것이 필요할 것이다. 또한 인식도 조사 도구에 있어서도 단순하게 적합한 교사를 고르는 방법 외에 각 교사 집단별 만족도를 조사하거나, 적합도를 리커트 척도로 조사하는 것도 연구 결과의 신뢰성을 높이는 데에 기여할 수 있을 것이다.

한국어교육의 지역적 범위가 점점 넓어지고 있으며, 학습자의 수준과 목적 또한 다양해지고 있다. 따라서 한국인 원어민 교사만으로는 전 세계 모든 지역의 한국어교육 수요를 감당할 수 없다. 따라서 숙련된 현지인 한국어 전문가를 양성하여 그들로 하여금 한국어교육을 감당할 수 있도록 하는 것이 장기적으로 한국어교육의 성장에 필요할 것이다(전나영, 2014). 중국의 경우도 마찬가지다. 이미 많은 수의 중국인 유학생들이 한국에서 한국어를 전공했으며, 현재도 많은 유학생들이 한국어교육을 전공하고 있다. 따라서 이들이 중국에서 한국어를 가르치는 한국어 교사로 성장한다면 중국의 한국어교육 발전에 큰 기여를 할 수 있을 것이다. 이 연구를 통해 밝혀진 조선족과 한족 교사에 대한 가치를 인정하고, 한국인 교사와 함께 협력하여 풍성한 교육을 제공한다면 중국의 한국어교육은 양적으로나 질적으로 더욱 성장할 수 있을 것이다.

제3장

중국인 한국어 교사의 문법 용어 사용 양상

1. 연구 목적

이 글의 목적은 중국인 한국어 교사가 2학년 '한국어정독'(精讀) 과목 시간에 사용하는 문법 용어 사용 양상을 탐색하여, 용어 사용상의 특성을 고찰하고, 용어 사용에 영향을 미치는 요인을 분석하는 것이다. 한국어교육학에서 문법 용어에 대한 연구는 다양한 관점에서 이루어졌다. 초기 연구에서는 문법 용어 표준화의 관점에서 교재를 분석하여 동일한 문법 개념이 다르게 제시되어 있는 사례를 지적하면서 표준화의 필요성을 강조하였다(권재일, 2000; 민현식, 2000; 방성원, 2002). 이러한 연구는 국어학계에서 1980년대 문법 교과서의 제작을 위해 요구되었던 학교문법 통일을 위한 논의와 비슷한 것으로, 본격적인 한국어교육의 실행에 앞서 문법 용어의 통일을 주창한 초창기 논의였다. 이후 문법 용어의 번역 양상으로 관심이 확대되면서 한국어 교재에 반영된 문법 용어 번역의 문제를 주로 연구하였다(왕단, 2008; 안주호, 2011; 최정순, 2014). 한국어 교재는 학습자의 이해를 돕기 위해 어휘와 문법 등의 주요 내용을 학습자의 모어(L1)나 매개어(주로 영어)로 번역하여 제시하는데, 이때 사용되는 문법 용어의 번역 양상을 탐구한 것이다. 최근에는 문법 용어의 사용자로서 교육 주체의 인식을 탐구하는 연구로 논의가 확대되었다(한송화, 2010; 김호정 2011; 김호정 외, 2012). 이러한 연구를 통해 문법 용어에 대한 교육 주체의 인식과 실제 용어 사용 사이의 간극에 대한 연구가 수행되고 있다.

이처럼 문법 용어에 대한 논의가 용어의 개념과 교재에서 사용 주체로 변화하고 있음을 알 수 있다. 이러한 연구 경향성의 변화는 인식론의 전환과 맥을 같이 한다. 객관주의 인식론이 강조한 객관적이고 보편타당한 절대적인 지식은 탈맥락적인 지식이다. 반면에 구성주의 인식론은 지식 구성 주체의 경험과 인지 작용을 통해 구성한 지식을 강조하였는데 이때 지식은 구성 주체를 둘러싼 환경과의 상호작용을 통해 형성된다. 결국 객관주의에서 구성주의로의 변화는 지식 습득의 공간인 교실과 교사 그리고 학습자의 역할에 대한 전환을 추동하였다. 구성주의 인식론에서 교육은 교실이라는 공간에서 교육 주체로서 교사와 학습자 그리고 교수학습이 이루어지는 사회문화적 맥락 등 각 요소 사이의 능동적인 상호작용을 통해서 이루어진다고 본다. 따라서 교사는 객관적으로 존재하는 보편적인 지식을 수동적으로 전달하는 교육자에서 교육적 신념과 학습자 수준, 교육 내용 등의 교수학습 맥락[1]을 종합적으로 고려한 후에 수업을 진행하는 능동적인 존재로 변화하였다. 학습자 역시 교사를 통해 전달되는 객관적인 지식의 수용자에서 이전 학습 경험과 배경 지식을 활용하여 능동적으로 지식을 구성해 나가는 존재가 되었다. 따라서 문법 용어 연구에서도 탈맥락적으로 수행된 기존의 연구를 벗어나, 교육의 주체와 맥락 사이의 관련성에 집중하는 것은 인식론의 흐름에 따른 자연스러운 변화일 것이다. 이러한 관점의 연장선에서 이 글에서도 중국인

1 이 글에서 '교수학습 맥락'은 한국어 교수학습과 관계를 맺고 있는 다양한 요인들을 통칭하는 용어이다. 한국어 교수학습은 교사나 학습자 요인 외에도 교과서, 교육과정, 사회문화적인 배경 등 다양한 요인들의 영향을 받는다. 이처럼 한국어 교수학습에 영향을 미치는 다양한 요인을 통칭하여 '교수학습 맥락'이라고 부를 것이다. 익명의 심사위원께서는 '교수학습 상황'이라는 용어와의 차이에 대해서 문제 제기를 하셨는데, 사전적 의미에 근거했을 때 '상황'은 '일의 형편'을 나타내고, '맥락'은 '관계나 연관'을 나타낸다. 따라서 한국어 교수학습과 관련을 맺고 있는 요인이라는 관점에서 '교수학습 맥락'이라는 용어가 더 적절하다고 판단하였다.

한국어 교사의 문법 사용 양상을 대상으로 하여, 교사의 문법 용어 사용에 영향을 미치는 다양한 맥락을 분석하고, 이러한 맥락이 작용하여 만들어내는 용어 사용상의 특성을 고찰하고자 한다. 이러한 연구 목적을 달성하기 위하여 중국에서 한국어를 가르치는 중국인 한국어 교사를 연구 대상으로 선정하였다.

중국인 교사가 중국에서 한국어를 가르치는 것은 원어민 교사가 국내에서 한국어를 가르치는 것과 많은 차이를 보인다. 교사의 언어적 배경 외에도 학습 목적, 교육기관의 특성, 학습자 구성 등 다양한 교수학습 맥락이 차이를 보이기 때문에 맥락과 교사의 문법 용어 사용 사이의 관계를 확인할 수 있는 적합한 대상이 될 수 있을 것이다. 특히 Cook(2001)은 비원어민 영어 교사에 대한 연구에서 학습자 모어가 가장 많이 사용되는 단계는 문법을 설명하고 어휘 의미를 전달하는 과정이라고 하였다. 중국인 한국어 교사 역시 문법을 가르칠 때에 문법 용어를 사용할지, 하지 않을지에 대해서 먼저 선택을 해야 하고, 문법 용어를 사용하기로 선택한 후에는 한국어(L2)와 중국어(L1) 중에서 어떤 언어로 문법 용어를 사용할 것인지를 결정해야 한다. 이때 교사의 결정에는 비원어민 한국어 교사라는 요인 외에도 중국에서 한국어를 가르치는 교수 맥락의 특성이 영향을 미칠 것이다. 그러나 다양한 맥락적 요인이 교사의 문법 용어 사용에 미치는 영향을 명확하게 파악한다는 것은 불가능하다. 맥락과 교사의 문법 용어 사용은 독립 변수와 종속 변수의 단순한 인과 관계가 아니라, 다양한 맥락이 복합적으로 영향을 미치는 과정이기 때문이다. 따라서 본 연구에서는 다양한 요인 가운데 문법 용어 사용에 영향을 미칠 수 있는 학습자 수준과 과목을 통제해서 교사와 교수 맥락을 중심으로 문법 용어 사용에 미친 요인을 탐색하고자 한다.

2. 문법 용어 사용 연구의 이론적 배경

2.1. 교수 언어로서 문법 용어의 위상

외국어교육에서 교사의 발화는 교수 행위를 위한 가장 기본적이고 중요한 수단이다. 따라서 "교사는 목표어를 학습자들에게 보다 이해하기 쉽고, 효율적으로 가르칠 수 있도록 언어적, 상호작용적 변형을 가하여 만든 특별한 말"을 사용한다(한상미, 2000:7). 이러한 교사 발화는 성공적인 교수학습을 위한 교수 언어로서 기능을 한다. 홍은실(2005:1)은 "교수학습 목표를 효과적으로 달성하기 위해 교사가 사용하는 언어"를 교수 언어라고 하였다. 일반적으로 한국어교육을 포함한 외국어교육에서 교사의 발화가 전체 교실 발화의 2/3 이상을 차지한다고 했을 때(Chaudron, 1988; 김재욱, 2007), 대부분의 교사 발화는 수업 내용을 설명하고, 수업을 진행하는 교수학습과 관련된 교수 언어이다. 교사는 어휘의 의미를 소개하고, 목표 문법의 의미와 기능을 설명한다. 또한 학습자 오류에 대해서 피드백을 제공하기도 하며, 질문을 통해 학습자들의 이해도를 점검하기도 한다. 이처럼 한국어 교사의 교수 언어는 성공적인 한국어 수업을 위한 중요한 역할을 담당한다. 한국어 교사의 교수 언어가 가지는 핵심적인 기능은 한국어에 대한 기술과 설명 즉, 메타언어로서 기능이다. 한국어 교사는 한국어 문법의 의미와 기능을 설명하기 위해 메타언어를 사용하는데, 이때 메타언어란 "교사가 한국어 학습자를 대상으로 수업하거나(교수하거나) 대상어에 대하여 기술 및 설명하는 도구적 기능으로서 매개 언어"이다(박은하, 2016:439). 예를 들어 한국어 교사가 문법 항목을 설명할 때 사용하는 '명사', '동사'와 같은 품사나, '주어', '서술어', '청유문', '명령문'과 같은 문장의 성분이나 유형을 나타내는 문법 용어가 메타언어에 해당한다. 이러한 메타언어를 사용함으로써 교사는 목표 문법의 의미와 기능에 대한 학습자 이해를 돕는다. 목표 문법의 의미와 기능에 대한 설명을 위해 교사가 사용하는 대표적인 메타언어는 문법 용어이다.

메타언어로서 문법 용어의 중요성은 다양한 논의에서 확인할 수 있다. 김호정(2009:42)은 "동사 어미의 활용, 주어와 서술어의 호응 등에서 부적절한 문법 오류를 논리적으로 이해시키기 위해서는, 그것이 '동사'로서 가지고 있는 의미론적 자질 및 기능, '주어'와 '서술어'의 개념 등을 설명해야 할 필요성이 있다"고 기술하면서 문법 용어가 가지는 메타언어의 기능을 강조하였다. 문법 설명을 위한 메타언어로서 문법 용어는 한국어 문법서나 문법 교재의 설명에 주로 나타난다. 한송화(2010:362)는 "문법서는 물론 한국어 교재의 문법 설명 부분 그리고 교사의 문법 설명과 학습자 질문에 대한 답변에서도 메타언어로서 문법 용어가 사용된다"고 하였고, 박은하(2016)는 한국어 교재 5권을 분석하여 메타언어 사용 양상을 분석한 결과, 5권의 교재 모두 문법 용어를 명시적으로 사용하거나 문법 용어를 풀어서[2] 의미와 기능을 제시하였다고 하였다. 이처럼 한국어교육에서 메타언어로서 문법 용어는 문법 교육 현장에서 널리 활용되고 있음을 알 수 있다. 그러나 교재와 문법서를 중심으로 활용되는 문법 용어는 실제 교실에서 교사의 발화를 통해서는 구체적으로 실현되지 않는다. 자연적 접근법(Natural Approach)이나 의사소통적 언어 교수법(Communicative Language Teaching)이 대두되면서 문법 용어가 학습자의 유창성 신장을 방해하고, 학업 부담량을 늘려준다는 부정적인 인식이 존재하기 때문이다. 그래서 "한국어교육에서 문법 용어의 사용에 관해 최소한의 사용을 지향한다"라는 원칙적인 합의가 일종의 격률로 존재하고

---

2 박은하(2016:442)에서 소개한 '마' 교재에서 피동의 의미 설명을 문법 용어를 사용하지 않고 "다른 것에 의해 이루어지는 동작을 나타낸다"로 기술하였다. 이는 문법 용어를 사용하지 않고 문법 용어에 대한 풀이말로 대신한 것이다. 그러나 이 교재 역시 간접 인용 기술 단계에서는 '인용', '청유' 등의 문법 용어를 사용하였다.

있다(김호정 외, 2012:593). 그러나 앞서 논의하였듯이, 한국어교육과 같은 외국어 수업이 교사의 설명으로 대부분 구성된다는 것을 고려한다면 메타언어로서 중요한 위상을 차지하는 문법 용어에 대해서 간과해서는 안 된다는 것을 알 수 있다.

2.2. 문법 용어 사용에 대한 관점

다양한 문법 용어 관련 연구 가운데 가장 큰 이슈는 교실에서 교사가 문법 용어를 사용할 것인지 사용하지 않을 것인지에 대한 논쟁이다. 많은 연구에서 각각의 장단점에 대한 논의가 이루어졌고, Borg(1999:96-98)는 제2언어 교실에서 문법 용어 사용에 대한 찬성과 반대의 입장을 정리하였다. 문법 용어 사용에 대해서는 찬반 논쟁이 존재하지만, 국내 한국어교육 현장에서는 문법 용어 사용에 대한 부정적인 관점을 견지해 왔다. 문법 용어의 사용이 학업 부담량을 증가시키고, 언어 사용으로서의 문법보다는 언어 기술로서의 문법에 집중하게 하기 때문이다. 무엇보다 한국어 의사소통 능력 신장을 추구하는 교육 목표 달성에 문법 용어가 방해가 될 수 있다고 보았다. 이러한 문법 용어 사용에 대한 부정적 인식은 교사 교육과정 단계에서 형성되고, 형성된 인식은 근무 중인 교육기관의 규정과 동료 교사의 영향 등으로 강화된다. 이러한 관점은 한국어 교사의 인식에도 영향을 미치게 되는데, 한국어 교사들은 문법 용어에 부정적 인식을 가지고 있기 때문에 실제 수업 시간에도 문법 용어 사용을 기피하고, 실제로 자주 사용하지 않는다고 인식한다(한송화, 2010). 이러한 부정적 인식과 달리 본 연구에서 분석 대상으로 삼는 중국 대학의 한국어교육 현장에서는 문법 용어의 사용이 무조건 부정적인 것만은 아니다. 문법 용어 사용에 대한 긍정적인 관점은 중국의 한국어 교육 현장이 지닌 특수한 맥락에서 기인한다.

첫째, 학위 과정으로서 한국어교육의 목표는 의사소통 능력 신장 그 이상이다. 한국어 의사소통 능력 신장을 목표로 비학위 과정 중심의 한국어교육이 이루어지는 국내와 달리 중국은 대학에서 전공 과정으로 한국어교육이 이루어진다. 따라서 학위 과정으로서 한국어교육의 목표는 의사소통 능력 신장을 뛰어넘어 한국어 전공자로서 갖추어야 할 역량과 전문적인 지식이다. 중국 교육부에서 2009년에 반포한 <고등학교 외국어 비통용언어학과 규정(高等學校本科外語非通用語種類專業規範)>에 따르면 중국 대학교 외국어 비통용언어학과의 양성 목표는 "학생들로 하여금 한 언어의 듣기, 말하기, 읽기, 쓰기, 통·번역 기능을 장악하도록 양성해야 하고, 언어를 능숙하게 운용할 수 있고, 전공 외국어의 국가에 관한 문학, 역사, 문화, 정치, 경제 등 분야의 지식을 파악하도록 양성해야 하며, 다문화 간의 교제 능력을 가지고 외교, 국제 문화 교류, 기업 관리, 신문 출판과 외국어 교육 등 여러 분야의 인재를 양성하거나 튼튼한 전공 분야의 지식을 갖고 본 전공 분야나 상관 학과에서 계속 연구하는 인재로 양성하도록 한다."이다. 따라서 전공자로서 갖추어야 할 한국어와 한국문화에 대한 전문 지식을 교육하는 단계에서 문법 용어의 사용은 유용한 지식 전달의 도구가 될 수 있음을 알 수 있다.

둘째, 중국은 연역적인 문법 교육을 수행하고 있다. 이는 중국의 전통적인 교육 문화인 교사 중심 수업에서 비롯된 것으로, 교사 중심의 수업 문화는 연역적인 문법 교수로 연결된다. 이러한 교육 문화는 한국어 교수학습 상황에서 문법 번역식 교수법의 형태로 실현되고, 교사는 다양한 문법 용어를 사용하여 한국어 문법을 가르치게 된다. 일반적으로 학습자 중심의 수업일 경우, 학습자의 역할이 강조되기 때문에 교사가 문법 용어를 많이 사용하지 않는다. 반면에 교사 중심의 연역적인 문법 수업일 경우 교사의 설명을 중심으로 수업이 진행되기 때문에 문법 용어에 대한 노출 빈도가 커질 수밖에 없다. 이 글에서는 이러한 중국의 한국어교육 현장이 지닌 교수맥락의 특성을 고려하여 적절한 문법 용어의 사용이 중국에서 한국어교육에 유용하다는 관점에서 논의를 진행하고자 한다.

2.3. 중국의 한국어교육에서 문법 용어 연구의 동향

앞서 논의하였듯이, 중국의 한국어 교수학습 맥락에서 문법 용어는 지식 전달과 교수법의 층위에서 중요한 역할을 담당하고 있다. 따라서 중국에서 한국어교육 연구는 문법 용어의 유용성을 전제로 구체적인 논의가 이루어졌다. 가장 많은 논의가 이루어진 분야는 문법 용어의 표준화이다.

국내의 초창기 논의와 마찬가지로 한국어 교재에 나타난 문법 용어의 표준화 필요성에 대한 문제 제기가 활발하게 이루어졌다. 특히 교재 분석을 통해 동일한 문법 요소가 서로 다르게 번역되어 있는 양상을 지적하면서 표준화의 필요성을 주장하였다. 왕단(2008)은 한국어교육용 문법 용어의 중국어 표준화 방향을 연구하였다. 먼저 중국인 학습자들의 한국어 문법 용어에 대한 요구 분석과 중국에서의 한국어 문법 용어 번역 양상에 한 고찰을 통하여 기존의 한국어 문법 용어의 중국어 번역 문제를 확인하였다. 그리고 정확성, 체계성, 생산성, 경제성의 원칙에 근거하여 60개 한국어 문법 용어의 구체적인 번역 방법을 제시하였다.

최윤곤(2011, 2014, 2015)은 중국어권 한국어 교재에서 나타난 문법 용어를 분석하였다. 각각 품사, 어미, 문장 성분과 구조의 세 부분으로 나누어 한국어 문법 용어가 어떻게 사용되고 있는지를 분석하였는데, '목적격 조사'는 4개의 용어 '目的格助詞', '賓格助詞', '對格', '賓格'로 각각 사용되었다. 또한 양수사, 성상 형용사 등의 6개 용어도 3개의 용어로 사용되고 있다고 하였다. 어미의 경우 '관형사형 어미'가 가장 혼란스러운 모습을 보였는데 '冠形詞形詞尾', '冠詞化詞尾', '定語詞尾' 등 다양한 용어로 사용된다고 하였다. 마지막으로 문장 성분 및 구조에 관한 용어에서는 내포문의 경우 6개의 용어 '名詞性小句', '名詞性從句', '名詞性子句包孕句', '名詞節包孕句', '名詞性子句', '名詞結構包孕復句' 등으로 사용되는 복잡한 양상을 보인다고 하였다. 이러한 결과를 바탕으로 문법 용어의 표준화 방안을 제시하였는데, 문법 용어의 표준화는 학습자의 혼란을 방지할 수 있다는 점에서 의의가 있다고 하였다.

원팅팅(2018)은 중국인 한국어 전공자를 대상으로 한 문법 용어의 교육 내용을 개발하기 위하여 '개념어'로서 문법 용어의 위상을 '설명어'로서 문법 용어로 확장하였다. 이를 위해 중국어 지식과 혼동되는 문법 용어나 투명성이 낮은 문법 용어에 대한 추가적인 설명이 필요하고, 이때 학습자의 한국어 숙달도를 고려하여 친숙하게 접근하는 것이 중요하다고 하였다. 이러한 관점에서 조사를 대상으로 하여 구체적인 문법 용어 교수학습 내용과 방법을 제시하였는데, 이는 중국인 한국어 전공자의 특성에 주목하여 학습자들이 어려워할 만한 내용을 구체적인 내용과 방법을 통해 제시하였다는 점에서 의의가 있다.

3. 연구 대상 선정

3.1. 연구 대상으로서 정독 과목의 특성

정독 과목은 수업은 '종합한국어', '기초한국어' 등 학교마다 과목 명칭이 다르기는 하지만 중국 대학의 한국어학과 수업에서 가장 중요한 역할을 한다. 중국 대학에서 한국어는 비통용어 전공 중 하나로, 교육부의 '대학교 본과 외국어 비통용어종 학과 규범'(高等學校本科外語非通用語種類專業規範)에 따라 교육과정을 구성하고 있다. 비통용언어학과 교육과정의 전공 과정은 다시

'전공 기능 과정', '전공 지식 과정' 그리고 '전공 관련 지식 과정'으로 세분화된다. 따라서 중국 대학의 한국어과는 이러한 규정에 근거하여 전공 필수, 전공 선택으로 교육과정을 설계하고, 전공 필수 영역에서 가장 중핵적인 위상을 차지하는 과목이 '한국어정독'이다. 정독 과목은 필수 과목으로 1학년 때부터 개설되어 주당 10시간 이상을 집중적으로 한국어를 공부하는 통합 교과로서 성격을 갖는다.[3] 발음과 어휘, 문법 등의 전반적인 한국어 지식을 기르는 데에 목적이 있으며, 다른 과목이 주로 한국어 지식에 기초하여 개별적인 능력 향상을 목표로 하는 반면, 정독 과목은 기본적인 언어 지식을 가르치는 목적 외에도 다른 언어 기능을 향상하기 위한 기초 과목으로 성격을 가진다(교우박, 2011:23-26). 기초 과목으로서 통합 교과의 성격을 가지고 있기 때문에 많은 대학에서 국내에서 출판된 통합 교재를 교과서로 사용한다. 이처럼 한국어정독 과목은 모든 학교에서 공통적으로 운영되기 때문에 교사 혹은 학교 간 비교가 용이하다는 장점이 있다. 또한 문법 전문 교과가 아니라 통합 교과로서 성격을 가지고 있기 때문에 교사의 관점에 따라 문법 용어 사용 여부가 달라질 수 있으며, 이는 용어 사용 판단의 주체가 교사가 될 수 있다는 것을 의미한다. 이러한 측면에서 정독 과목은 중국인 한국어 교사의 문법 용어 사용 양상 연구에 적합하다고 판단하였다.

3.2. 연구 참여자

중국인 한국어 교사의 문법 용어 사용 양상을 탐구하기 위하여 선정한 연구 참여자는 중국에서 한국어를 가르치는 중국인 교사 4명이다. 이들은

3 추애방(2017:19-23)은 북경대, 연변대, 양주대 한국어과의 구체적인 교육과정을 제시하여 한국어정독 과목을 위상을 상세하게 소개하고 있다.

모두 4년제 대학의 한국어과에서 한국어를 가르치는 중국인이다. 문법 용어의 사용은 학습자의 한국어 수준이나 과목의 특성, 교과서에 큰 영향을 받을 수 있기 때문에 중국에서 한국어를 가르치는 중국인 교사 중에 2학년, 한국어 정독 수업을 담당하는 교사만을 연구 대상으로 삼았다. 또한 교사의 민족적 특성을 고려하여 한족과 조선족을 각각 2명씩 모집하였다. 조선족 교사의 경우 '상속어로서 한국어'를 학습하였고, 한족 교사는 '외국어로서 한국어'를 배웠기 때문에 한국어 학습 경험이 교사의 문법 용어 사용에 영향을 미치는 변인이 될 수 있을 것으로 보았다. 이러한 기준에 근거하여 선정한 연구 참여자의 구체적인 특성은 다음과 같다.

[표 7] 연구 대상

구분(가명)	민족	최종 학력	세부 전공	교수 경력
김영희	조선족	문학박사	현대문학	10년
최지현	조선족	교육학박사	문법교육	12년
진기주	한족	교육학박사	문법교육	11년
송선애	한족	문학박사	통, 번역	3년

이상 4명의 연구 참여자로부터 각각 3차시씩 전체 12차시의 한국어정독 수업 녹음 자료를 수집하였다. 녹음은 교사가 휴대폰을 사용해서 직접하였고, 녹음 후에 이메일과 인스턴트 메신저를 통해서 연구자에게 전송하였다. 수집한 수업 녹음 자료를 전사하여, 한국어 문법 용어가 사용된 부분을 확인하여, 사용 빈도를 계량적으로 분석하였고, 이후 사용 시기, 사용 언어 등을 고찰하여 문법 용어 사용상의 특성을 도출하였다.

4. 문법 용어 사용 양상 분석 결과

중국인 한국어 교사의 문법 용어 사용 양상의 특성을 확인하기 위하여 4명의 연구 참여자가 제공한 12차시의 수업을 분석하였다. 먼저 문법 용어를 언어 설명 범주에 따라 음운, 단어, 통사, 담화의 4층위로 분류[4]하고, 각각의 범주별로 사용된 빈도를 계량화하였다. 범주별 빈도 외에도 수업 단계에 따라 어떠한 수업 단계에서 문법 용어가 사용되었는지, 이때 사용된 문법 용어는 어떤 언어인지를 확인하였다. 이상의 분류 기준에 따라 빈도수를 측정하였고, 측정 결과를 바탕으로 중국인 한국어 교사의 문법 용어 사용 양상을 분석하였다.

4.1. 단어 관련 문법 용어의 사용

중국인 한국어 교사의 문법 용어 사용 양상 가운데 가장 두드러진 특징은 다양한 문법 용어 가운데 단어 관련 용어를 가장 많이 사용한다는 점이다. 분석 기준 설정 단계에서 논의하였듯이 언어 현상을 설명하는 문법 용어는 매우 다양하다. 음운론의 영역에 해당하는 음운, 음절 등의 용어에서부터 형태론에서 다루는 품사 관련 용어, 문장의 성분이나 유형과 관련된 용어, 그리고 담화에 이르기까지 언어학의 제학문 분야에 따라 세분화되어 있다. 이처럼 다양한 문법 용어 가운데 중국인 한국어 교사는 단어 관련 용어를 가장 빈번하게 사용하였고, 그 중에서도 특히 품사 관련 용어를 가장 빈번하게 사용하였다.

---

4 김호정(2008)은 한국어 교재에서 사용된 문법 용어를 계량화하기 위하여 음운, 단어, 통사, 담화의 4범주를 기준으로 삼았다. 이는 학교 문법의 언어 설명 층위를 근거로 한 것이다. 이 글에서도 김호정(2008)의 기준을 참조하여 4범주를 기준으로 분석하였다.

[표 8] 문법 용어의 유형별 사용 빈도

구분	빈도 수	예시
음운 관련 문법 용어	5	자음, 발음, 받침 등
단어 관련 문법 용어	90	동사, 합성어, 어미 등
통사 관련 문법 용어	9	체언, 용언, 명령문 등
담화 관련 문법 용어	1	서면어
합계	105	

문법 용어는 총 105회 사용되었는데 절반이 넘는 90회가 단어 관련 문법 용어였다. 이어서 문장을 연결하는 통사 관련 문법 용어가 뒤를 이었고, 나머지 문법 용어는 거의 사용되지 않았다. 이처럼 중국인 한국어 교사의 문법 용어 사용에 있어서 단어 관련 용어가 많이 사용된 것은 어휘 교수 단계에서 문법 용어가 자주 사용되었기 때문이다. 어휘를 가르칠 때에 중국인 한국어 교사들은 해당 어휘의 품사를 소개하는 경우가 많았다. 특히 동사의 경우 자동사인지, 타동사인지를 명시적으로 제시한 후에 어휘의 의미를 설명하였다.

> 교사: 다음 필요하다. 这也是**하다形容词对吧**, 可以去掉하다 当成**名词**用, 필요。可能这个로不是很熟悉, 那在这里是'学习是需要努力的'这样一个意思。但是它的用法是按名词的用法来用。로 하다, '作为…' 的时候也可以用로 这个助词来表示。로学过吧?表示方向的。공부는 노력을 필요로 합니다.
> (다음 필요하다. 이것도 형용사 '하다' 맞죠? '하다'를 빼고 명사 '필요'로 쓸 수 있어요. '로'는 익숙하지 않을 수 있지만, 여기서는 '공부는 노력이 필요하다'는 뜻이에요. 하지만 명사처럼 쓰이죠. '로 하다' 즉, '作为…'를 나타낼 때 '로'는 조사로도 쓸 수 있어요. '로'는 배웠죠? 방향을 나타내는 '로'예요. 공부는 노력을 필요로 합니다.)
>
> CKKT1_1-1[5]

위 사례는 형용사 '필요하다'를 가르치는 장면이다. 먼저 어휘가 명사 '필요' + '하다'로 구성된 형용사라는 사실을 문법 용어를 사용해서 명시하였고, 이후에 조사와의 결합을 통해서 활용한다는 사실을 구체적으로 설명하고 있다. 어휘 교수 단계이기 때문에 제시된 어휘의 품사를 명확하게 설명하기 위하여 형용사, 명사, 조사라는 품사 관련 문법 용어를 사용하였다. 이처럼 어휘 교수 단계에서 목표 어휘의 품사를 문법 용어를 사용하여 명시적으로 설명하는 사례는 다른 수업에서도 쉽게 발견할 수 있다.

> 교사: 다음 **<u>自动词(자동사)</u>** 망가지다. **<u>自动词.(자동사)</u>** 망가지다 什么意思?(무슨 뜻이에요?)坏, 碎, 出故障(망가지다, 망치다) 자전거가 망가지다. 什么意思?(무슨 뜻이에요?)
>
> 학생1: 自行车坏了。(자전거가 망가지다)
>
> 교사: 내 인생은 너 때문에 완전히 망가졌다.
>
> 학생2: 我的人生完全被你毁了.(내 인생은 너 때문에 완전히 망가졌다.)
>
> 교사: 我的人生完全被你毁了.(내 인생은 너 때문에 완전히 망가졌다.) 이해됐죠? 下面.(다음).
>
> CKT2_6-1

위 사례는 '망가지다'라는 어휘의 의미를 설명하는 데에 앞서 자동사로서 성격을 먼저 제시하고 있다. 문법 용어를 사용하여 어휘의 품사를 명확하게 밝히고, 이후에 의미를 제시함으로써 학습자들이 어휘 활용에 있어서 문법적인 혼란을 예방하였다. 단어 관련 문법 용어가 어휘 교수 단계에서만 사용되

---

5 CKKT는 Chinese-Korean Korean Teacher의 줄임말로 조선족 한국어 교사를 의미하고, CKT는 Chines Korean Teacher로서 한족 한국어 교사를 의미한다. 이어진 숫자는 연구 참여자의 번호와 교과서에서 다루고 있는 교재 내용을 나타낸다.

는 것은 아니다. 어휘 교수 단계와 함께 문법 설명 단계에서도 많은 문법 용어가 사용되었는데, 이때 결합 규칙이나 제약을 설명할 때에도 단어 관련 문법 용어가 자주 사용되었다.

> 교사: '-나'是什么呢? 这个**词尾**我们接触过了对吧…这里不是词尾了, 是**助词**, 名词后面的助词。我们接触过了, 我们学过它的其他的意思了。在这里是什么意思呢? 보세요, 185페이지에 있습니다. **助词, 用于名词后,** 表示什么? 数量或者程度比预想的要多或者是深,带有吃惊的意思。"没想到会花那么长时间", "没想到会需要三十分钟的时间"。좀 놀랐어요, 그렇죠?
>
> ('-나'는 뭘까요? 이 **어미**는 우리가 본 적이 있죠? 여기서 **어미가 아니고 조사**예요, **명사 뒤에 쓰이는 조사**예요. 우리가 배웠죠? 다른 용법을 이미 배웠죠? 여기서는 무슨 뜻일까요? 보세요, 185페이지에 있습니다. **조사는 명사** 뒤에 쓰이고 무엇을 나타내는 거예요? 수량이나 정도가 예상보다 많거나 높을 때 쓰이고 놀람을 나타내는 겁니다. "그렇게나 길게 걸리는 줄을 몰랐어요", "30분이나 필요한 줄을 몰랐어요". 좀 놀랐어요, 그렇죠?)
>
> CKT1_5-2

위 사례의 목표 문법은 '-이나/나'이다. 교수 내용 '-이나/나'는 "수량이 예상되는 정도를 넘었거나 꽤 많음을 나타내는 조사"이다(국립국어원, 2005: 827). 교사는 '어미', '명사' 조사' 등의 문법 용어를 사용해서 목표 문법의 의미를 설명하였다. 이처럼 중국인 한국인 한국어 교사는 다양한 문법 용어 가운데 단어 관련 용어를 가장 자주 사용하였고, 이러한 용어는 단순하게 어휘 교수뿐만 아니라, 문법 교수 단계에서도 광범위하게 사용되었음을 알 수 있다. 이러한 결과는 한국어 교재 내의 문법 용어 사용 양상을 계량화한 김호정(2008)의 연구 결과와 일치한다. 이 연구에서는 한국어 교재에서 사용된 문법 용어를 계량화하기 위하여 3종의 교재 22권을 대상으로 문법 용어를 분석하였는데, 전체 교재에서 등장하는 문법 용어는 398개였으며, 이들 문법 용어 중에서 가장 빈도수가 높은 상위 문법 용어 5개는 순서대로 Verb, 동사, Stem, Ending, Noun이다(김호정, 2008:8-9). 이처럼 한국어 교재에 단어 관련 문법 용어가 가장 많이 수록되어 있다는 것이, 실제 교수학습 상황에서 교사의 문법 용어 사용으로 직결되는 것은 아니다. 다만 김호정(2008)이 지적하였듯이, 한국어 교재에서 다루고 있는 문법 내용의 범주가 품사와 굴절 등의 특정 영역에 경도되어 있기 때문에 이러한 문법 내용을 설명하기 위해서 특정 범주의 문법 용어가 집중적으로 사용될 수밖에 없었을 것이다. 따라서 중국인 한국어 교사의 문법 용어 사용 양상 역시 교재에 선정된 교육 내용으로서 목표 문법과 수록된 문법 용어에 영향을 받은 것으로 보인다.

4.2. 어휘와 문법 교수 단계에 집중된 문법 용어의 사용

중국인 한국어 교사의 문법 용어 사용의 두 번째 특징은 어휘 교수와 문법 교수 단계에서 주로 문법 용어가 사용된다는 점이다. 정연(2016)은 중국에서 한국어를 가르치는 한국어 교사 20명을 대상으로 문법 용어 사용 시기를 조사하였는데, 조사 결과 응답자 모두가 문법 설명 단계에서 문법 용어를 사용한다고 하였고, 오류 설명과 피드백, 질문이 뒤를 이었다. 이러한 선행 연구 결과를 고려했을 때, 한국어 교사는 문법 설명 단계에서 가장 빈번하게 문법 용어를 사용할 것이라는 것을 예측할 수 있다. 이러한 사용 시기상의 특성은 이 연구에서도 동일하게 나타났다. 다양한 수업 장면에서 문법 용어가 광범위하게 사용되기보다는 어휘 제시와 문법 설명 단계에서 가장 빈번하게 문법 용어가 사용되었다. 이 두 단계를 제외한 나머지 수업 단계에서는 문법 용어가 거의 사용되지 않았으며 발음 연습 단계의 피드백과 복습 단계에서 각각 3회, 1회씩 문법 용어가 사용되었다.

[표 9] 수업 단계별 문법 용어 사용 양상

구분	빈도 수
어휘 제시	52
문법 설명	49
발음 연습	3
복습	1
합계	105

먼저 문법 교수 단계에서 문법 용어가 사용된 구체적인 사용 양상은 다음과 같다.

교사: 가끔 게임도 하고요, 역시又是一个**终结语尾**的表达方式, 它用于结束句子, 又是一个**终结语尾**。那它的其他的语法功能, 说话的意图是什么呢? 表示什么关系? 前后两句是包含包括。인터넷 검색을 많이 해요已经结束一个句子了, 通常是在做网络检索, 가끔 偶尔还玩游戏。终结语尾他表示包含前面一个行为, 也做了这个行为。看一下它的形态, 只有一个形态, **动词**后面, **形容词**后面直接连接就可以了。

(가끔 게임도 하고요, 역시 또 다른 **종결어미** 표현이 나왔어요. 문장의 끝을 맺는 또 다른 **종결어미**입니다. 그럼 이것의 다른 문법 기능은 뭘까요? 이 말의 의도는 뭐예요? 어떤 관계를 나타나는 거예요? 앞뒤 두 문장은 서로 포함하는 관계예요. 인터넷 검색을 많이 해요. 여기서 한 문장이 끝났어요, '인터넷 검색을 많이 하고 가끔 게임도 해요'라는 뜻이에요. 이 **종결어미**는 앞에 있는 행동도 포함하고 뒤에 있는 행동도 했다는 뜻이에요. 그럼 형태를 볼게요. 한 가지 형태만 있어요, **동사든 형용사**든 상관없이 뒤에 '-고요'를 연결하면 돼요.)

CKKT2_3-1

이 사례는 문법 교수 단계에서 학습자 모어를 사용하여 목표 문법인 어미 '-고요'를 설명하고 있다. 목표 문법의 의미를 설명하기 위해서 '종결어미'라는 문법 용어를 사용하였고, 결합 규칙을 설명하기 위해서, '동사', '형용사' 등의 단어 관련 문법 용어를 사용하였다. 이처럼 문법 교수 단계에서 문법 용어의 사용은 다른 교사의 수업에서도 쉽게 발견할 수 있는 사례이다.

> 교사: 那我们再看一下**辅助词**的用法, 已经有同学问过了是吧? 用在其他**助词**后面时表示在助词原有的意思上加上选择的意思。我们看一下它的形式, 区分**开音节和闭音节**, **名词**后面如果是**开音节**的话加-나 **闭音节**的话后面加-이나。我们通过例句来看一下它的意思.
> (그럼 우리 **보조사**의 용법을 볼게요. 누가 이미 물어봤죠? 다른 **조사** 뒤에 쓰일 때는 그 **조사**의 뜻에다가 선택의 의미를 더해줘요. 그럼 이 형식을 볼게요. **개음절과 폐음절**을 구별해서 보는 거예요, 명사 뒤에 **개음절**이면 '-나'가 붙고 **폐음절**이면 뒤에 '-이나'를 붙이는 거예요. 예문을 통해서 그 뜻을 볼게요.)
>
> CKT1_4-1

이 사례는 '명사나 부사 뒤에 붙어서 만족스럽지는 않지만 괜찮은 정도의 차선을 나타내는 의미'의 '-이나/나[1]'를 목표 문법으로 가르친 수업이다. 중국인 한국어 교사는 '보조사', '조사', '명사', '개음절', '폐음절' 등 다양한 문법 용어를 명시적으로 사용하면서 목표 문법의 의미와 규칙을 설명하고 있다. 특히 받침의 유무에 따라 이형태로 결합이 이루어지기 때문에 이 둘을 명확하기 구분하기 위해서 명시적으로 개음절, 폐음절이라는 문법 용어를 사용하였다. 문법 설명과 더불어 어휘 제시 단계에서도 문법 용어가 주로 사용된다. 특히 어휘의 품사를 설명할 때에 문법 용어가 활발하게 사용된다.

교사: 다음 비치다. 这是**自动词(자동사)**。 공원에는 따뜻한 햇살이 비치고 있었습니다. 햇살 무슨 뜻이에요?

학생: 阳光.

교사: 阳光. 那是**名词(명사)**. 那是名词公园里有温暖的阳光 어깨 위에. 肩膀上. 비치는 햇살. 어깨 위로 비치는 햇살이 나를 행복하게 합니다.

CKT2_6-1

위 사례는 새로 나온 어휘를 소개하는 단계로서 제시된 어휘의 의미를 설명하면서 품사를 명확하게 제시하였다. 동사의 경우 자동사인지, 타동사인지를 구체적으로 문법 용어를 사용하여 제시하였다. 이처럼 문법 설명 단계와 어휘 교수 단계에서 문법 용어가 빈번하게 사용되고 있음을 알 수 있다.

반면에 오류 수정이나 피드백 단계에서는 문법 용어를 사용하기보다는 쉬운 일상 어휘를 사용하였다. 전체 12차시의 수업 중에서 학습자의 발화에 대한 피드백이 거의 나타나지 않았다. 피드백이 나타난 수업의 사례를 살펴보면, 아래의 경우 학습자 발화를 근거로 '보라고' 와 '보자고'의 의미 차이를 설명하였다. 이 단계에서 교사는 '청유문', '명령문' 등과 같은 문법 용어를 사용할 수도 있지만, 문법 용어 대신에 '같이', '공동', '명령' 등의 일상 어휘를 통해 문법의 의미 차이를 설명하고, 학습자 발화에 대해서 피드백하였다.

학생: 남자 친구가 영화를 **보라고** 했어요.

교사: 남자 친구가 영화를 **보자고** 해요 아니면 보라고 해요? **보자고, 보라고** 뜻이 달라요. 보자고는 남자 친구하고 같이 보자. **보라고**는 남자 친구가 같이 영화를 같이 봐주지 않는데 ○○ 씨만 보라고. **보자고, 보라고** 했는데 남자친구 보자고 했는데. **보자고는 같이, 공동. 보라고는 명령.** 알겠어요?

CKT2_7-2

이처럼 문법 용어 대신에 일상어를 활용한 교사의 언어 사용이 피드백이라는 수업 단계의 특수성이 영향을 미친 것인지, 문법 용어 사용을 기피하는 교사의 특성인지에 대해서는 추가적인 논의가 필요하다. 하지만 이 교사가 다른 수업 단계에서 문법 용어를 사용한 사례가 존재하기 때문에 교사 요인보다는 수업 단계가 영향을 미친 것으로 보는 것이 타당할 것이다. 다시 말해 피드백 단계의 특성상 교사가 문법적 설명이나 어휘 의미를 제시하는 '상위언어적 피드백'(Metalinguistic feedback)보다는 직접적으로 오류를 수정하는 '명시적 피드백'(Explicit feedback)이나 학습자가 오류를 직접 수정할 수 있도록 유도하는 '유도하기'(Elicitation) 등의 피드백이 주로 사용된다. 따라서 피드백 단계의 특성상 문법 용어가 직접적으로 사용되는 경우가 많지 않을 것이다.

수업 단계에 따른 문법 용어 사용 양상의 차이에는 여러 요인이 영향을 미칠 수 있지만, 중국의 한국어 교수법과 밀접한 관련을 갖는다. 여러 선행 연구에서 중국 대학의 한국어 수업은 문법 번역식 교수법의 영향을 받아 교사의 설명이 수업의 주를 이룬다고 하였다(강보유, 2002; 신은경, 2014; 김판준, 2016). 본 연구에서 분석한 12차시의 수업에서도 비슷한 수업 구조를 발견하였다. 교사 설명이 주를 이루었고, 학습자 발화는 본문이나 예문을 읽는 기계식 연습이 대부분이었다. 이러한 수업 구조 하에서 학습자는 충분한 발화 기회를 확보하기 어렵고, 자연스럽게 학습자 발화에 대한 교사의 피드백이 제공되기 어렵다. 간혹 피드백이 제공된다고 하더라도 문법 용어를 사용한 피드백보다는 직접적인 오류 수정이나 간접적인 유도 발화가 대부분이다. 따라서 중국 대학에서 주로 사용하는 교수법의 특성상 교사 발화의 대부분이 어휘와 문법 설명에 집중되어 있고, 문법 용어 역시 이 두 단계에서 가장 빈번하게 사용될 수밖에 없다.

4.3. 학습자 모어(L1)를 활용한 문법 용어의 사용

중국인 한국어 교사의 문법 용어 사용에서 나타난 세 번째 특징은 학습자 모어인 중국어로 문법 용어를 사용한다는 점이다. 전체 105회의 문법 용어 사용 가운데 99회가 중국어로 사용되었고, 목표어인 한국어로 문법 용어가 사용된 경우는 6회에 불과하다. 복습 단계에서 '과거형'이라는 용어와 어휘 교수 단계에서 '명사', '자동사', '타동사'라는 품사 관련 용어가 한국어로 사용되었고, '윗사람'이라는 어휘를 설명하면서 '사이시옷' 현상을 언급하였을 뿐 나머지 모든 용어는 학습자 모어인 중국어로 사용되었다. 이처럼 문법 용어 사용이 학습자 모어에 치중된 것은 문법 용어의 사용 시기와 밀접한 관련이 있다. 앞 절에서 논의하였듯이, 문법 용어는 어휘 제시 단계와 문법 설명 단계에서 대부분 사용된다. 한국어 교사를 포함한 외국어 교사의 학습자 모어 사용 연구에 따르면 교사는 새로 나온 어휘의 의미를 제시하거나 목표 문법을 설명할 때 학습자 모어를 주로 사용한다고 하였다(Cook, 2001; Macaro, 2001; 최권진, 2009; 안정민, 2017; 남혜림·박선호, 2018). 따라서 중국인 한국어 교사 역시 어휘의 의미를 제시하거나 문법을 설명할 때 학습자 모어인 중국어를 주로 사용하게 되고, 이때 사용되는 문법 용어는 교수 언어인 중국어로 자연스럽게 사용된 것이다. 다음 사례는 학습자 모어가 대표적으로 사용되는 문법 설명 단계로 교수 언어의 영향을 받아 자연스럽게 문법 용어 역시 학습자 모어가 사용되는 경우이다.

교사: 서양 사람들은 보통 양손으로 먹잖아요. 근데 동양에서는 안 그래요. 양손으로 먹으면 안 됩니다. 젓가락과 숟가락을 양손에 들고 먹으면 안 됩니다. 다음 문법 보겠습니다. **这是아/어도 되다的用法**, 我们再看一下黑板上补充的例句, 这是一个常用的惯用型, 아도 되다, 除了아/어 되다 **后面的**

助动词可以用这些 ‘-아도 괜찮다’, ‘괜찮다’ 배웠죠? 这样做也没关系, 也可以。

(이거는 ‘-아/어도’의 용법이에요, 칠판에 있는 보충 예문을 같이 볼게요, 이것은 **관용 문형**이에요, ‘-어도 되다’. ‘-아/어 되다’ 이외에도 다른 **보조동사**를 쓸 수 있어요. ‘아/어도 괜찮다’. ‘괜찮다’를 배웠죠? 이렇게 해도 상관없어요, 괜찮아요.)

교사: 읽어 보세요.

학생들: 내일 좀 늦어도 돼요?

교사: 아니요. 내일은 늦으면 안 돼요.

CKT1_2-4

위 사례는 음식 문화에 대한 설명은 목표어인 한국어로 하였지만, 문법 설명 단계에서 학습자 모어로 교수 언어를 전환하였다. 이후 목표 문법인 ‘-아/어도 되다’의 의미를 설명할 때에 학습자 모어를 사용하였고, 자연스럽게 학습자 모어로 ‘관용 문형’, ‘보조 동사’ 등의 문법 용어를 사용하였다. 문법 설명이 끝난 후에 수업 진행 언어를 다시 목표어로 전환한 것을 알 수 있다.

교사: 자 다음 도움, 도움原来的基本型是什么? 从哪个单词里来的?(원래의 기본형이 뭐예요? 무슨 단어에서 변한 거예요?)

학생들: 돕다.

교사: 친구가 도와줬어요. ‘朋友帮忙了’ 그런 뜻이죠? 그럼 ‘도움’이라고 할 때는? 它变成名词用。ㅁ收音, **它就变成了一个名词(명사로 바뀐 거죠? 받침 ‘ㅁ’이 붙으면 명사가 되는 거예요.)**

CKKT1_1-1

위 사례는 어휘 설명 단계에서 학습자 모어로 '기본형', '명사'라는 문법 용어를 사용한 경우이다. 전체적인 수업 진행 언어는 목표어인 한국어지만, 새로 나온 어휘를 설명할 때에는 학습자 모어를 사용하였다. 도움이라는 어휘가 '돕다'에서 파생되었다는 사실을 설명하기 위해 학습자 모어를 사용해서 기본형 '돕다'를 제시하고, 이후 어미 'ㅁ'을 소개하면서 '도움'의 의미를 명확하게 설명하였다. 이처럼 어휘 설명 단계에서는 학습자 모어가 주로 사용되기 때문에 문법 용어 역시 학습자 모어로 사용된다는 특성이 있다. 그러나 어휘나 문법 교수 단계에서 학습자 모어가 아닌 목표어가 교수 언어로 사용될 경우 문법 용어 역시 목표어로 사용된다.

> 교사: 모으다는 **타동사**예요. 뭐뭐를 모으다라고 써야 해요. 본문에서는 뭘 모았어요?
>
> 학생들: 용돈.
>
> 교사: 용돈을 모아서 뭘 샀어요?
>
> 교사: 용돈을 모으다. **타동사**이기 때문에 모이다라는 **자동사** 형태도 있어요. 학교에 올 때 보니까 운동장에 사람들이 많이 모였어요.
>
> CKKT2_3-1

위 수업에서는 동사 '모으다'를 설명하면서 '타동사', '자동사' 등의 문법 용어를 목표어인 한국어로 사용하였다. 이러한 이유는 어휘 설명 단계의 교수 언어가 한국어이기 때문이다. 앞선 사례와 달리 교사가 한국어로 어휘의 의미를 설명하고 있기 때문에 이때 사용되는 문법 용어 역시 한국어로 제시된 것이다. 이는 수업 단계에 따라 교사가 선호하는 교수 언어가 존재하고, 이때 사용되는 교수 언어에 따라 문법 용어 역시 사용된다는 것을 알 수 있다. 이러한 결과는 중국인 교사의 교수 언어 선택이 문법 용어 사용과 밀접한 관련을 맺고 있음을 의미한다. 즉, 비원어민 교사로서 문법과 어휘 교수 단계에서는 학습자 모어인 중국어를 선호하고, 자연스럽게 문법 용어 역시 중국어로 사용된다. 결국 비원어민 교사로서 중국인 교사의 보편적인 특성이 중국어로 문법 용어를 사용하게 하는 핵심적인 기제라는 사실을 알 수 있다.

5. 결론 및 제언

본 연구는 한국어정독 수업을 담당하는 중국인 한국어 교사의 수업을 대상으로 문법 용어 사용상의 특성을 분석하였다. 중국인 한국어 교사가 한국어 정독 수업 시간에 사용하는 문법 용어 사용의 첫 번째 특징은 다양한 문법 용어 가운데 단어 관련 문법 용어를 가장 많이 사용한다는 것이다. 두 번째 특징은 문법 용어의 사용 시기가 어휘 교수 단계와 문법 설명 단계에 집중되어 있다는 것이다. 마지막 특징은 문법 용어가 학습자 모어인 중국어로 사용된다는 것이다. 이상 세 가지 특징은 중국 대학의 한국어교육을 둘러싼 교수 학습 맥락과 밀접한 관련을 맺고 있다.

단어 관련 문법 용어가 가장 빈번하게 사용되는 이유는 단어 관련 문법 용어가 교재에 주로 수록되어 있으며, 교재에서 다루는 문법 내용이 주로 단어와 관련된 품사, 굴절 등의 문법 현상이기 때문이다. 또한 중국 대학의 한국어 수업은 문법 번역식 교수법의 영향을 받은 교사 중심의 설명식 수업 구조가 주를 이룬다. 따라서 이러한 수업 구조의 영향을 받아, 어휘와 문법 설명이 수업의 대부분을 차지하기 때문에 어휘와 문법 설명 단계에서 가장 빈번하게 문법 용어가 사용될 수밖에 없었다. 마지막으로 문법 용어가 목표어인 한국어가 아니라 학습자 모어인 중국어로 사용되는 것은 비원어민 교사인 중국인 한국어 교사 요인이 크게 작용한 것으로 보인다. 비원어민 한국어 교사는 어휘와 문법 교수 단계에서 주로 학습자 모어를 사용하게 되는데 중국인 한국어 교사 역시 어휘와 문법을 가르칠 때에 교수 언어로 중국어를 사용하기 때문에 교수 언어의 영향을 받아 자연스럽게 문법 용어까지 학습자 모어로 사용된 것이다. 결국 한국어 교재와 교수법, 비원어민 교사라는 다양한 요인이 복합적으로 작용하여 중국인 한국어 교사의 문법 용어 사용에 영향을 주었다.

지금까지 중국의 한국어교육에서 문법 용어에 대한 연구는 설문 조사나 교재 분석의 방법으로 이루어졌기 때문에 실제 교수학습 상황에서 어떻게 문법 용어가 사용되는지 알 수 없었다. 따라서 4명의 한국어 교사의 실제 수업을 대상으로 문법 용어의 특성을 사용 시기와 방법에 따라 분류하여 사용 양상을 분석한 것은 실제적인 자료를 대상으로 했다는 점에서 의의가 있다. 특히 2학년, 한국어정독 과목이라는 특수한 맥락에서 실현되는 문법 용어 사용 양상을 분석함으로써 교수맥락의 특수성과 문법 용어 사이의 상호작용에 대한 이해의 폭을 확장시켰다는 점에서 기존 연구와 차별화된 논의를 가능하게 했다. 그러나 4명의 교사를 대상으로 정독 수업 12차시만을 분석하였기 때문에 본 연구의 결과를 중국의 한국어교육 현장에 일반화시킬 수는 없다. 따라서 연구 대상을 다양화하고 자료 수집의 범위를 넓혀 논의를 확대할 필요가 있다. 본 연구의 성과를 기초로 하여 앞으로 비원어민 한국어 교사의 문법 용어 사용에 대해 심층적인 연구가 이루어지길 기대하며 후속 연구에 대한 제언을 하면 다음과 같다.

먼저 중국인 한국어 교사의 문법 수업을 대상으로 한 다양한 논의가 필요하다. 본 연구에서는 2학년, 한국어정독 수업이라는 제한된 연구 대상을 중심으로 논의를 하였으나 앞으로 후속 연구에서는 학습자의 수준이나 과목을 다양화하여 중국인 한국어 교사의 한국어 문법 교수에 대한 총체적인 접근이 필요하다. 뿐만 아니라 연구의 초점을 거시적인 측면에서 문법 교육의 목표와 내용 체계, 문법 교수 모형, 문법 교육 내용의 등급화, 문법 평가 등으로 확대하고, 미시적인 측면에서 구체적인 문법 교육 내용과 문법 과제 등에도 주목해야 할 것이다. 이처럼 다양한 접근을 통해 중국에서 이루어지는 한국어 문법 교육에 대한 이해의 폭을 확장해야 할 것이다.

다음으로 수업 자료 분석과 인터뷰를 병행하여 교사의 인식과 실제 수행 사이의 간극에 대한 연구가 필요하다. 한국어 교사의 수정적 피드백에 대해서 연구한 김호정, 정연희(2016)에서 언급하였듯이, 교사의 인식과 실제 교실 수행에는 차이가 존재한다. 따라서 문법 용어 사용에 있어서도 이러한 차이를 탐구하는 것이 필요하다. 설문조사나 인터뷰를 통해 중국인 한국어 교사들이 가지고 있는 문법 용어 사용에 대한 인식을 확인하고, 이러한 인식과 실제 수행 사이의 차이를 탐구하는 것은 교사 인지와 교수 맥락 사이의 관계를 확인하는 데에 기여할 것이다.

마지막으로 중국인 한국어 교사의 고유한 특성인 한족 교사와 조선족 교사에 대한 비교 연구가 수행되어야 한다. 중국인 한국어 교사를 대상으로 한 교사론 연구는 비원어민 교사 연구 중에서 가장 활발하게 수행되고 있는 연구 분야이다(김가람, 2019). 중국은 다른 지역과 달리 한족 교사와 재외동포인 조선족 교사가 공존하는 특수한 지역이기 때문에 고유한 특성을 고려하여 두 교사 집단을 비교하는 연구가 필요할 것이다. 외국어로서 한국어를 배운 한족 교사와 상속어로서 한국어를 배운 조선족 교사는 한국어 학습 경험이 다르기 때문에 문법 용어의 사용에 있어서도 차이를 보일 것이다. 따라서 앞으로 이러한 교사 요인의 차이에 주목한 문법 용어 사용에 대한 비교 연구가 이루어진다면 더욱 정치한 분석이 가능할 것이다.

제4장

중국인 한국어 교사의 코드 스위칭 사용 양상

1. 서론

1.1. 연구 목적 및 필요성

이 글의 목적은 중국 대학에서 한국어를 가르치는 중국인 한국어 교사의 코드 스위칭 사용 양상을 분석하고, 코드 스위칭에 관여하는 맥락적 요인을 고찰함으로써 중국인 교사의 코드 스위칭 사용의 특성을 밝히는 것이다. 한국어교육을 포함한 외국어 교사의 발화에서 나타나는 고유한 특성은 다양한 교수 언어[1]가 사용될 수 있다는 점이다. 다시 말해 외국어 교사는 학습 대상으로서 '목표어'(L2), 학습자 의사소통의 도구로서 '학습자 모어'(L1), 그리고 '매개어'(L3) 중에서 한 언어를 선택해서 사용하거나 둘 이상의 언어

---

1 교수 언어(Instructional language)는 교사 발화를 통해 실현되는 언어의 종류를 의미하는 개념이다. 일반적으로 한국어교육학 연구에서 교수 언어는 "교사가 교실 상황에서 발화하는 언어 중 명시적으로 언어 교수를 목적으로 발화하는 언어"를 의미한다(이원기, 2013:6). 이처럼 교수·학습 목표를 효과적으로 달성하기 위하여 교육적으로 고안된 언어적, 비언어적 의사소통 방식을 의미하는 용어로 교수 언어 외에도 교사말, 교사 발화, 교사 언어 등이 존재한다. 이러한 개념을 지칭할 때에 교수 언어라는 용어를 사용하면, 교사가 사용하는 한국어, 영어, 중국어 등의 언어 종류를 지칭할 수 있는 마땅한 용어가 존재하지 않는다. 따라서 본 연구에서는 학습자의 이해를 돕고, 의사소통을 좀 더 쉽고 빠르게 하기 위하여 교사가 수업 시간에 구사하는 발화의 의미를 지칭하는 개념으로 '교사 발화'(Teacher talk)라는 용어를 사용하고, 교수 언어는 교사 발화를 통해 실현되는 언어의 종류를 지칭하는 개념으로 사용한다. 이러한 용어법에 따르면 한국어 교실에서 '교사 발화'는 어떤 언어를 '교수 언어'로 사용하는지에 따라 다양하게 실현될 수 있다.

를 전환하면서 교수 언어로 사용할 수 있다. 이러한 현상은 외국어 교육에서만 나타나는 특수한 현상으로 외국어 교육은 교사의 '교수 언어 선택'에서 출발한다. 이때 언어 선택(Language choice)이란 "둘 이상의 언어 또는 언어 변이어가 있을 때 화자가 특정한 맥락이나 분야를 고려하여 하나 이상의 언어 또는 변이어를 선택하는 것을 가리키는 용어"이다(사회언어학 사전, 2012:141).

언어 선택은 개별 화자 차원에서 이루어질 수도 있고, 공동체 차원에서 이루어질 수도 있는데, 외국어 교실에서 교사의 교수 언어 선택은 주로 교육기관이나 교육 정책에 의해 결정되는 공동체 차원의 선택이다. 그러나 교수 언어가 공동체 차원의 선택이라고 하더라도, 교사 차원의 선택이 완전히 배제되는 것은 아니다. 공동체 차원의 선택을 통해 교수 언어가 결정되더라도 선택된 언어 사용에 영향을 미치는 다양한 맥락적 요인이 존재하기 때문에, 언어 사용의 주체로서 교사는 교육기관의 원칙과 교육 내용의 난이도, 학습자 수준 등을 종합적으로 고려하여 교수 언어를 전환해서 사용하기 때문이다. 이처럼 외국어 교실에서 나타나는 교수 언어 전환을 코드 스위칭(Code switching)이라고 한다. 코드 스위칭은 이중언어 공동체에서 나타나는 일반적인 언어 현상으로 화자가 이미 사용하고 있던 언어를 다른 것으로 교체하는 현상을 의미한다. 이러한 개념을 한국어 교실에 적용한다면, 교사가 한국어를 사용하여 수업을 진행하다가 특정 내용을 어려워하는 학습자를 위해 학습자 모어를 사용하여 어려운 내용을 설명하는 것이 코드 스위칭의 구체적인 사례가 될 수 있다. 따라서 이러한 코드 스위칭에 대한 연구는 어떤 언어로 코드 스위칭을 하였는가에 대한 언어 연구임과 동시에 코드 스위칭을 유발하는 요인이 무엇인지를 탐구하는 교수 맥락에 대한 연구임을 알 수 있다.

이처럼 외국어 교육 현장에서 교사의 코드 스위칭은 교수 맥락과의 역동적인 상호작용을 통해서 이루어지지만, 코드 스위칭에 대한 연구는 교수 맥락의 특성을 간과한 채 언어 자체에만 주목하여 이루어졌다. 특히 교수 언어로서 절대적인 위상을 가지는 목표어를 대상으로 하여 효과적인 목표어 사용 방법에 대한 논의가 주로 이루어지면서 다양한 교수 언어가 가진 교육적인 가치를 인정하지 않았다. 따라서 목표어 이외의 교수 언어가 사용되는 코드 스위칭에 큰 관심을 두지 않았고, 자연스럽게 교수 맥락의 특수성 역시 간과한 채 목표어 사용에만 주목하였다. 목표어에 주목한 연구 경향성은 교육 현장에서 교수 언어로서 목표어 사용만을 강조하는 분위기에서 기인하였다. 많은 수의 외국어 교육 현장에서는 '교실 내 목표어 전용'(Exclusive target language use)이 믿음(Belief) 이상의 가상 지위(Virtual position)를 획득하는 동시에 헤게모니적 위상(Hegemonic status)을 지니고 있으며(Turnbull & Dailey-O'Cain, 2009:4), 이러한 신념에 근거하여 교수 언어로 목표어만 사용할 것을 원칙으로 삼는 경우가 대부분이다(윤경원, 2019:134). 따라서 외국어 교사는 교수 언어 선택의 권리가 없으며, 정해진 교수 언어 사용의 원칙을 수용해야 하기 때문에 목표어 이외의 교수 언어를 사용하기란 쉽지 않다. 한국어 교육 현장도 이와 크게 다르지 않다. 최권진(2009:2)에서 지적하였듯이, 국내 한국어 교육기관은 한국어 사용만을 강조하면서 학습자 모어나 외국어를 "무시되거나 또는 학습에 방해가 되는 것으로 간주"하고 있다. 이러한 맥락에서 한국어교육학 연구는 목표어를 중심으로 교사 발화 연구에 집중하였고, 한국어 이외의 교수 언어 선택과 사용에 관한 코드 스위칭 연구는 충분한 논의가 이루어지지 않았다.[2] 이러한 목표어 중심주의는 제2언어 습득론(SLA)의 관점에서 보편적인 교수 언어 사용 원리에 주목한 결과이다. 제2언어 습득론의 관점에서 한국어 교육 현장은 '한국어 습득'이라는 공통적인 목표를 공유한

2 홍윤기(2006:384)는 한국어 교사가 문법 교수 단계에서 사용하는 메타언어는 목표어인 한국어로 제시될 수도 있고, 학습자 모어로 제시될 수도 있다고 하였다. 그러나 한국어교육학 분야의 메타언어 연구는 모두 목표어인 한국어로 사용되는 양상만을 연구 대상으로 선정하였다.

다. 따라서 이러한 목표 달성에 도움을 줄 수 있는 이론적 배경을 근거로 한국어 사용을 강조하였다.[3] 그러나 실제 한국어 교육 현장은 한국어 의사소통 능력 신장을 추구하는 보편성과 더불어 구체적인 교수·학습 맥락 안에서 고유성이 존재하는 특수한 공간이다. 한국어 의사소통 능력 신장이라는 일반적인 학습 목표 외에도 특수한 한국어 학습 목적이 존재하며, 물리적 조건으로서 교실 환경과 교재에서도 차이를 보인다. 나아가 수업의 주체인 학습자의 구성은 물론 교사의 한국어 사용 능력과 지식의 수준도 차이가 있다. 이러한 교수 맥락을 특수성에 근거하여 한국어 교실은 개별 언어 공동체이며, 맥락에 적합한 의사소통 규범으로서 고유한 언어 사용 규칙을 가지고 있다. 따라서 한국어 교실에서 교수 언어 사용 연구는 국내 한국어 교실을 기준으로 설정된 한국어 중심주의를 벗어나 각각의 언어 공동체를 둘러싸고 있는 교수 맥락의 특성을 고려하여 적합한 교수 언어가 사용될 수 있도록 관련 연구가 이루어져야 할 것이다. 이러한 관점에서 학습 환경에 따른 교수·학습 방안의 다양화 문제를 제기한 구본관(2012:288)의 논의는 참고할 만하다. 이 연구에서는 한국어 문법 교수·학습에서 학습 환경이 미치는 영향을 논의하면서 한국에서 이루어지는 교육과 학습자가 거주하는 나라에서 이루어지는 한국어교육은 교수·학습 방안이 달라야 한다고 하였다. 따라서 교수 언어 사용 역시 교수 맥락의 특수성을 고려하여 한국어 사용만을 강조하는 국내 한국어 교실과는 구별된 국외 한국어교육 현장의 특성을 반영한 맥락지

---

3 교수 언어로서 목표어를 강조하는 습득론의 논의는 크래션(Krashen, 1982)의 입력 가설(Input hypothesis)을 계기로 더욱 공고해졌다. 이후 롱(Long, 1983)은 '상호작용 가설'(The interaction hypothesis)을 통해 의미 협상 단계에서 목표어의 사용이 제2언어 습득에 도움이 된다고 하였다. 제2언어 습득론의 관점에서 교수 언어로서 목표어는 학습자에게 올바른 입력을 제공하는 동시에 모범적인 발화로서 모델링의 역할을 하게 된다. 또한 상호작용을 다양하게 변형하는 의미 협상 과정을 통해 학습자의 발화능력을 신장시키고, 다양한 차원의 상호작용을 능동적으로 진행함으로써 언어 학습의 전 과정에서 중요한 역할을 담당한다.

향적인 논의가 이루어져야 할 것이다.

국외 한국어교육 현장에서 나타나는 교수 언어 사용의 다양성은 교수 맥락의 특성에서 기인한다. 먼저 학습자 구성에 있어서 국내와 달리 동일한 모어를 공유하는 단일어권 학습자로 구성된다. 교육의 또 다른 주체인 교사 역시 한국인 원어민 교사가 교육을 담당하는 국내와 달리, 현지인 교사인 비원어민 한국어 교사가 주로 한국어를 가르친다. 따라서 국외 한국어교육 현장에서는 교사와 학습자가 공유하고 있는 모어로 코드 스위칭이 가능하다. 교육기관 역시 차이를 보이는데, 국내 한국어교육은 언어교육원, 한국어학당 등으로 불리는 대학 부설 언어교육 전문 기관을 중심으로 교육이 이루어지지만 국외 한국어교육은 학위 과정으로서 대학에서 전공 과정으로 운영된다. 이러한 교육기관의 차이는 교육 목표와도 밀접한 관련을 맺게 되는데, 국내 한국어 교육기관은 한국어 의사소통 능력 신장을 목적으로 하기 때문에 한국어 사용을 강조한다. 반면에 국외 대학에 설치된 전공 과정은 의사소통 능력 신장을 넘어 한국어와 관련된 전문 분야의 지식 습득을 목표로 삼기 때문에 지식 전달의 수단으로서 코드 스위칭의 가치를 인정하며, 사용을 부정하지 않는다.

이러한 관점에서 이 연구는 국외 한국어교육 현장이 지닌 교수 맥락의 특성과 교수 언어 사용의 관계에 주목하여, 중국 대학에서 한국어를 가르치는 중국인 한국어 교사의 구체적인 사례를 대상으로 목표어인 한국어와 학습자 모어인 중국어가 한국어 수업에서 어떻게 사용되는지 구체적인 양상을 탐색하고자 한다. 이를 위해 코드 스위칭이라는 언어 전환 현상에 주목하여 구체적인 사용 양상을 분석하고, 코드 스위칭 사용에 영향을 미치는 교수 맥락을 검토하여, 교수 언어 사용과 교수 맥락 사이의 관계를 상세하게 고찰하고자 한다. 나아가 구체적인 교실 상황에서 나타나는 코드 스위칭의 교육적 기능을 분석하여, 중국인 한국어 교사 코드 스위칭의 특성을 체계화하고자 한다. 이러한 관점에서 설정한 세 가지 연구 문제는 다음과 같다.

연구 문제 1. 중국 대학의 한국어 교실 대화에서 나타난 코드 스위칭의 사용 주체와 빈도, 형식의 특성은 무엇인가?

연구 문제 2. 중국 대학에서 한국어를 가르치는 중국인 한국어 교사의 코드 스위칭 사용 시기와 기능, 조직의 구체적인 양상은 어떠한가?

연구 문제 3. 중국 대학에서 한국어를 가르치는 중국인 한국어 교사의 코드 스위칭 사용에 영향을 미치는 맥락적 요인은 무엇인가?

2. 연구사

연구사 검토는 한국어교육학 분야에서 수행된 코드 스위칭에 관한 연구와 코드 스위칭의 사용 주체인 중국인 한국어 교사에 관한 연구로 구분하여 진행하였다. 중국인 한국어 교사를 대상으로 수행한 연구는 결과물이 많지 않기 때문에 비원어민 한국어 교사 전체로 확대하여 연구사를 검토하였다.

2.1. 코드 스위칭에 관한 연구

제2언어 교육 연구에서 코드 스위칭에 대한 연구는 학습자 모어 사용 연구이다. 제2언어 교실에서 코드 스위칭은 주로 교수 언어를 목표어에서 학습자 모어로 전환하는 것이기 때문이다. 따라서 한국어교육 분야에서 수행된 학습자 모어 사용 연구를 중심으로 코드 스위칭 연구사를 검토하겠다.

국내 한국어교육 현장에서는 예비 교사 교육 단계에서부터 목표어만을 사용하여 한국어를 가르칠 것을 강조하고 있으며, 실제 대부분의 한국어

교육기관에서 한국어만을 사용하고 있다. 직접교수법의 등장 이후 강조된 목표어 사용 강조 경향과 학습자의 언어권이 다양하다는 맥락적 요인이 결합하여 국내 교육 현장에서는 학습자 모어가 사용될 수 없기 때문이다. 이러한 상황에서 학습자 모어에 관심을 갖게 된 초기 연구자들은 국외 한국어교육 현장을 대상으로 사회언어학적인 관점에서 코드 스위칭의 개념을 활용하여 학습자의 모어 사용 양상을 연구하였다.

먼저 손희연(2006)은 프랑스에서 한국어를 가르치는 한국어 교사가 사용하는 프랑스어를 대상으로 코드 스위칭을 연구하였다. 아우어(Auer, 1984)의 '발화연쇄 모델'(Sequential model)을 사용하여 담화의 전체적인 조직화와 관련된 유형, 참여자 특성과 관련된 유형을 기준으로 교사의 프랑스어 사용 양상을 분석하였다. 연구 결과 프랑스어로의 코드 스위칭은 메타 커뮤니케이션, 한국어 교수·학습, 교사와 학습자의 관계 형성, 정체성 표현의 다양한 측면에서 교사와 학습자 모두에게 유용하게 사용되는 소통 전략이라고 하였다. 신(Shin, 2009)은 호주에서 한국어를 공부하는 대학생을 대상으로 수업 시간에 교사가 사용하는 언어에 대한 인식을 조사하였는데, 학습자의 84%가 한국어 수업에서는 교사가 목표어인 한국어를 사용하는 것이 효과적이라고 응답하였다. 그러나 한국어 수업이 아닌 한국학 강좌의 경우 학습자의 모어를 사용하는 것이 효과적이라고 응답한 학습자가 75%였다. 이러한 결과는 호주에서 한국어를 배우는 학습자들이 강좌의 성격에 따라 교수 언어로서 목표어와 학습자 모어의 효과가 다르다고 인식하고 있음을 보여준다. 즉, 한국어 수업(Language class)의 경우 한국어 의사소통 능력 신장이 학습 목적이기 때문에 목표어에 많이 노출되는 것이 필요하다는 인식을 하였고, 교사가 목표어인 한국어를 최대한 많이 사용하는 것이 효과적이라고 생각한다. 반면에 한국학 수업(Non-language class)의 경우 한국의 정치, 경제, 문화 등 한국에 관한 다양한 지식 체계를 이해하는 것이 목적이기 때문에 목표어보다는 학습자의 모어를 사용하는 것이 효과적이라고 인식하였다.

축문영(2012)은 중국 대학의 한국어 말하기 수업을 대상으로 중국인 교사의 중국어 사용 전략을 제시하였다. 중국인 교사들은 교수 내용 설명 단계에서 메타언어로서 설명을 하거나 피드백을 제공할 때에 중국어를 사용하였고, 수업 운영을 위해서는 규칙 설명, 분위기 조성, 수업 규칙 안내, 질서 유지 등을 위해 중국어를 사용하였다. 마지막으로 활동 참여를 독려하기 위해서 중국어로 발화 내용을 제시하거나 대화 연습에 참여하도록 유도하였다. 이러한 양상 분석 결과를 바탕으로 중국어가 전략적으로 사용될 수 있는 부분을 동기 유발, 발화 기회 확보, 이해 도모의 세 가지로 제시하였다. 호욱문(2014)은 중국인 한국어 교사를 대상으로 중국어 사용에 대한 인식을 설문 조사 방법으로 확인하고, 일지 분석을 통해 설문 조사의 내용을 검증하였다. 분석 결과 중국인 교사들은 한국어 수업에서 중국어 사용에 대한 의존도가 높았고, 특히 초기 발음 교육 단계나 어휘와 문법을 설명할 때 중국어를 더 빈번하게 사용하고 있음을 확인하였다. 류혜진(2015)은 싱가포르의 한국어 교실을 대상으로 학습자 수준과 과제의 유형에 따른 학습자 모어 사용 양상의 차이를 분석하였다. 학습자 모어의 사용 양상은 과제가 가진 인지적 요구가 어떠한 것인가에 따라 달라질 수 있다는 가정 하에 과제의 유형을 달리하여 초급과 중급 학습자의 모어 사용 양상을 분석하였다. 분석 결과 인지적 요구가 높은 과제를 협동적으로 해결해야 할 때 학습자 모어의 사용이 늘어난다는 것을 밝혔다. 인지적 요구가 높은 과제를 부여 받은 학습자들은 한국어로는 수행하기 어려운 과제 진행과 의미 이해 등 인지적, 소통적 문제들을 학습자 모어를 사용하여 해결하는 모습을 보여주었다. 이러한 결과는 학습자의 모어가 언어 학습에서 긍정적인 요소로 작용하고 있음을 구체적으로 증명한 연구 결과이다.

김가람(2019b)은 중국인 한국어 교사의 수업 담화를 분석하여 문법 용어 사용 양상을 분석한 연구에서 중국어 문법 용어 사용이 어휘 교수와 문법 교수 단계에 집중된다고 하였다. 그리고 이러한 양상의 원인이 어휘와 문법 교육의 단계에서 중국어 사용 비중이 높기 때문에 자연스럽게 문법 용어 역시 중국어로 사용된다고 하였다. 다시 말해 중국인 교사가 한국어로 수업을 하다가 문법 설명 단계에서는 중국어로 코드 스위칭을 하였는데, 사용 언어가 달라지면서 문법 용어 역시 중국어로 전환된다고 하였다. 이러한 결과는 새로 나온 어휘의 의미를 제시하거나 목표 문법을 설명하는 단계에서 학습자 모어를 주로 사용한다는 선행 연구 결과와 일치한다(Cook, 2001; Macaro, 2001; 최권진, 2009; 남혜림·박선호, 2018). 결국 한국어 교사는 수업 단계에 따라 사용하는 교수 언어가 달라진다는 것을 알 수 있다. 윤경원(2019)은 미국 대학의 한국어 학습자를 대상으로 교사의 학습자 모어 사용에 관한 인식을 조사하였다. 조사 결과 미국 대학 초급 한국어 학습자들에게 교사의 학습자 모어 사용은 목표어 학습에 대한 부담을 낮추고 학습의 상황에서 인지적 도구로 기능하여 한국어 학습 활동을 보다 원활하고 효율적으로 만들어 준다고 하였다. 특히 교육 내용에 따른 교수 언어의 효과에 대한 인식 조사에서 목표어 사용은 화용 교육과 문법 교육에 효과적이라고 응답하였다.

지금까지 살펴본 교수 언어 연구는 국외 한국어 교실을 대상으로 수행한 연구로서 구체적인 사용 양상 분석을 수행하기보다는 설문 조사의 방법을 통해 교수 언어로서 목표어와 학습자 모어에 대한 인식을 조사한 연구가 대부분임을 알 수 있다. 이러한 결과는 공통적으로 학습자 수준이나 교육 내용에 따라 적합한 교수 언어가 존재하며, 이러한 특성을 고려하여 교수 언어를 선택적으로 사용해야 함을 주장하였다.

국내에서 수행된 교사의 학습자 모어 사용에 관한 연구는 최권진(2009)이 설문 조사를 통해 교수 언어 사용에 대한 인식을 조사한 연구로부터 출발하였다. 설문 조사를 통해 코드 스위칭에 대한 교사와 학습자의 인식을 조사하였는데, 한국어 사용만을 강조하는 한국어 교실에서도 학습자 모어가 교수·학습의 매개어로 사용되고 있음을 확인하였다. 특히 어휘 의미 제시, 문법 설명 등의 단계에서 학습자 모어가 유용하게 활용될 수 있다는 조사 결과를 제시하였다. 조윤경(2012)은 한국어 교실에서 학습자 모어 사용의 효과를 양적연구 방법론을 활용하여 상호작용과 정의적 영역의 두 측면에서 분석하였다. 교실 발화를 대상으로 한 대화 분석과 설문을 통한 학습자 반응 조사 자료를 수집하여 통계 분석을 실시하였다. 분석 결과 의미 협상, 언어 전환, 메타언어 사용, 여담 나누기 등의 영역에서 학습자 모어가 상호작용에 기여하는 것으로 나타났다. 정의적 영역에서는 학습자 모어를 사용할 경우 모험 시도의 횟수가 증가하고, 긍정적인 태도를 형성하는 데에 기여한다고 하였다. 신현단(2012)은 한국어 문법 교수에서 교사가 영어로 코드 스위칭을 한 사례를 대상으로 연구를 하였다. 초급 학습자를 대상으로 한 한국어 문법 교수에서 교수 내용과 교수법, 코드 스위칭의 주체의 세 가지 측면에서 코드 스위칭 사용 양상을 분석하였다. 분석 결과 교수 내용에서는 담화 영역을 교육할 때에 영어로 코드 스위칭이 빈번하게 발생하였고, 교수 방법에서는 연역적 교수와 귀납적 교수가 혼합된 교수법을 사용할 때 주로 코드 스위칭을 사용하였다. 귀납적 교수법을 사용할 때에는 추론의 주체가 학습자이기 때문에 교사의 발화가 크게 작용하지 않아 코드 스위칭이 활발하게 나타나지 않는다고 하였다. 마지막으로 코드 스위칭의 주체로는 학습자보다 교사가 주도하는 코드 스위칭이 더 많다고 하였다.

박시균·이수진(2014)은 초급 과정의 여성 결혼 이민자를 대상으로 사회통합 프로그램의 한국어교육에서 학습자 모국어 사용의 효과를 문화 적응 스트레스, 모호성에 대한 관용도, 한국어 능력 평가의 세 가지 측면에서 확인하였다. 연구 결과 학습자의 모어와 모국 문화를 수업에서 활용한 집단의 경우 문화 충격, 향수병, 소통 및 사회생활, 모호성에 대한 관용도에서 긍정적인 결과를 보여주었다. 한국어 학습의 측면에서는 어휘와 문법 영역에서 비교 집단과 유의미한 차이를 보여 주었다. 결국 학습자 모어의 사용은 한국어 학습 효과의 증진뿐만 아니라 문화 적응 스트레스 감소와 관용성에도 기여한다고 하였다. 안주호(2012)는 한국어 고급 학습자를 대상으로 코드 스위칭이 보상 전략(Compensatory strategy) 외에 다른 목적으로 사용되는 양상을 분석하였다. 학습자 대화를 분석하여 내용을 강조하거나 확인하기 위해서 코드 스위칭을 사용하기도 하고, 사적인 내용에 대한 보호와 유대감 형성을 목적으로 코드 스위칭을 전략적으로 사용한다고 하였다.

김은호(2015)는 선호 구조(Preference organization)와 관련된 코드 스위칭의 유형을 분석하였다. 전통적인 코드 스위칭 연구와는 다른 관점에서 이루어진 이 연구를 통해 상대적으로 난이도가 높고, 민감한 언어 전략이 필요한 비선호 응답(Dispreferred response)과 관련된 문맥에서 코드 스위칭이 본인의 주장을 효과적으로 전달하고, 참여자 서로 간의 관계 형성 및 공손성 유지에 일조하는 기능을 갖는다고 하였다. 이처럼 코드 스위칭 연구는 목표어 능력의 부족에서 기인하는 보상 전략으로서 기능 외에도 다양한 대화 전략으로 사용되고 있음을 알 수 있다. 안정민(2017)은 교사인지(Teacher cognition)의 관점에서 교사의 외국어 사용 인지에 대하여 연구하였다. 한국어 수업 시간에 사용하는 외국어에 대한 교사의 인식과 경험 등을 인터뷰를 통해 확인하였고, 국내 원어민 교사, 국내 비원어민 교사, 국외 원어민 교사, 국외 비원어민 교사, 계승어-디아스포라 교사의 5집단으로 구분하여 비교하였다. 인터뷰와 더불어 설문 조사를 통해 외국어 사용이 가장 효과적인 상황에 대한 인식을 추가적으로 조사하였다. 분석 결과 국내 교육 현장에 비해 국외 교육 현장에서 학습자 모어가 널리 사용되었으며, 학습자 수준이 낮은 초급 단계에서 외국어가 주로 사용되었다. 외국어 사용은 학습자들과 상담을 하거나 이해하기 어려운 내용을 설명할 때, 시험에 관한 정보를 제공할 때 등 구체적인 정보 제공의 상황에서 효과적이라고 교사들은 인식하였다.

이상의 논의를 통해 한국어교육 현장에서 코드 스위칭이 사용되고 있으며, 코드 스위칭에 대해서 교사와 학습자 모두 긍정적인 인식을 가지고 있다는 사실을 확인하였다. 또한 실제적인 사용에 있어서도 의사소통 문제 해결의 기능 외에도 다양한 상호작용적 기능을 담당하고 있음을 확인하였다. 국내 대학 부설 한국어 교육기관에서는 원칙적으로 교수 언어로 한국어만 사용할 것을 강조하기는 하지만, 교육 내용과 방법, 교사와 학습자, 교육기관과 지역 등의 다양한 변인에 따라 교수 언어는 달라질 수 있다. 따라서 한국어교육 현장이 가진 고유한 교수 맥락의 특성을 고려하여 코드 스위칭을 활용한 적합한 교수 언어 사용 방안에 대한 추가적인 논의가 필요할 것이다.

2.2. 중국인 한국어 교사에 관한 연구

국외 한국어교육이 확대[4]되면서 비원어민 한국어 교사의 역할이 커지고 있다. 원어민 교사가 중심이 된 국내 한국어교육 현장과 달리 국외 한국어교육 현장에서는 현지인 한국어 교사 즉 비원어민 한국어 교사가 중심이 되어 한국어를 가르치고 있기 때문이다. 비원어민 한국어 교사의 중요성은 현직 교사의 경우뿐만 아니라, 예비 교사 교육 단계에서도 확인할 수 있는데, 국내 대학이나 대학원에 재학 중인 많은 수의 외국인 유학생들이 한국어교육을 전공하고 있어서 앞으로 국외 한국어교육 현장에서 한국어를 가르칠 비원어민 한국어 교사의 수는 점점 더 증가할 것으로 보인다. 이러한 중요성을

4 국제교류재단이 발간한 '2018 해외한국학백서'에 따르면 국외에서 한국학을 가르치는 대학이나 기관이 10년 전에 비해 2배 이상 늘어났다고 하였다. 한국어·한국학 과목을 가르치는 해외 대학이나 관련 강좌를 운영하는 기관은 2007년 55개국 632곳이었지만, 2017년에는 105개국 1,348곳으로 2배 이상 증가했다.

인식하고 최근 비원어민 한국어 교사를 대상으로 한 연구들이 활발하게 논의되고 있다. 이 가운데 본 연구의 대상인 중국인 한국어 교사를 대상으로 수행된 연구를 살펴보면 다음과 같다.

최윤곤(2010)은 중국의 한국어교육 상황을 대상으로 하여 중국인 한국어 교사 현황을 조사하고, 중국인 한국어 교사의 역할을 논의하였다. 먼저 비원어민 영어 교사 교육 연구의 다양한 논저를 근거로 하여, 비원어민 교사의 중요성과 특성을 이론적으로 제시하였다. 그리고 중국 대학의 한국어교육 현장을 중심으로 중국인 교사의 역할을 구체적으로 분석하였는데, 한국인 교사와 중국인 교사는 담당 과목에서 차이를 보였고, 수행하는 업무도 차이가 있다는 것을 밝혔다. 이러한 논의를 토대로 중국을 포함한 국외 한국어교육 현장에서 현지인 전문가 양성의 필요성을 강조하였다.

신은경(2014)은 내용지식교수(Pedagogical Content Knowledge, 이하 PCK) 측면에서 2명의 한국인 교사와 2명의 중국인 한국어 교사의 수업을 분석하였다. 조선족 교사와 한족 교사를 대상으로 하여 중국인 한국어 교사의 내용지식교수 양상을 분석하였는데, 교사 중심의 설명이 대부분이라서 학습자의 발화 기회가 부족하고, 평이하고 단조로운 활동을 중심으로 수업을 진행한다는 점이 문제점으로 나타났다. 즉 언어 능력 외에도 교수법과 수업 운영 등에 있어서도 중국인 교사가 미숙한 점이 있다는 것을 확인하였다. 이러한 결과는 한국인 교사와 중국인 교사를 비교하여 어느 한 쪽이 더 뛰어나고 부족하다는 것을 제시하는 결과는 아니다. 근본적으로 두 교사 집단의 다름을 인정하고 각각의 입장에서 전문성을 갖춘 한국어 교사로 나아가기 위한 방안을 적극적으로 모색해 나가야 한다는 관점에서 차이를 기술한 것이다. PCK가 교수 경험을 통해 쌓여 가지만, 동시에 교사 자신이 자신의 수업에 대한 인식과 반성을 통해 부족한 부분을 개선해 나갈 때 교사의 전문성이 향상된다는 관점에서 반성적 실천을 강조하였다.

김영근·임총인(2013)은 중국의 절강성 지역을 대상으로 하여 교육 현황 분석과 설문 조사를 통해 교사 재교육 방향을 제시하였다. 조선족 교사와 한족 교사의 차이에 근거하여 각 교사 집단의 요구를 분석하여 개별화 교육을 실시하는 것이 바람직하다고 하였다. 두 교사 집단 모두가 필수적으로 이수해야 하는 교육과정 외에 각 교사 집단별로 부족한 부분을 보충할 수 있는 맞춤형 교사 재교육을 실시해야 한다고 하였다. 조선족 교사는 조선어와 차이가 나는 발음과 억양 그리고 일부 문법 체계에 대한 교육이 추가적으로 필요하다고 하였고, 통번역 과목을 주로 맡는다는 특성을 고려하여 이들 과목을 재교육 단계에서 다루어야 한다고 하였다. 한족 교사는 한국어 구사 능력 향상과 상호문화적인 관점에서 문화 교육을 위한 재교육 내용이 필요하다고 하였다. 이러한 교육과정 개선 방향에 대한 구체적인 제언을 통해 앞으로 체계적인 비원어민 한국어 교사 교육과정이 개발되어야 할 것이다.

김가람(2015a)은 중국인 한국어 교사에 대한 학습자의 인식을 조사하였다. 한국어 교사 집단을 조선족, 한족, 한국인으로 구분하여 학습 영역별 적합도, 학습자와의 관계, 교수법, 전체적인 선호도를 조사하였다. 조사 결과 교사 집단의 특성을 고려하여 학습 영역별 적합도가 다르게 나타났는데, 한국인 교사는 발음교육과 말하기 교육에 적합하다고 응답하였고, 한족 교사는 학습 전략, 문법 교육에 적합하다고 하였다. 교사에 대한 선호도를 학습자 변인을 기준으로 분석한 결과 한국어를 전공한 응답자의 경우 중국인 교사와 한국인 교사에 대한 선호도의 차이가 크지 않았지만, 한국어를 전공하지 않은 응답자는 한국인 교사에 대한 선호도가 훨씬 더 높았다. 학습 경험 변인에 있어서도 세 집단 모두에게 한국어를 배운 경험이 있는 응답자는 교사의 민족 변인을 중요하게 고려하지 않았다. 그러나 일부 집단의 교사에게만 배운 경험이 있는 응답자는 원어민 교사를 절대적으로 선호하면서 '원어민 오류'(Native speaker fallacy)를 보였다. 김가람(2016)은 중국인 한국어 교사를 조선족 교사와 한족 교사로 구분하여 언어적, 교육적 특성을 이론적으로 고찰하였다. 분석 결과를 통해 상속어로서 한국어를 배운 조선족 교사와 외국어로서 한국어를 배운 한족 교사는 동일한 범주에 포함하기 어려울 정도로 다양한 차이가 나타났다. 따라서 이러한 차이를 고려하여 교사 교육 단계에서 맞춤형 교육을 실시해야 한다고 제언하였다.

이상의 중국인 한국어 교사 대상 연구와 더불어 한국어교육학 분야에서 이루어진 비원어민 한국어 교사 관련 연구를 살펴보면 다음과 같다. 먼저 파우저(Fouser, 2008)는 한국어 학습자의 다문화화를 논의하면서 비원어민 한국어 교사의 중요성을 처음으로 언급한 연구이다. 한국어 학습자가 '외국어로서 한국어', '제2언어로서 한국어'의 이분법을 벗어난 다양화되는 추세 속에서 한국어 교사 역시 원어민 한국어 교사 일변도에서 비원어민으로 다양화되고 있는 점을 언급하면서 비원어민 한국어 교사의 역할과 특성에 대한 진지한 논의가 필요함을 주장하였다. 이후 전나영(2014)은 비원어민 교사 관련 논의를 참조하여 비원어민 한국어 교사의 중요성을 강조하였고, 외국인 한국어 교사 양성을 위한 실제적인 방안을 제시하였다. 원어민 한국어 교사와의 차이를 중심으로 비원어민 한국어 교사 대상 맞춤형 교육과정이 필요하다고 하였고, 국외에서 한국어를 가르치고 있는 만큼 온라인과 오프라인이 혼합된 교육과정을 운영하는 것이 바람직하다고 하였다.

김가람(2015b)은 중국의 '대외 한어 교사 양성과정'을 검토하여 비원어민 한국어 교사 교육의 방향을 제언하였다. 먼저 대외 한어 교육의 중추적 역할을 하고 있는 '공자학원'의 교육과정과 각 대학의 대외 한어 교사 양성과정을 분석하여 한국어 교사자격제도의 개선 방향을 제언하였는데, 한국어를 가르칠 수 있는 자격을 부여하는 단계에서 심사를 강화해 한국어 능력에 대한 객관적인 지표를 강화하고, 언어적인 부분 외에도 한국어 교사로서 갖추어야 할 자질을 검증할 수 있는 절차를 마련해야 한다고 하였다. 또한 전공 교육과정 구성에 있어서도 외국인 유학생의 한국어 능력을 보완하고, 단조로운 교수법을 향상시킬 수 있는 과목을 필수로 지정해야 한다고 하였다.

다음으로 비원어민 한국어 교사의 특성과 인식에 대한 실제 연구가 있다. 배경민과 제이알(Bae, K-M & Jay-ar M. I, 2012)은 필리핀에서 한국어를 가르치는 비원어민 한국어 교사 3명을 대상으로 이들의 교수 신념과 동기, 장단점 등을 연구하였다. 이 연구에서 필리핀인 한국어 교사는 학습자 언어에 대한 이해도가 높기 때문에 학습자들의 질문을 정확하게 이해하고 도움을 줄 수 있다는 점이 가장 큰 장점이라고 인식하였다. 그러나 발음 교육이나 말하기, 읽기 교육에 있어서 적합한 교수법을 적용하지 못하고 있으며, 국외 한국어 교육 현장의 특성상 읽기, 쓰기 교육을 위한 자료가 부족해서 수업 자료의 지원이 필요하다고 하였다. 또한 화용적인 측면이나 새로운 어휘에 대해서도 비원어민이 가진 한계로 인해 학습자들의 질문에 제대로 대답하지 못하는 경우가 있다고 하였다. 최열(2016)은 비원어민 한국어 교사에게 한국어를 배운 경험이 있는 학습자를 대상으로 비원어민 한국어 교사에 대한 학습자 인식을 조사하였다. 이 연구에서는 문법이나 어휘 교육에 있어서는 학습자 모어를 사용할 수 있는 비원어민 교사가 장점을 가질 수 있으며, 학습 경험을 바탕으로 학습 전략을 제시하고, 학습자들과 원활한 의사소통이 가능하다는 점이 비원어민 교사의 장점이라고 응답하였다. 반면에 발음이나 말하기, 문화 교육에 있어서는 비원어민 화자로서 한계가 있다고 하였다. 한상미(2012)에서도 비원어민 한국어 예비 교사를 대상으로 모의 수업을 분석하였는데, 언어적인 측면 외에도 문화적인 차이를 보이는 비언어적 요소에 대해서도 어려움을 겪는 경우가 많기 때문에 이 부분에 대해서도 간과해서는 안 된다고 하였다. 이러한 연구는 비원어민 교사의 장점과 단점에 대한 확인을 통해 이들의 특성을 명시적으로 확인할 수 있다는 점에서 의의가 있다.

마지막으로 최근에는 국가별 외국인 한국어 교사 양성을 위한 구체적인 교육과정을 제안하는 연구들이 발표되었는데, 허경(2013)은 중국인 한국어 교사 양성과정을 연구하였고, 딜하라(Dilhara, 2016)는 스리랑카를 대상으로 연구하였다. 이러한 연구들은 설문 조사를 활용한 요구분석을 통해 현지 실정에 적합한 교사 교육과정을 제안하는 수준의 연구였다. 이상의 연구사 검토를 통해 중국인 한국어 교사를 포함하여 비원어민 교사 연구가 활발하게 이루어지고 있음을 확인하였다. 그러나 대부분의 연구가 이론적인 층위에서 비원어민 교사의 중요성을 추상적으로 논의한 연구이고, 설문 조사를 통한 인식 연구가 많다는 점에서 아쉬움이 남는다. 앞으로는 비원어민 한국어 교사의 실천적 교수 행위에 주목하여 교사 발화, 교수법, 교실 운영 등의 구체적인 논의가 이루어져야 할 것이다.

3. 연구 대상 및 방법

3.1. 연구 대상

이 연구는 중국인 한국어 교사를 대상으로 하여 실제 교수·학습 상황에서 코드 스위칭 사용 양상을 분석하고, 다양한 질적 자료 분석과 인터뷰를 통해 코드 스위칭 사용에 영향을 미치는 맥락적 요인을 분석하는 것을 목적으로 한다. 지금까지 한국어교육학 연구에서 수행된 중국인 교사 대상 연구는 특정 학교에 소속된 소수의 교사를 대상으로 담화 분석을 통한 말하기 수업 전략 연구(축문영, 2012), 인터뷰 방법을 통한 PCK 연구(신은경, 2014), 일지 연구를 통한 중국어 사용 양상 연구(호욱문, 2014) 등이 이루어졌다. 이러한 연구들은 소수의 참여자를 대상으로 특정 사례에 대한 깊이 있는 논의를 제공하였다는 점에서 의의가 있다. 그러나 중국인 한국어 교사가 한국어를 가르치며, 대학이라는 제도적 공간에서 수행되는 학위 과정으로서 한국어교육이라는 중국의 보편적인 교수 맥락에 대한 고려가 부족하였다. 따라서 본 연구에서는 특정 지역의 일부 학교만을 대상으로 한 사례 연구의 범주를 넘어 보편적인 중국의 한국어교육 특성을 고찰하고, 2학년 '한국어정독'(韓國語精讀) 수업이라는 구체적인 맥락을 대상으로 한 실제적인 교실 대화 분석을 통해 교수 맥락의 보편성과 특수성을 확인하고자 한다.

이러한 연구를 위해 일차적으로 연구 대상자 선정을 위한 기초 연구를 수행하였다. 평소 연구자와 친분이 있는 중국인 한국어 교사 9명을 대상으로 기초 설문 조사를 실시하여 중국인 한국어 교사 집단의 특성을 확인하였고, 방문학자로 한국에서 머물고 있는 중국인 한국어 교사 3명과 인터뷰를 통해 연구에 적합한 대상을 선정하기 위한 기준을 마련하였다. 중국은 지역이 넓고, 민족과 언어가 다양해서, 지역마다 한국어 교사의 구성과 수준에서 큰 차이를 보인다. 따라서 이러한 차이를 고려하여 일반적인 중국의 한국어 교육 상황을 표상할 수 있는 대상을 선정하는 것이 필요하다. 특히 교수 언어 사용으로서 코드 스위칭은 단순하게 교사 개인의 선택이 아니라, 교사가 속해 있는 교육기관과 동료 교사, 사회문화적 맥락과 끊임없는 상호작용 속에서 이루어지는 교수 결정이기 때문에 교사를 둘러싸고 있는 교수 맥락에 대한 이해가 필요하다. 그리고 이러한 교수 맥락에 대한 이해는 중국에서 한국어교육이 이루어지는 교육 공간에 대한 이해이기 때문에 대상 선정이 중요하다. 그러나 중국은 '꽌시'(關係) 문화를 가지고 있어서 선정 기준에 부합된다고 하더라도 연구 참여자를 모집하는 것이 쉽지 않다. 중국인의 경우 연구자와 개인적인 인맥이나 네트워크가 없으면 연구 대상자로 참여하지 않기 때문이다. 따라서 일반적인 참여자 모집 방식인 중국인 한국어 교사 커뮤니티와 같은 공개 게시판에서 참여자 모집 공고를 올리는 것이 중국 문화에 적합하지 않다는 전문가의 조언에 따라 추천 방식으로 참여자를 모집하였다.

먼저 포괄적인 선정 기준을 정하고, 이에 부합하는 학교와 대상자를 찾아 1차 참여자를 모집한 후, 1차 참여자에게 추가 대상자를 추천받는 '눈덩이 표집'(Snowball sample) 방식으로 진행할 것을 조언하였다. 본 연구에서는 이러한 참여자 모집 방안의 조언을 수용하여 중국 문화에 적합한 방식으로 참여자를 모집하였다. 먼저 연구 대상 선정 기준으로 학교 수준, 교사의 최종 학력, 민족 이상 세 가지를 포함하였다. 먼저 중국 최고의 명문대학으로 손꼽히는 '211 대학'[5]에 포함된 학교에 재직 중인 한국어 교사는 제외하였고, 최종 학력이 석사 이상인 경우만 대상으로 하였다. 마지막으로 조선족과 한족 교사의 비율을 50:50으로 하였다. 이상의 선정 기준에 대해서는 중국의 가장 대표적인 한국어교육 관련 학술 단체인 '중국조선(한국)어교육학회'의 임원진 2명에게 검토를 받았다. 연구 참여자 선정 기준에 대한 검토 이후, 선정 기준에 부합하는 학교에 재직 중인 현직자에게 연락하여, 연구의 목적과 절차를 밝히고, 연구 참여 의사 여부를 확인하였다. 그리고 추천을 받아 추가 참여자를 모집하는 방식으로 대상자를 선정하였다. 이러한 절차를 통해 모집한 연구 참여자는 [표 10]과 같다.

아래 10명의 참여자를 대상으로 수업 관찰 및 녹음을 통한 수업 녹음 자료, 수업 자료에 대한 자극회상 인터뷰와 학습자 모어 사용에 관한 인터뷰를 통해 수집한 인터뷰 자료, 강의 계획서, PPT 자료, 평가 문항 등 수업 관련 자료를 확보하였다.

5 '211대학'은 중국 정부가 21세기를 대비하여 일류대학과 중점 학문 분야를 육성하기 위한 목표로 국가 차원에서 집중적으로 지원하는 대학을 한다. 이와 같은 전략 하에 선정된 '211 대학'은 1995년 북경대, 청화대 등 7개 대학을 선정하였고, 이후 세계 일류 대학으로 발전 가능성이 있는 대학 100여 개를 추가하여 현재 총 116개가 되었다. 중국 교육부에 등록되어 있는 중국의 전체 대학 중 상위 4% 이내에 해당한다(김용범 외, 2017:38).

[표 10] 연구 참여자

구분	민족	학력	전공	교수 경력	유학 경험
참여자 1	조선족	교육학 박사	한국어 교육 (문법)	10년	박사 과정
참여자 2	한족	문학 박사	중한 번역	3년	석사 과정
참여자 3	한족	교육학 박사	한국어 교육 (문법)	8년	박사 과정
참여자 4	조선족	문학 박사	한국 현대문학	10년	박사 과정
참여자 5	조선족	문학 박사	한국 현대문학	3년	박사 과정
참여자 6	조선족	문학 석사	국어학	13년	박사 과정
참여자 7	한족	교육학 석사	한국어 교육 (교재)	10년	석사, 박사 과정
참여자 8	한족	문학 박사	국어학	12년	석사, 박사 과정
참여자 9	한족	교육학 석사	한국어 교육 (교재)	3년	석사, 박사 과정
참여자 10	조선족	문학 석사	국어학	12년	석사, 박사 과정

수업 녹음 자료는 2학년 한국어정독 수업을 대상으로 전체 80차시를 수집하였다. 10명의 교사들이 각각 8차시씩 직접 휴대폰을 사용하여 녹음하였고, 녹음 파일을 이메일과 인스턴트 메신저로 연구자에게 전송하였다. 수업 녹음 자료와 더불어 인터뷰 자료를 수집하였는데, 연구자가 직접 중국을 방문하여 개별 교사와 만나 약 2시간 가량 인터뷰를 진행하였다. 확보한 인터뷰 자료는 20시간이다. 공식적인 인터뷰는 구두를 통해 진행되었기 때문에 녹음 자료를 전사하였고, 이후 추가적인 질문에 대한 후속 인터뷰는 이메일과 인스턴트 메신저를 통해 이루어졌다. 이상 두 가지 핵심 자료와 함께 질적 분석에서 사용된 자료는 강의 계획서, 학과 소개 요강, PPT 수업 자료, 기말고사 시험지 등이다. 이상의 자료는 연구 참여자의 선택 사항으로 하였고, 제공이 가능

한 참여자를 대상으로 수집한 자료를 분석하였다. 이러한 수업 관련 질적 자료는 교육기관의 성격이나 학과의 특성을 명확하게 확인할 수 있는 자료인 것과 동시에 인터뷰를 통해 드러난 교사의 학습자 모어 사용에 대한 인식을 뒷받침할 수 있는 추가 자료가 될 수 있을 것이다.

3.2. 연구 방법

중국인 교사의 코드 스위칭 사용 양상 분석을 위해 본 연구에서는 대화분석(Conversation Analysis, CA)의 방법론을 사용하였다. 그러나 언어 현상으로서 코드 스위칭이 지닌 다층적인 특성을 입체적으로 분석하기 위해서는 다양한 관점의 분석이 필요하다. 따라서 대화분석을 중심으로 하되, 기술 통계를 활용한 양적 연구와 인터뷰를 중심으로 한 질적 연구를 병행하였다. 이러한 접근은 엄밀한 의미에서 통합 연구 방법(Mixed method)[6]을 적용한 것은 아니다. 일반적으로 통합 연구 방법은 연구 문제의 답을 찾기 위해 질적, 양적 자료를 모두 수집하여 분석하고, 이때 두 형태의 자료를 합치거나, 연결하거나, 끼워 넣어지는 방식으로 통합하는 것을 의미한다. 그리고 이러한 절차들은 자료 수집 순서가 어떠한지, 어떤 자료를 더 강조하는지에 따라 '수렴적 병렬 혼합 연구', '순차적 설명 혼합 연구', '순차적 탐구 혼합 연구'의 세 가지로 구분된다(정종진 외, 2017:259-271). 이처럼 통합 연구 방법은 질적 연

---

6 질적 연구와 양적 연구의 두 가지 방법을 혼합하는 Mixed method를 지칭하는 용어로 '혼합 연구 방법'이라는 용어가 주로 사용된다. 그러나 혼합이라는 용어의 사전적 의미가 두 가지 방법론의 종합적인 성격을 온전하게 드러내기에는 한계를 가진다. 이러한 관점에서 이현철 외(2013)는 혼합 연구 대신에 '통합 연구 방법'나 '통합 방법 연구'이라는 용어를 사용하였고, 신필여(2017)에서도 '통합 방법 연구'라고 하였다. 본 연구에서도 두 가지 연구 방법의 결합으로 종합적인 연구 방법의 성격을 의미하는 개념으로 '통합 연구 방법'이라는 용어를 사용한다.

구와 양적 연구 방법론의 한계를 극복하기 위하여 두 방법론을 통합하는 것으로 각 방법론이 지닌 장점을 활용함으로써 상호보완적인 연구를 가능하게 한다.

그러나 본 연구에서는 엄밀한 의미의 통합 연구 방법의 적용이 아니라, 대화분석의 결과를 뒷받침하기 위한 추가 자료로서 기술 통계 중심의 양적 연구 자료와 인터뷰와 질적 자료 분석을 활용하였다. 먼저 통계 분석은 코드 스위칭의 사용 빈도와 발화 주체, 사용 형식을 기술 통계 방식으로 제시함으로써 코드 스위칭의 양상을 거시적인 측면에서 조망할 수 있게 한다. 이러한 방법론은 코드 스위칭의 거시적인 구조에 대한 탐색을 목적으로 하기 때문에 미시적인 코드 스위칭의 사용 양상을 정교하게 고찰하는 대화분석의 결과를 보완할 수 있는 자료가 될 것이다. 또한 인터뷰 자료를 중심으로 한 사용 맥락에 대한 연구는 코드 스위칭 사용에 영향을 미치는 맥락적 요인에 대한 분석을 통해 코드 스위칭의 사용 의도와 목적을 밝히는 데에 도움을 줄 수 있다. 대화분석은 언어 자료만을 분석 대상으로 삼아 코드 스위칭의 양상을 분석하지만, 코드 스위칭이라는 언어 현상은 본질적으로 대화를 둘러싼 맥락적 요인의 영향을 받는다. 따라서 질적 자료를 활용한 맥락 요인에 대한 분석은 언어 자료 중심의 대화분석 결과를 더욱 풍성하게 할 것이다.

이러한 관점에서 본 연구는 중국인 교사의 코드 스위칭을 대화분석 방법론으로 분석하는 것을 지향하되, 코드 스위칭의 전체적인 특징이나 특정 양상의 의미를 확인하기 위하여 통계 분석의 결과를 참조하여 사용 양상을 분석하고, 맥락 요인에 대한 질적 자료 분석을 병행하여 코드 스위칭 사용에 영향을 미친 언어 외적 요인을 탐구하는 방법으로 연구를 진행하였다. 분석의 핵심이 되는 대화분석 방법론에 대해서 구체적으로 살펴보면 다음과 같다.

언어학을 배경 학문으로 출발한 담화분석과 달리 대화분석은 사회학을 배경으로 하여 1960년대 사회학자 가핑컬(Garfinkel)에 의해 등장하였고, 이후 쉐글로프(Schegloff), 제퍼슨(Jefferson), 색스(Sacks) 등에 의해 발전하면서 언어적 상호작용 연구를 대표하는 패러다임으로 확고하게 자리를 잡았다. 대화분석은 명칭에서 알 수 있는 바와 같이, '대화'를 분석의 대상으로 삼는다. 인간이 태어나서 처음으로 언어 습득, 관계 형성, 사회화 과정 등을 시작하는 맥락이 '일상 대화'라는 점에서 일상 대화는 인간의 사회성을 구성하는 가장 원초적인 맥락이기 때문에(Schegloff, 2010) 인간의 사회적 상호작용을 탐구하는 사회학자들에게 일상 대화는 중요한 연구 대상이라고 할 수 있다. 대화분석은 대화 과정에 대한 절차적 분석을 통해 대화 참여자 사이의 말차례 분배(Distribution of turn taking), 대화의 선호 조직(Preference organization), 화제 조직(Topic organization), 의사소통 과정에서 나타나는 협력적 행동과 문제 해결을 위해 어떤 방식으로 상호작용을 체계화하는지 등을 연구한다. 대화분석은 언어학과 달리 '언어' 자체를 분석하는 것을 목적으로 삼지 않고, 화자들이 언어 및 여러 다른 자원을 사용하여 어떻게 사회적 상호작용에 참여하고 어떠한 행위를 성취에 나가는지를 탐구한다. 이러한 면에서 대화분석은 문장 단위를 중심으로 내성적 관찰에 토대를 두는 형식 언어학의 많은 분야와 구분됨을 알 수 있다. 이러한 대화분석 연구자들이 수집한 자연 발화로서 대화 자료에 대한 정밀한 전사 작업과 미시적인 분석 과정은 언어 사용에 관한 많은 새로운 사실들을 밝혔다.

코드 스위칭 분석을 위해 대화분석 방법론을 활용하는 것은 코드 스위칭의 문법적 구조나 담화 기능의 분류를 목적으로 하는 기존의 방법론과는 구분된다. 먼저 구조적 관점을 취하는 연구들은 주로 문장 내 코드 스위칭의 생성 규칙과 언어 구조에 관심을 두고 코드 스위칭을 이중 언어 능력과 결부시키고자 하였다. 그러나 이는 대화 참여자들의 상호작용과 동떨어진 직관에 의존한 논의라는 비판을 받았다. 이후 코드 스위칭에 대한 경험적·사회언어학적 접근을 주장한 검퍼즈(Gumperz, 1982)의 연구는 많은 지지를 받으며 현재까지 널리 활용되고 있다. 검퍼즈는 '맥락화 단서'(Contextualization cue)의 개념을 코드 스위칭에 적용하였고, 코드 스위칭이 담화 내에서의 담당하는 기능을 밝히고자 하였다. 그러나 상황적 코드 스위칭의 여러 기능들이 대화상에서 나타나기는 하지만 그 분류가 전적으로 연구자의 판단에 의해 자의적으로 이루어지기 때문에 각 기능에 대한 객관적 확인이나 다른 상황에서의 재생산이 어렵다는 단점이 있다(김은호, 2015:75-76). 이러한 문제 의식에서 아우어(Auer, 1995)는 검퍼즈의 상호작용적 패러다임을 발전시켜 코드 스위칭 분석에 대화분석의 접근법을 적용시키는 방법을 제안하였다. 코드 스위칭의 상호작용적 역할을 제대로 이해하기 위해 연구자 주도로 이루어지는 코드 스위칭의 기능에 대한 판단을 지양하고, 담화 연속체(Sequence)의 순차적 분석(Sequential analysis)을 통해 대화 참여자 스스로의 언어 선택이 이루어지는 방식을 밝혀야 한다고 주장하였다.

본 연구에서도 이러한 관점을 취하여 중국인 교사의 코드 스위칭에서 나타나는 상호작용적 기능을 대화 구조 속에서 판단하고자 한다. 발화 연속체 모델(Sequential model)의 활용은 코드 스위칭을 두 언어의 병렬로 제한하지 않고, 언어 선택의 연속체 속에서 분석하여, 코드 스위칭의 양상을 대화 조직이라는 큰 범주에서 확인할 수 있다는 장점이 있다. 이러한 과정은 이중언어 상호작용에서 나타나는 '기본 언어'(Basic language)가 선택되는 과정을 관찰하며 정립된 것이다(손희연, 2006:126). 이때 코드 스위칭의 양상은 다시 '담화와 관련된 코드 스위칭'(Discourse-related code switching)과 '참여자와 관련된 코드 스위칭'(Participant-related code switching)으로 구분된다. 담화와 관련된 코드 스위칭은 상호과정 속에서 코드 스위칭을 통해 기본 언어가 바뀌는 것을 의미한다.

A1A2A1A2//B1B2B1B2(A1은 화자 1이 언어 A의 사용을 의미)

A1A2A1B2//B1B2B1B2

이처럼 대화 참여자인 1과 2 두 사람은 A라는 언어로 의사소통을 지속하다가 대화 참여자인 1이 B언어로 코드 스위칭을 하자, 이후 대화의 기본 언어가 B언어로 전환되었다. 이러한 양상은 코드 스위칭을 통해 기본 언어를 포함한 담화 구조와 조직이 달라진 것으로 이를 담화와 관련된 코드 스위칭이라고 한다. 반대로 참여자와 관련된 코드 스위칭은 기본 언어의 변화가 나타나지 않는다.

A1A2A1A2//B1A2A1A2
A1A2A1B2//A1A2A1A2

이 사례에서 1과 2는 A언어에서 B언어로 코드 스위칭을 하였지만, 이후에도 계속해서 A언어로만 대화가 지속된다. 결국 코드 스위칭이 나타났지만, 코드 스위칭 이후에 기본 언어는 물론 담화 조직과 구성에서 큰 차이를 보이지 않는 것이다. 이러한 코드 스위칭은 기본 언어의 전환이나 담화 조직과 구성의 변화를 목적으로 하는 것이 아니라, 참여자가 전달 효과를 강조하거나 특정한 의도를 표현하기 위하여 일시적으로 사용한 코드 스위칭으로서 참여자와 관련된 코드 스위칭이라고 지칭하였다.

따라서 이러한 모델을 적용하여 중국인 한국어 교사의 코드 스위칭 양상을 코드 스위칭을 통한 언어 전환의 주체가 누구인지, 그리고 교체된 언어가 지속되는지 혹은 다시 원래의 언어로 되돌아오는지 등을 순차 구조 속에서 파악한다. 또한 기본 언어의 변화를 포함한 담화 조직의 변화가 나타나지 않는다면 참여자의 어떤 특성과 관련하여 언어 전환이 이루어졌는지를 분석할 것이다. 일반적으로 대화분석은 상호작용이 어떻게 조직되는지를 살펴보는 데에 있어서 성별, 나이, 직업, 인종 등의 언어 외적 변인과의 상관관계를 중요하게 여기지 않는다. 오히려 상호작용 맥락에 직접 참여하는 참여자들의 정향성(Orientation)을 포착한다. 또한 상호작용이 내적으로 조직되는 모습 그 자체를 분석 대상으로 삼아 상호작용의 질서와 구조를 미시적으로 분석한다(김해연 외, 2016:179). 그러나 중국인 교사의 코드 스위칭은 교실 대화라는 본질적인 속성으로 인해 대화 참여자로서 교사와 학습자, 수업 목표 등의 요인에 큰 영향을 받는다. 따라서 코드 스위칭을 둘러싼 다양한 맥락적 요인을 배제한 채 대화 자체만을 분석하는 것으로는 코드 스위칭의 의미와 상호작용적 기능을 온전하게 확인할 수 없다. 따라서 대화 자체에 주목하여 상호작용의 질서와 구조를 분석하는 대화 분석 방법론과 맥락적 요인을 분석하는 질적 자료 분석을 병행하여 코드 스위칭의 의미를 정치하게 분석하고자 한다.

이처럼 교실 대화를 체계적으로 분석하기 위해서는 통계 분석과 대화분석 결과를 통합하고, 질적 자료 분석을 통해 맥락적 요인을 탐구하는 것은 교실 담화 분석 연구에서 다양한 방법론을 결합하는 것이 적합하다는 김주영(2017)의 논의와 일치한다. 김주영(2017)은 교실 대화 연구는 교실이라는 대화의 맥락을 고려하여 언어 자체에 대한 분석과 더불어 언어 사용자의 인식을 함께 고찰해야 제대로 된 교실 대화 연구가 가능하다고 보았다. 이를 위해 본 연구에서도 교사의 수업 대화 자료 외에 교사 인터뷰와 수업을 둘러싼 다양한 질적 자료－수업 지도안, PPT자료, 시험 문제지, 강의 계획서 및 교육과정 해설서－를 추가적으로 수집하여 분석의 정확도를 높이고자 하였다. 마지막으로 중국인 교사의 교수 언어 사용에 대한 교사의 인식을 확인하기 위하여 인터뷰 자료를 추가하였다. 이상의 자료 수집 방법을 확정한 후 서울대학교 연구윤리위원회의 승인을 거쳐 실제 연구에 사용하였다. 실제 인터뷰는 상황에 따라 질문의 형태를 조금씩 바꿔서 활용하였으나, 질문의 초점은 동일하였다. 또한 질문지 내용에 근거한 인터뷰 외에도 수업 녹음 자료 분석을 통해 연구 참여자의 인식과 다른 양상을 보이는 부분에 대한 추가적인 질문을 하였다. 이때 '자극회상기법'(Stimulated recall)을 통해 교사의 학습자 모어 사용 의도와 기능을 분석하고자 한다. 이 방법은 피험자들이 시각적 또는 청각적 실마리(Clues) 등 회상 자극자(Stimulant)를 활용하여 특정한 행위 또는 과제 수행을 하는 동안에 일어났던 생각 또는 인상을 회상해 내도록 돕는 사후적(Retrospective) 내성 관찰 방법이다(Gass, & Mackey, 2000). 자극회상기법은 단순히 장기 기억에 의존하는 일반적인 사후 인터뷰에 비해 재생된 기억의 정확성이 높다는 장점을 갖고 있다. 따라서 연구자의 직관에 비해 더욱 정확한 발화 기능의 해석이 가능할 것이다.

인터뷰와 함께 교수 언어 사용 양상 분석의 핵심적인 자료는 교사의 수업 녹음 자료이다. 수업 자료 녹음과 분석 단계에서 연구 참여자 사이의 지속적 비교 분석을 위해 공통적인 교과목을 선정하는 것이 필요하다고 판단하였다. 연구 참여자의 학교에서 공통적으로 운영되는 교과목 중에 학습자 모어 사용에 있어서 교사의 인식이 가장 적극적으로 반영될 것으로 예상되는 2학년, '한국어정독' 과목을 대상으로 하였다. '한국어정독' 과목은 '종합한국어', '기초한국어' 등 학교마다 과목 명칭이 다르기는 하지만 중국 대학의 한국어학과 수업에서 가장 중요한 역할을 한다. 1학년 때부터 개설되어 발음과 어휘, 문법 등의 전반적인 한국어 지식을 기르는 데에 목적이 있다. 한국어학과의 다른 과목은 주로 한국어 지식에 기초하여 개별적인 능력 향상을 목표로 하지만 정독 과목은 기본적인 언어 지식을 가르치는 목적 외에도 다른 언어 기능을 향상하기 위한 기초 과목으로 성격을 가진다(장광군, 2002; 엄녀, 2009; 교우박, 2011; 추애방, 2017). 이러한 과목의 특성으로 '한국어정독'은 모든 대학에서 공통적으로 가르치고 있어서 수집과 분석에 유리한 교과목이라고 할 수 있다. 이와 함께 2학년 학습자의 수업을 대상으로 선정한 것은 교사가 전략적으로 학습자 모어를 사용하기에 가장 적합한 한국어 수준이기 때문이다. 이 연구에서는 교사의 코드 스위칭 사용에 대한 교사의 인식과 의미를 종합적으로 고찰하는 것을 목적으로 하여 교사 요인을 주요한 참여자 요인으로 고려하기 때문에 2학년이 가장 적합한 수준으로 판단되었다. 자료 수집을 위해 수행한 구체적인 방법은 다음과 같다.

[표 11] 자료 수집 방법과 절차

연구 절차		연구 활동			
		목적	참여자	방법	수집 자료
예비 조사		연구 문제 및 방향성 확립	중국인 한국어 교사 9인, 예비 교사 2인	설문 조사 및 인터뷰	설문지, 인터뷰 전사 자료
		연구 방향성 및 질문지 내용 검토	중국인 전문가 2인	문헌 연구, 인터뷰	질문지 검토, 인터뷰 전사 자료
본 조사	1. 1차 서면 인터뷰	질문 내용 구조화	연구 참여자 10인[7]	반구조화된 인터뷰	기초 설문지, 인터뷰 전사 자료
	2. 수업 녹음 및 관찰	교수 언어 사용 양상 분석		통계 분석, 대화분석	수업 녹음 80차시, 필드 노트
	3. 2차 인터뷰 및 추가 자료 수집	코드 스위칭 사용의 맥락 요인 분석		질적 자료 분석	인터뷰 녹음 약 20시간, PPT, 지도안 등 관련 자료
	4. 분석 및 후속 자료 수집	연구 결과 이론화		지속적 비교 분석법	이메일, SNS 메시지

7 예비 조사에 참여한 9명의 중국인 한국어 교사 가운데 본 조사에 참여한 교사는 없으며, 본 조사 참여자는 적합한 대상자 선정 절차를 거쳐 새롭게 모집되었다.

대화분석을 중심으로 한 질적 연구의 결과가 신뢰성을 갖는다는 것의 가장 정확한 의미는 '자료가 이론으로 만들어지는 과정'이 믿을 만하다는 것이다 (Glaser & Strauss, 1967:224, 229-230). 따라서 질적 연구가 가지는 본질적인 한계를 극복하기 위해서는 삼각측량(Triangulation)과 같은 특정한 기법을 사용하는 것보다 연구 문제의 수집과 대상 선정, 자료 수집과 분석에 이르는 연구의 전체 과정이 합리적인 절차에 의해 수행되어야 한다. 엄밀한 절차를 거쳐 수행된 연구 과정 자체가 연구 결과의 신뢰성을 뒷받침하는 가장 객관적인 증거가 되기 때문이다. 이러한 원칙에 입각하여 수행한 본 연구의 주요 절차는 다음과 같다.

첫째, 연구 주제 선정은 개인적 경험과 문헌 연구를 바탕으로 하였다. 연구자가 중국 대학에서 근무하면서 경험했던 중국인 한국어 교사의 특성과 비원어민 한국어 교사에 대한 논의를 바탕으로 기초 연구를 수행하였고, 간단한 설문 조사와 인터뷰, 수업 녹화 자료 분석을 통해 연구 주제를 초점화하였다.

둘째, 이론적 표집이라는 참여자 선정을 위하여 문헌 고찰과 전문가 검증을 실시하였다. 연구 주제와 밀접한 관련이 있는 문헌 고찰과 전문가 상담을 통해 연구 주제에 대해서 풍부한 정보를 제공할 수 있는 적극적인 참여자를 선정하는 것인데, 본 연구에서도 선행 연구 고찰과 예비 조사를 통해 얻은 기준을 근거로 중국인 전문가와 지속적인 논의를 통해 참여자 선정 기준을 마련하였다.

셋째, 참여자 선정 및 자료 수집 단계는 연구자가 제시한 기준에 부합하는 참여자를 대상으로 인터뷰를 진행하고 관련 자료를 수집하였다. 본 연구를 위해 수집한 자료는 개인 신상과 관련된 기초 설문지, 인터뷰 녹음 파일, 인터뷰 도중 연구자가 기록한 메모, 수업 담화 녹음 자료, 수업 관찰 시 연구자가 작성한 필드 노트, 수업 보조 자료로써 수업 지도안과 PPT, 기말고사 시험지 등이다.

넷째, 자료 분석은 수집과 동시에 실시하였고, 지속적 비교 분석법(Corbin & Strauss, 1990)을 활용하여 진행하였다. 인터뷰는 2단계로 구분하여 진행하였는데, 먼저 중국인 교사가 수업 시간에 학습자 모어를 사용하는 것에 대한 인식을 간단한 설문 조사를 통해 확인하였다. 기초 조사를 실시한 후에 수업 자료를 녹음하였고, 교사의 인식과 실제 수업 담화 사이에서 발생하는 차이에 대해서 자극회상기법을 활용하여 후속 인터뷰를 실시하였다. 인터뷰와 더불어 연구 참여자가 제공한 다양한 수업 관련 자료를 수집하여 추가적으로 분석하여 결과의 신뢰도를 높였다. 이상에서 제시한 전체적인 연구의 흐름을 정리하면 다음과 같다.

연구 주제: 중국인 한국어 교사의 코드 스위칭 양상과 맥락 요인 연구

⇓

연구 주제 선정
1. 개인적 경험과 문헌 고찰을 통한 개략적인 연구 주제 선정 2. 기초 조사를 바탕으로 연구 방향성 및 연구 문제 확립

⇓

연구 대상 선정 기준 마련
1. 중국에서 한국어를 가르치는 중국인 교사 집단의 특성 고려 - 조선족 교사와 한족 교사의 비율 - 최종 학력: 석사 학위 이상 - 4년제 대학의 한국어과 전임 교사 2. 서울대학교 생명윤리위원회(IRB) 승인

⇓

자료 수집
1. 연구 동의서 작성 2. 이메일, SNS를 활용한 1차 서면 인터뷰 3. 수업 녹음

4. 자극회상기법을 활용한 2차 추가 인터뷰
5. 필드 노트 및 기타 관련 자료 수집

⇓

자료 분석
1. 인터뷰 자료 및 수업 녹음 자료 전사 2. 계량 분석과 대화분석을 통해 코드 스위칭 사용 양상 분석 3. 인터뷰 및 관련 자료를 통해 코드 스위칭 사용의 맥락 요인 분석

⇓

결과 및 논의
1. 중국의 한국어 교실 대화의 발화 주체와 언어, 형식의 거시적 고찰 2. 중국인 교사의 코드 스위칭 사용 시기와 기능, 조직의 미시적 탐구 3. 중국인 교사의 코드 스위칭과 교수 맥락 요인 사이의 관계 분석

[그림 1] 연구 수행 절차

4. 코드 스위칭 연구의 이론적 배경

4.1. 코드 스위칭의 개념 및 유형

4.1.1. 코드 스위칭의 개념

코드 스위칭(Code switching)은 하나 이상의 언어가 사용되는 이중언어 공동체나 단일한 언어권이지만 다양한 변이형을 사용하는 언어 공동체에서 쉽게 관찰할 수 있는 일반적인 언어 현상이다. 그러나 이러한 코드 스위칭의 개념 정의는 쉽지 않다. 연구자에 따라서 코드의 개념과 코드 스위칭이 나타나는 범위를 지정하는 방식에서 차이를 보이기 때문이다. 먼저 헬러(Heller, 1988:1)는 "하나의 의사소통 단위에서 하나 이상의 언어를 사용하는 것"을 코드 스위칭으로 보았고, 아우어(Auer, 1984:1)는 "하나 이상의 언어를 대체해서 사용하는 것"을 코드 스위칭이라고 하였다. 검퍼즈(Gumperz, 1982:59)의 정의는 현재 가장 널리 통용되고 있는데, 코드 스위칭을 "두 개의 다른 문법적 체계나 하위 체계에 속하는 발화 단위들이 한 발화 내에서 교차되어 나타나는 것"으로 정의하였다.

일반적으로 코드는 헬러의 정의처럼 개별 언어(Language)를 지칭하지만, 단일 언어에서 변이형(Language variety)을 나타내기도 한다. 나아가 웡(Wong, 1979)은 코드의 의미를 언어와 변이형 외에도 스타일(Style)까지 추가하여 광의의 개념으로 스타일의 교체 또한 코드 스위칭이라도 보았다. 이처럼 코드 스위칭의 개념이 연구자에 따라 차이를 보이기는 하지만, 여러 논의를 참조했을 때 공통적으로 "하나의 발화 단위" 그리고 "둘 이상의 언어나 변이형"의 개념을 내포하고 있음을 알 수 있다. 한국어교육학사전(2014)에서는 제2언어 교육의 관점에서 코드를 언어로 제한하고 코드 스위칭을 "하나의 담화에서 두 언어를 서로의 문법적인 규칙을 고려하여 함께 사용하는 것"이라고 정의하였다. 본 연구도 한국어교육학 사전의 관점에 따라 코드 스위칭을 "하나의 문장이나 담화에서 둘 이상의 언어가 교체되면서 사용되는 언어 현상"으로 정의한다.

코드 스위칭의 의미는 유사한 언어 현상과의 비교를 통해 그 의미를 명확히 할 수 있다. 먼저 '양층어'(Diglossia)는 한 언어 공동체나 사회에서 동일 언어의 두 가지 다른 형이 공존하는 상황을 의미한다. 퍼거슨(Ferguson, 1959)에서 처음 논의한 후 피시만(Fishman, 1967), 페르난데즈(Fernandez, 1993) 등에서 논의되었다. 두 변이형은 상층어(H)와 하층어(L)로 구분되며, 상층어는 보다 오래된 고전적 형태로 격식적이고 공식적인 상황에서 고급 문화에 관련된 기능을 수행한다. 하층어는 비격식적이고 비공식적이고 일상적 상황에서 주로 사용된다(사회언어학사전, 2012:130). 상층어와 하층어는 문법적으로 상이하고 각각의 사용 영역도 중복되지 않기 때문에 동일한 발화에서 두 언어가 함께 사용되는 코드 스위칭과는 차이를 보인다. 다음으로 '차용'(Borrowing)이 있다.

차용은 주로 한 단어나 단어 이하의 단위에서 주로 나타나기 때문에 '어휘적 차용'(Lexical borrowing)이라고 불린다. 차용된 어휘는 언어의 문법적 체계로 통합되고 어휘부의 일부로 간주된 후 형태적 특징을 갖추어 통사구조에 속하게 된다. 이중언어 화자에 의해 사용되는 코드 스위칭과 달리 차용은 단일언어 화자가 주로 사용하게 되는데, 한국어의 경우 "버스를 타다"와 같은 문장에서 '버스'라는 어휘는 차용된 후 한국어 통사 구조에 통합되어 널리 사용된다. '코드 믹싱'(Code mixing)은 대화 참여자나 주제, 대화 배경 등이 바뀌지 않은 상황에서 코드의 전환이 빠르게 일어나는 것으로 흔히 문장 간 코드 스위칭을 일컫는 용어로 자주 사용된다. 코드 믹싱은 주로 이중언어 화자들이 사용하는데 연변에 사는 조선족들의 발화에서는 한어와 조선어, 퀘벡에서는 불어와 영어 사이에서 코드 믹싱이 자주 발생한다. 특별한 화용적 효과나 담화 기능, 혹은 공동체의 정체성 등과 밀접한 관련을 맺고 있는 코드 스위칭과 달리 코드 믹싱은 안정적인 상황에서 단순하게 언어를 바꿔서 말하거나 습관적으로 두 언어를 섞어서 사용하는 경우를 의미한다. 또한 코드 믹싱의 실현은 역시 문장 내부보다는 문장을 넘어서는 문장 간에 주로 발생한다. 그러나 이러한 차이에도 불구하고 코드 스위칭과 코드 믹싱을 구분하는 것은 쉽지 않다. 특히 전통적인 언어학자들의 경우 코드 믹싱의 구조와 형태에 주목하기 때문에 코드 스위칭과 분리에 큰 관심을 두지 않고 모두 언어 대체(Alternation) 현상으로 인식한다. 반면에 사회언어학자들이 구체적인 기능과 효과에 주목하여 엄밀하게 구분하려고 하기 때문에 코드 스위칭이 코드 믹싱을 포함하는 상위 개념으로 인식하는 경우가 많다.

마지막으로 두 언어를 결합하여 하나의 담화를 이루는 것으로 '피진'

(Pidgn)과 '크리올'(Creole)이 있다. 이들은 두 언어가 결합될 때 문법적인 규칙이 고려되지 않는다는 점에서 코드 스위칭과 다르다. 피진은 상거래에 필요한 의사소통을 위해 뜻만 통하도록 격 변화, 시제 구별 등의 문법 현상을 없애거나 아주 단순화한 것이다. 크리올은 피진이 정착된 것으로 피진보다 그 기능과 영역의 폭이 넓어 제1언어로서 기능하는 언어이다. 피진과 크리올은 이를 사용하는 화자가 두 언어 모두를 능통하게 사용하지는 못해 단순히 두 언어를 혼성해서 사용하는 것인 반면 코드 스위칭은 두 언어 모두를 사용할 수 있는 화자가 대화 상황에 따라 의도적으로 두 언어 모두의 문법 규칙을 고려하여 사용한다는 점에서 차이를 보인다.

4.1.2. 코드 스위칭의 유형 분류

코드 스위칭은 발생 위치와 동기 그리고 대화의 장면에 따라 여러 유형으로 분류된다. 이번 절에서는 코드 스위칭의 유형 분류에서 일반적으로 논의되는 위치에 따른 하위 유형으로 문장 내 코드 스위칭과 문장 간 코드 스위칭, 코드 스위칭의 사회적 동기에 따라 상황적 코드 스위칭과 의사소통적 코드 스위칭 마지막으로 제2언어 교육 연구의 관점에서 대화 장면에 따라 일상 대화의 코드 스위칭과 교실 대화의 코드 스위칭으로 세분화하여 각 유형의 특성을 살펴보고자 한다.

4.1.2.1. 발생 위치에 따른 분류

코드 스위칭은 일차적으로 나타나는 언어적 단위에 따라서 세분화된다. 먼저 하나의 절이나 문장 안에서 코드 스위칭이 일어나는 경우를 '문장 내 코드 스위칭'(Intra sentential code switching)이라고 하고 절이나 문장들의 경계에서 코드 스위칭이 일어나는 경우는 '문장 간 코드 스위칭'(Inter sentential code switching)이라고 한다. 각각의 사례는 다음과 같다.

ㄱ. 위에 집에서 너무 뛰어요. 매일 **噪音**(소음)때문에 시끄러워 죽겠어요.

ㄴ. 선생님, 외국인 학생들을 위한 **心理咨询**(심리치료)프로그램 있다고 들었어요.

ㄷ. 외동아들이라고 해서 **利己之心**(이기심) 많은 사람은 아니에요.

정소휘(2016)

이 사례는 문장 내 코드 스위칭의 사례로 한국어에서 중국어로 코드 스위칭이 나타난 경우이다. 한국어를 기본 언어로 사용하다가 문장 내에서 단어를 중국어로 코드 스위칭하였다. 이와 달리 문장과 문장 사이에서 나타나는 문장 간 코드 스위칭의 사례는 다음과 같다.

ㄱ. 빨리 토론하세요. **讨论, 赶快讨论**(빨리 토론 하세요.)

ㄴ. 누가 읽을 수 있어요? **谁能念一遍**(누가 읽을 수 있어요?)

ㄷ. 그렇지 않았길 바래요. **老师希望不是这样的结果啊**(그렇지 않았기를 바래요.)

축문영(2012)

이 사례는 문장 간 코드 스위칭으로 한국어 문장 이후에 중국어로 코드 스위칭을 하여 중국어 문장이 한국어 문장 뒤에 이어지는 양상으로 코드 스위칭이 이루어졌다. 이처럼 코드 스위칭의 발생 위치에 따라 문장 내 코드 스위칭과 문장 간 코드 스위칭의 두 가지 유형으로 구분할 수 있다.

코드 스위칭의 발생 단위를 기준으로 한 분류는 구조주의 언어학자들이 코드 스위칭의 문법 현상을 분석하기 위해 도입한 기준이다. 전통적인 구조주의 언어학자들은 문장 내 코드 스위칭에 주목하여 코드 스위칭이 나타나는 규칙과 체계를 주로 탐구하였다. 폽락(Poplack, 1980), 폽락과 샌코프(Poplack & Sankoff, 1984) 등은 코드 스위칭의 언어 형태와 구조에 주목하여 소위 '코드 스위칭 문법'을 구성하려고 시도한 대표적인 연구자이다. 이러한 연구들은 특히 문장 내부에서 일어나는 코드 스위칭에 관심을 두며, 주요 쟁점은 코드 스위칭의 생성 규칙과 코드 스위칭의 한정된 고유 영역에 있다. 따라서 문장 내에서 나타나는 코드 스위칭을 단어, 구와 절, 문장 등의 언어 단위별로 세분화한 후 각각의 언어 단위를 다시 품사와 성분으로 세분화되어 구체적인 기능과 형식적인 특성을 탐구하였다. 문장 내 코드 스위칭 연구에서 공통적으로 발견할 수 있는 결과는 단어 층위에서 코드 스위칭이 가장 빈번하게 나타나고, 이때 코드 스위칭이 가장 많이 발생하는 품사는 명사라는 점이다(Jun-Eon Park et al, 1993; 유해헌, 2010; 강인영, 2018). 이러한 결과는 일반적으로 화자가 전달하고자 하는 의미를 실현할 수 있는 정확한 목표어 어휘가 생각나지 않을 경우 코드 스위칭을 하는 경우가 많기 때문이다. 특히 목표어 숙달도가 낮은 경우 모어로의 코드 스위칭이 소통을 위한 유용한 도구인 의사소통 전략의 기능을 갖게 되는데, 이때 명사를 교체할 경우 문법적 제약 없이 가장 쉽게 통용이 가능하기 때문에 명사의 코드 스위칭의 비율이 높을 수밖에 없다고 하였다. 언어 능력의 한계를 극복하기 위하여 의사소통 전략으로 사용되는 문장 내 코드 스위칭에 비해 문장 간 코드 스위칭은 두 언어에 모두 능통한 이중 언어 사용자들에게서 자주 나타난다.

문장 내 코드 스위칭이 구조주의 언어학자들의 분석 대상이었다면, 문장 간 코드 스위칭은 화용론 연구자들의 주목을 받았다. 검퍼즈(Gumperz, 1982)를 중심으로 코드 스위칭의 화용적 기능을 분석한 연구자들은 문장 간 코드 스위칭이 분석 대상으로 적합하다고 보았다. 이러한 관점에 따라 문장 간 코드 스위칭에서 실현되는 상호작용적 기능에 대한 연구가 화용론 분야에서 널리 수행되었다. 제2언어 교육 연구에서는 분석 대상으로 문장 내 코드 스위칭과 문장 간 코드 스위칭을 구별하지 않았다. 이는 학습자의 언어 능력이 발달함에 따라 코드 스위칭의 양상이 달라지기 때문이다. 변지원(2016)에 따르면 한국어와 중국어를 학습하는 제2언어 학습자의 경우 언어에 대한 습득 정도가 낮을수록 단순한 '어휘 전환, 명사+하다'와 같은 문장 내 코드 스위칭을 많이 사용하는 반면, 수준이 높아질수록 문장 간 코드 스위칭이 자주 나타난다고 하였다. 이러한 양상은 문장 내 코드 스위칭의 경우 사용 규칙에 대한 고려 없이 단어 교체만을 통해 코드 스위칭 실현이 가능하기 때문이다. 그러나 문장 간 코드 스위칭을 실현하기 위해서는 기저 언어로서 사용하는 언어에 대한 기본적인 숙달도가 전제되어야 완성된 문장과 코드 스위칭이 결합될 수 있기 때문에 높은 수준에서 주로 사용된다. 따라서 한국어교육 연구에서 코드 스위칭은 문장 내 코드 스위칭과 문장 간 코드 스위칭 모두를 분석의 대상으로 삼을 수 있다.

4.1.2.2. 사용 동기에 따른 분류

코드 스위칭에 대한 언어학자들의 관심이 코드 스위칭 문법과 제약이었다면, 사회언어학자들의 관심은 왜 코드 스위칭이 발생하는가에 대한 사회적 동기였다. 이러한 관점을 바탕으로 검퍼즈(Gumperz, 1972)는 '상황적 코드 스위칭'(Situational code switching), '은유적 코드 스위칭'(Metaphorical code switching)의 두 가지로 구분하였다. 이후 은유적 코드 스위칭은 '의사소통적 코드 스위칭'(Conversational code switching)으로 재개념화하였다. 상황적 코드 스위칭은 사적/공적, 격식적/비격식적 등 상황이 변화함에 따라 사용하는 언어가 달라지는 것을 의미한다. 가령 어느 지역의 주민이 동사무소에 가서 직원과 가볍게 인사를 하거나 사는 이야기 등을 할 때에는 그 지역의 방언으로 말을 하지만, 인감증명을 신청하는 등의 공식적인 사무를 볼 때는 표준어를 사용한다면 이것은 상황적 코드 스위칭이라고 할 수 있다(강윤희, 1994: 115).

검퍼즈(Gumperz, 1982)는 은유적 코드 스위칭을 의사소통적 코드 스위칭으로 재개념화하면서, 의사소통적 코드 스위칭의 기능을 6가지로 제시하였다. '인용'(Quotations), '청자 구분'(Addressee specification), '담화 표지나 감탄사'(Interjections), '반복'(reiteration), '메시지 완성'(Message qualification), '개인적인 것과 객관적인 것의 대립'(personalization versus objectivization)의 6가지 기능은 상황의 변화가 아닌 화자가 의사소통의 효과와 기능을 고려하여 코드를 전환하는 동기라고 하였다. 한국의 영어 교실에서 한국인 교사가 수업을 할 때 먼저 영어로 강의를 한 다음 학생들 간에 활발한 토론을 유도하기 위해 그 학습자의 모어인 한국어로 코드 스위칭을 하는 것은 대화 참여자나 환경 등의 발화 사건 성분은 바뀌지 않았지만 화자가 그 상황을 재규정함에 따라서 코드가 바뀌게 된 것이다. 이처럼 화자가 대화의 상황을 재규정한 후 코드를 전환함으로써 대화의 분위기를 바꾸는 것을 의사소통적 코드 스위칭이라고 한다(강현석 외, 2014:365-366).

강석우(2008:89-92)는 코드 스위칭이 발생하는 요인은 언어 내적 요인과 언어 외적 요인으로 구분하고 언어 외적 요인을 크게 발화 상황, 전달 효과, 대인 관계의 세 가지로 제시하고 있다. 먼저 화자는 주어진 발화 상황이 변화함에 따라 사용하는 언어나 변이형, 스타일을 바꾼다. 예를 들어 멕시코계 미국인이 직장에서는 공식적인 영어를 쓰지만, 집에서는 스페인어로 말할 수 있다. 이처럼 화자가 상황의 변화에 따라 언어를 바꾸는 것을 '상황적 코드 스위칭'이라고 한다. 다음으로 특별한 전달 효과를 노리고 코드 스위칭을 사용하기도 한다. 그 중에는 청자에게 발화 내용을 명확하게 전달하거나 제3자가 이해하지 못하도록 하기 위해 코드 스위칭을 하기도 한다. 연대감이나 정체성을 나타내기 위해 방언이나 상속어(Heritage language)를 사용하기도

하고, 아이말(Baby talk)이나 외국인말(Foreigner talk)을 통해 상대방이 알아듣기 쉽도록 발음과 문법, 어휘 등을 조정하는 것은 상황이 변인이 아니라 청자를 고려한 코드 스위칭이다.

4.1.2.3. 사용 장면에 따른 분류

교실 대화는 일상 대화와 많은 부분에서 차이를 보인다. 싱클레어와 쿨사드(Sinclair & Coulthard, 1975)가 발견한 '시작(Initiation)–반응(Response)–피드백(Feedback)'의 구조는 교실 의사소통 구조의 전형이라고 여겨지며, 일상 대화와 구별되는 모습을 보여 준다. 교실 대화는 구조 외에도 학습 목표 달성이라는 대화의 목적, 학습 목표와 관련된 대화 내용, 대화 참여자인 교사와 학습자 사이의 불균형적인 관계 등 다양한 부분에서 일상 대화와 차이를 보인다. 이러한 교실 대화의 고유한 특성으로 인해 한국어 교실을 포함한 외국어 교실에서 코드 스위칭은 일상 대화에서 나타나는 코드 스위칭과 다른 양상을 보일 것이다. 마카로(Macaro, 2013)는 이러한 관점에서 대화 장면에 따라 일반적인 대화 상황에서 나타나는 코드 스위칭을 '자연스러운 코드 스위칭'(Naturalistic code switching)이라고 하였고, 외국어 혹은 제2언어 교실에서 교사에 의해 수행되는 코드 스위칭은 '교실에서 코드 스위칭'(Classroom code switching)이라고 하였다.

자연스러운 코드 스위칭은 두 가지 이상의 언어를 공유하여 사용할 수 있는 대화 참여자들이 상대방의 이해를 돕거나 원활한 의사소통을 위해 코드 스위칭하는 것을 의미한다. 이때 코드 스위칭은 화자의 언어 사용 능력과 밀접한 관련을 맺으며, 의사소통 전략으로 인정된다. 이러한 방식은 두 가지 언어 이상을 사용하는 언어 공동체 혹은 개인에게 상대방의 이해를 돕고, 의사소통을 원활하게 하며, 특정한 목적을 달성하는 데에 기여한다는 점에서 널리 활용된다. 이와 달리 '교실 대화에서의 코드 스위칭'은 외국어 학습을 수행하는 과정에서 교사가 효과적인 외국어 학습을 위해 학습자의 모어나 매개어를 제한적으로 사용하는 것이다. 이때 교사는 목표어로 설명하기 힘든 문법적 규칙이나 어휘의 의미 등을 전달하기 위해 코드 스위칭을 사용하여 수업을 진행한다. 이상 두 유형의 코드 스위칭 모두 의사소통을 도와주는 유용한 도구라는 점에서 공통점을 갖지만, 사용 목적과 원인 등에서 차이를 보인다.

일상 대화에서 코드 스위칭은 의사소통 전략의 하위 유형 중 하나로서 화자가 자신의 부족한 언어 자원의 문제를 해결하기 위하여 모어 혹은 매개어를 의식적으로 사용하는 의사소통 전략이다. 따라서 교실에서 교사가 사용하는 코드 스위칭이 자연스러운 코드 스위칭처럼 의사소통 전략으로서 작용하기 위해서는 코드 스위칭의 목적이 '원활한 의사소통'이어야 하고, 코드 스위칭의 원인이 '화자의 언어 능력 부족'이어야 한다. 또한 화자는 '의도를 가지고 코드 스위칭을 전략적으로 수행'해야 한다. 중간언어 발달 과정에서 무의식적으로 사용하는 모국어는 자신의 언어 능력의 결핍을 보완하기 위해 전략적으로 사용하는 것이 아니라 습관적으로 튀어나온 것이기 때문에 의사소통 전략으로 볼 수 없다. 따라서 전략이라는 본질적인 행위는 특정한 목적 달성을 위해 의도적인 노력을 기울여 사용한 것으로 제한해야 한다. 결국 교실에서 코드 스위칭 역시 이상의 조건을 모두 충족했을 때, 의사소통 전략으로 인정을 받을 수 있을 것이다. 이상 세 가지 조건을 근거로 한국어 교실에서 교사에 의해 수행되는 코드 스위칭을 판단한 결과는 다음과 같다.

먼저 코드 스위칭 목적의 측면에서 교사의 코드 스위칭은 단순하게 원활한 의사소통만을 위해 사용하지 않는다. 학습자 이해를 돕기 위해 어려운 문법이나 어휘의 의미 설명 단계에서 코드 스위칭을 사용하기도 하지만, 이러한 상황 외에도 학습자에게 친밀감을 표현하기 위해 코드 스위칭을 사용할 수도 있고, 교사 스스로의 정체성을 표현하기 위해 코드 스위칭을 사용하기도 한다. 따라서 원활한 의사소통이라는 제한된 목적 달성만을 위해 사용하는 의사소통 전략으로서 코드 스위칭과는 다른 양상을 띤다.

다음으로 코드 스위칭의 원인에 있어서도 차이를 보인다. 일반적인 대화 상황에서 코드 스위칭은 화자가 스스로의 언어 자원의 부족 문제를 해결하기 위해서 전략적으로 사용한다. 특정한 어휘가 떠오르지 않거나, 적합한 어휘가 없을 때 모어나 매개어로 코드 스위칭을 해서 이러한 문제를 해결한다. 또한 비언어적 행위를 동반함으로써 의미를 명확하게 표현하기도 한다. 따라서 이러한 코드 스위칭은 화자의 제한된 언어 능력에서 기인한 코드 스위칭이다. 그러나 교사의 코드 스위칭은 청자인 학습자가 원인이 된다. 교실 대화의 특성상 교사는 학습자에 비해 풍부한 언어 지식과 숙달도를 갖추고 있지만 학습자는 교사에 비해 언어 수준이 낮기 때문에 교사는 이러한 학습자들의 언어 능력을 고려하여 코드 스위칭을 통해 학습자들의 이해를 돕는다. 결국 코드 스위칭이 유발되는 원인이 화자가 아니라 청자에게 있음을 알 수 있다.

이처럼 교실에서 청자인 학습자에 의해 유발되는 코드 스위칭은 일상 대화에서 사용되는 의사소통 전략으로서 코드 스위칭과 차이가 있음을 알 수 있다. 마지막으로 교사는 의식적으로 필요한 상황에서 학습자 모어를 전략적으로 사용하지만, 습관적으로 사용하는 경우도 존재한다. 이상의 논의를 통해 대화 장면에 따라 일상 대화에서 코드 스위칭과 교실 대화에서의 코드 스위칭은 차이가 있으며, 이러한 차이는 코드 스위칭의 역할과 위상의 차이로 이어진다.

4.2. 교실 대화에서 코드 스위칭의 특성

4.2.1. 교실 대화의 개념과 구조

4.2.1.1. 교실 대화의 개념

사회구성주의 관점에서 교육은 본질적으로 언어를 매개로 한 타인과의 상호작용 관계에서 삶의 변화를 얻는 것이다. 이때 교사의 이상적인 역할은 학습 내용을 많이 전달하는 것이 아니라, 학습 내용이 부여하는 문제에 대하여 학습자의 대화를 이끌어내는 방법을 아는 것이다. 이처럼 최근 교육의 핵심이 대화라는 사실이 보편적으로 인정되면서 수업을 설명하는 방식으로 대화라는 개념을 사용하고, 수업 현장의 대화에 대하여 연구하려는 관심이 높아지고 있다(이수진, 2004:14). 그러나 연구 대상으로서 대화 그리고 대화가 이루어지는 공간에 주목한 교실 대화의 개념을 명확하게 설정하는 것은 쉽지 않다.

대화의 사전적 정의는 "마주 대하여 이야기를 주고 받음. 또는 그 이야기" (표준국어대사전)이다. 그러나 대화라는 개념이 이처럼 단순하게 사용되는 것은 아니다. 일상적인 언어생활뿐만 아니라, 학문 분야와 연구자에 따라 대화의 개념은 다양하게 사용된다. 박용익(2010:40)은 대화 개념에 대한 여러 가지 정의들을 참조하여 대화를 구성하는 최소의 자질로 '의사소통 목적', '대화 기여들 사이의 주제적 관련성', '최소 두 명 이상의 의사소통 참여자', '화자와 청자 역할의 실시간 교대'의 네 가지를 제시하였다. 이에 따라 대화는 특정한 목적을 추구하는 두 명 이상의 대화 참여자가 짧은 시간 동안 화자와 청자의 역할을 바꿔가며 수행하는 언어적 발화로 이루어지는 의사소통 행위인데, 이때 대화 참여자가 수행한 발화는 특정한 주제와 관련하여 결속성을 보여야 한다. 이러한 개념을 교실에 적용한다면 교실에서 이루어지는 대화는 학습 목표 달성이라는 명확한 의사소통 목적을 가지고 있다. 또한 목표 달성을 위하여 수업 단계를 통해 대화가 지속되고, 각각의 대화는 학습 내용과 관련성을 갖고 구성된다. 교사와 학습자로 참여자가 구성되며, 주로 교사 발화가 대부분을 차지하지만 역할 교대가 일어난다. 따라서 교실에서 이루어지는 의사소통은 대화라는 본질적 속성을 충족할 수 있으므로 제도 대화(Institutional talk)[8]로서 위상을 갖는다.

제도 대화로서 교실 대화가 갖는 특성을 살펴보면 다음과 같다. 먼저 목표 지향적인 대화라는 특성을 갖는다. 교실 밖에서 일어나는 일상적인 대화는 친교나 정보 제공을 목적으로 하며, 즉흥적이고 자연스러운 의사소통이다. 그러나 교실 상호작용은 교수와 학습이라는 뚜렷한 목표를 중심으로 계획된 대화로서 미리 설정된 교수 목표를 달성하기 위하여 과제 중심적인 대화로서의 속성을 가진다. 박해연(2009)도 교실 대화는 교실이라는 제도적인 공간에서 교수·학습 프로그램에 따라 정해진 내용을 학습하기 위한 목표 지향적인 의사소통이 이루어진다고 하였다. 이로 인해 대화 참여자인 교사와 학습자들에게는 정해진 역할을 기대하고 요구한다. 이러한 규범에 따라 교사와 학습자는 각각의 역할을 수행하면서 상호작용을 하는데, 이때 이루어지는 상호작용은 교수·학습 목표 달성을 위해 계획되었고, 교수 주제에 종속된 담화로서 목표 지향적이라는 특성을 갖는다.

교실 대화의 두 번째 특성은 '대화 참여자 사이의 불균형성'이다. 교실에 존재하는 교사와 학습자 사이의 담화는 한 마디로 '불평등한 힘의 담화'

8 제도 대화는 일상 대화와 구별된 특정한 제도적 상황에서 나타나는 대화를 지칭하는 개념이다. 대화분석 연구의 초기에는 일상 대화에서 나타나는 자연스러운 대화를 분석 대상으로 삼았으나 이후 일상 대화의 상호작용적 관행이 여러 제도 맥락에서 어떻게 사용되고 있는지, 제도 맥락에 따라 어떻게 변형되는지를 탐구하였다(Heritage & Clayman, 2010). 제도 대화의 대표적인 사례로는 법정 대화, 방송 대화, 교실 대화 등이 있다.

(Unequal power discourse)이다(Hatch & Long, 1980). 교실이라는 제도적 공간은 대화 참여자인 교사와 학습자에게 서로 다른 권력을 부여하였고, 교사와 학습자 사이의 불평등한 힘과 역할 관계는 구두 행위에 반영되어 일상적 대화와 구별된 교실 상호작용을 구성한다. 이러한 권력 구조의 불균형으로 인해 전체적인 발화량뿐만 아니라, 발화 교환권이 교사에게 집중되어 있어서 교실 내의 전반적인 의사소통의 구조와 방향, 의사소통의 내용과 흐름이 교사에 의해 결정된다. 이러한 권력 차이 외에도 지식의 격차 역시 불균형성을 유발하는 또 다른 이유가 된다. 교사는 교육의 목표이자 학습자들이 도달해야 할 지향점이 되는 지식을 충분하게 갖추고 있는 전문가로서 학습자에게 지식 전수의 역할을 담당한다. 따라서 지식의 차이로 인해 교사와 학습자 사이의 대화는 불균형성을 갖게 된다. 이러한 불균형성으로 인해 교사는 적극적인 의사소통 참가자가 되고, 학습자들은 교사의 자극에 반응을 하는 수동적인 의사소통 참여자가 되는 경우가 대부분이다. 그렇기 때문에 교실 의사소통은 상호 간에 의사를 교환하는 엄밀한 의미의 의사소통이라기보다는 정보를 일방향적으로 전달하고 전수 받는 형태로 진행되는 일방향적인 의사소통으로 보는 것이 일반적이다(박용익, 2003:70).

이러한 특성은 교실이라는 제도적 공간에서 나타나는 대화에서 보편적으로 나타나는 특성이다. 여기에 교육 내용의 특성에 따라 과목별로 교과적 특수성이 교실 대화에서는 나타난다. 한국어교육을 포함한 외국어 교실에서 나타나는 교실 대화의 고유성은 바로 언어가 상호작용이 이루어지는 매개이자 학습의 내용이 된다는 점이다. 다시 말해 외국어 교육에서는 층위가 다른 두 언어 즉, 교수-학습 대상으로서의 언어, 그리고 교수-학습 수단으로서의 언어가 존재하는데, 목표어는 이 두 가지의 기능을 모두 갖는다. 한국어 수업의 경우 교사와 학습자는 한국어를 통해 상호작용을 하면서 수업을 진행하고, 이때 한국어는 고유한 내용을 전달하는 수단이자 학습자들이 배워야 할 어휘, 문법, 의사소통 기능 자체이다. 나아가 교사의 한국어는 학습자들이 지향해야 할 학습 목표로서 위상까지 갖는다. 한은민·장경숙(2008)은 국내 영어교육에서 목표어인 영어가 교수·학습 활동의 도구이자 목표인 특징을 갖는다고 하였다. 한국어교육의 이러한 특성으로 인해 교사의 발화는 "학습자에게 문법적인 발화 모델을 제공하는 동시에 언어 환경에 존재하는 시범적 존재가 된다"고 하였다(이원기, 2013:33). 이처럼 교실 대화는 제도 대화로서 교육적 보편성과 더불어 각 교과별 특수성을 갖는다.

4.2.1.2. 교실 대화의 구조

성공적인 교수·학습 목표 달성을 위한 교실 대화 구조에 대한 연구는 주로 위계적 구조에 대한 논의를 중심으로 이루어졌다. 교실 대화의 핵심인 수업이 어떤 위계에 따라 구성되는지, 그리고 각각의 단계를 구성하는 세부 유형은 무엇인지에 대한 논의가 풍부하게 이루어졌다. 그리고 이러한 연구는 교실 대화분석의 기본 단위를 무엇으로 설정해야 하는지 분석 도구에 대한 논의로 이어졌다. 다양한 연구 가운데 후속 연구에 큰 기여를 한 대표적인 연구로 싱클레어와 쿨사드(Sinclair & Coulthard, 1975), 미한(Mehan, 1979), 렘케(Lemke, 1990)의 연구를 들 수 있다.[9] 먼저 교실 의사소통 구조의 전형이라고 여겨지는 '시작(Initiation)–반응(Response)–피드백(Feedback)'의 구조를 발견한 싱클레어와 쿨싸드(1975)의 논의가 대표적이다. 이들이 발견한 교실 의사소통의 구조 모형은 대화분석론의 발달과 수업 대화분석 나아가 교수법 연구에 많은 영향을 주었다. 그러나 이들의 연구는 연구의 대상으로서 교실 의사소통을 선택하였을 뿐, 교육학적인 목적에서 교수법에 적용하기 위한

---

9 수업 대화 분석틀을 비교하여 연구한 고창규(2006)에서도 수업 대화분석의 대표적인 연구자로 이상의 세 사람을 꼽았고, 백정이(2011)에서도 수업 담화 구조 연구의 대표적인 연구자로 이상의 세 명의 연구 결과를 다루었다.

응용의 목적으로 출발한 것은 아니다. 단지 교실 의사소통의 기능이 대화 구조의 보편적인 현상과 규칙을 밝혀내기에 적합하기 때문에 연구 대상으로 선정한 것뿐이다. 교실 의사소통에 대한 이들의 관점은 "수업 대화는 대화 참여자 중 한 명이 대화의 방향, 누가 언제 말을 해야 할지에 대한 결정 그리고 대화 주제의 시작과 종료 등에 대해서 책임지므로 여타의 대화와 비교하면 구조가 보다 명료하다."라는 표현을 통해 확인할 수 있다(박용익, 2003:29-30). 이 연구는 수업의 위계적 구조를 밝히고, 각 단계를 세분화하여 위계적 속성을 밝혔다는 점에서 매우 의미가 있다. 먼저 수업(Lesson)의 위계적 구성은 단계, 발화 연속체, 대화 이동, 화행으로 이루어진다.

각각의 수업 구성 요소의 하위 유형을 살펴보면 먼저 단계(Transaction)는 통보 단계, 지시 단계, 유발 단계로 세분화되고, 각 단계는 발화 연속체(Exchange)로 구성된다. 발화 연속체에는 구성적 발화 연속체와 용건 중심적 발화 연속체로 구분되며, 발화 연속체는 대화 이동(Move)으로 구성된다. 이때 구성적 발화 연속체는 범위 한정적 대화 이동과 주의 환기적 대화 이동으로 구성된다. 그리고 용건 중심적 발화 연속체는 앞서 살펴본 시작 대화 이동(I)과 반응 대화 이동(R), 그리고 피드백 대화 이동(F)으로 구성된다(백승주, 2011).

다음으로 미한(Mehan, 1979) 역시 수업을 연속적이고 위계적인 조직으로 파악하였다. 미한의 모형에서 수업(Event)은 단계(Phase)로 구성되며, 단계는 다시 시작 단계와 교수 단계, 종료 단계의 3단계로 세분화된다. 시작 단계와 종료 단계는 다시 지시와 정보로 구성되고, 교수 단계는 주제 묶음(Topical sets)으로 구성된다. 주제 묶음은 계열(Sequence)로 구성되고, 이때 교수 계열을 구성하는 하위 요소가 개시, 반응, 평가(Evaluation)의 구조를 지닌다. 미한도 싱클레어, 쿨싸드와 마찬가지로 교육학적인 관점에서 교실 의사소통의 구조를 연구한 것이 아니라, 사회학적인 관점에서 교사와 학생들의 상호작용을 통해서 구성되는 사회 구조로서의 교실 수업을 분석하였다(Mehan, 1979:18).

마지막으로 램케(Lemke, 1990)는 수업을 사회 과정이자 의사소통으로 보고, 언어를 매개로 이루어지는 지식 전달 과정으로서 수업을 분석하였다. 이때 특정한 과목을 배우기 위해서는 개별 과목이 가지는 개념과 아이디어 사이의 의미 관계(Semantic relationship)에 주목해야 한다고 하였다. 의미 관계는 할리데이(Halliday)의 기능 문법을 배경으로 하여 특정 과목에서 사용되는 단어나 문장은 학문공동체의 규칙에 따라 사용되는 다른 어휘나 문장과의 의미 관계 속에서 파악될 수 있다고 보았다. 이때 특정 교과목과 관련되어 의미를 갖는 단어나 문장을 주제 항목(Thematic item)이라고 하고, 주제 항목들이 상호 연관되어 특정 학문 분야의 주제 내용을 서술하는 의미 관계 패턴을 주제 패턴(Thematic pattern)이라고 하였다. 따라서 실제 수업에서 가장 핵심적인 요소는 주제 패턴을 가르치고 배우는 것이라고 하였다. 렘케는 수업의 위계 구조를 다양한 에피소드(Episode)로 구성된다고 보았고, 에피소드는 화제(Topic)와 활동 종류(Activity type)의 변화로 구분된다. 이때 화제와

[표 12] 교실 의사소통의 위계적 구조(백정이, 2011:32)

싱클레어와 쿨싸드 (1975)	미한(1979)	렘케(1990)
수업(Lesson)	수업(Event)	수업(Lesson)
단계(Transaction)	단계(Phase)	에피소드(Episode)
발화 연속체 (Exchange)	주제 묶음(Topical sets)	화제/활동 종류 (Topic/Activity type)
대화 이동(Move)	교수적 계열 (Instructional sequence)	활동 구조 (Activity structure)
화행(Act)	시작, 반응 평가(IRE)	말차례(QAE)

활동 종류는 상호작용의 규칙적 패턴으로서 활동 구조(Activity structure)로 구성되고, 활동 구조는 다시 질문(Question), 대답(Answer), 평가(Evaluation) 혹은 독백(Monologue)으로 구성된다. 이상 세 명의 연구자가 밝힌 교실 의사소통의 위계적 구조를 정리하면 위의 [표 12]와 같다.

지금까지 살펴본 3가지 교실 의사소통 구조와 조직에 대한 연구는 이후의 교실 의사소통 연구에 큰 영향을 미쳤다. 특히 I-R-F/E 구조라는 개념은 교실 의사소통을 체계화하는 핵심적인 분석 도구가 되었다. 그러나 이들의 연구가 수업을 위계적인 구조를 파악하고 있음에도 불구하고 수업이 교수법적, 교육학적인 측면에서 어떻게 진행되는지 전체적인 그림을 보여주지 못했다는 한계가 있다. 특히 수업은 분석 단위로서 위계 구조가 수업 단계 속에서 실현되며, 각각의 수업 단계는 교육 내용으로서 과목에 따라 다르게 구성된다. 모든 교실 수업이 갖는 보편성 외에도 각 교과별로 공유하는 특수성이 존재하기 때문에 영역별로 교실 수업의 구조와 의사소통의 유형을 특성화하려는 시도가 이루어졌을 때, 수업 대화와 교실 의사소통의 구조는 더욱 명확해질 것이다.

이러한 관점에서 한국어교육에서는 수업 단계를 중심으로 교실 대화의 구조를 탐구하려는 시도가 이루어졌다. 전통적인 문법 교육의 교수 모형인 '제시-연습-활용'의 PPP 모형을 확장한 수업 단계는 한국어 교실에서 수업 대화의 특성을 확인할 수 있는 구체적인 개념이 된다. 일반적으로 한국어교육에서 수업 단계는 '도입-제시-연습-활용-마무리'의 수정된 PPP 모형이라 불리는 5단계 구조로 구성된다(김정숙, 1998; 조항록 외, 2003; 방성원, 2006; 김재욱, 2007; 신현단, 2014). 이러한 5단계 구조는 다른 과목의 수업에서는 볼 수 없는 한국어교육의 고유한 수업 구조이다. 따라서 한국어교육이라는 과목의 특성에 부합하는 수업 구조를 토대로 하여 각 단계에서 실현되는 개별 발화의 기능을 분석하여 한국어 수업을 이해하고자 하였다. 그러나 각 단계에서 실현되는 개별 발화는 전체 수업 구조 속에서 의미를 갖기 때문에 각 단계 별로 분절된 개별 발화에 대한 접근은 한국어 수업의 전체적인 구조를 확인하는 데에 적합하지 않다는 비판이 제기되었다. 따라서 한국어 수업이라는 전체 구조 속에서 한국어 교사의 발화가 어떻게 교수·학습 내용을 전달하는지를 분석하기 위해 새로운 분석틀의 필요성을 제안하였다(백승주, 2011). 이처럼 한국어교육이라는 고유한 교육 영역에 주목하여 의사소통의 구조와 수업을 분석하려는 새로운 시도가 이루어지고 있다.

4.2.2. 한국어 교실에서 교수 언어의 유형

4.2.2.1. 교수 언어로서의 목표어

19세기 후반 직접교수법(Direct method)이 등장한 이후 외국어 교육에서는 "교수 언어로 학습자 모어를 최소한으로 사용하고, 목표어를 최대한 많이 사용"해야 한다는 인식이 자리 잡게 되었다. 서구의 전통적인 교수법인 '문법 번역식 교수법'에서는 학습자의 모어를 사용하여 목표어 문장을 모국어 문장으로 번역하는 교육이 이루어졌는데, 이러한 방법으로 외국어를 배운 학습자는 실제 의사소통 상황에서 목표어를 제대로 사용하지 못했다. 이에 대한 반발로 등장한 직접교수법은 제2언어 학습을 모국어 습득과 동일한 과정으로 보고 목표어만을 사용하도록 하였다. 직접교수법 이후 여러 교수법이 새롭게 등장하였고, 각 방법들이 부침(浮沈)을 겪고 있지만, 외국어 교실에서 학습자의 모어를 피해야 한다는 인식은 여전히 강한 영향력을 미치고 있다. 이러한 인식은 교사의 목표어 사용량과 학습자의 성취도 사이의 존재하는 긍정적인 상관관계를 밝힌 연구를 근거로 더욱 공고해졌다(Burstall, 1968; Carrol, 1975; Wolf, 1977).

교수 언어로서 목표어를 사용해야 하는(Monolingual principal) 가장 주된 이유는 성공적인 언어 학습을 위해서는 자연스러운 언어 사용 환경을 조성하는 것이 필수적이기 때문이다. 모국어 습득의 원리에 근거하여 일반적인 모국어 습득이 의식적인 노력 없이, 자연스러운 언어 환경에 노출된 것만으로 가능하기 때문에 외국어 혹은 제2언어도 마찬가지의 원리가 적용될 것이라고 믿는다. 언어 학습자를 자연스러운 언어 환경에 노출시킨다는 원리를 교실에 적용하면 교사와 학습자가 목표어만을 사용하는 것이다. 특히 학습 환경이 외국어 교육 환경이라면 학습자들은 교실 이외의 공간에서 목표어 입력의 기회를 얻기 어렵기 때문에 교실이 목표어 입력의 유일한 통로가 된다. 이러한 환경에서 교실에서 목표어 입력은 중요성이 더욱 커진다.

충분한 언어적 입력(Input)을 통해 성공적인 언어 습득이 가능하다고 주장한 크래션(1985)의 입력 가설에 따르면, 교실에서 교사에 의해 제공되는 언어적 입력은 목표어 학습에 중요한 자원이 된다. 쇼드롱(Chaudron, 1988:121)은 풍부한 목표어 입력 환경을 만드는 것이 중요하고, 이때 외국어 교실에서는 교수나 반복 연습 외에도 교실 관리나 훈육의 단계에서도 목표어를 사용해야 한다고 하였다. 즉, 최대한 많이, 자연스러운 목표 언어 환경에 노출되어 풍부한 언어적 입력을 얻는 것이 성공적인 언어 학습의 필수 조건이라고 보았다. 또한 턴불(Turnbull, 2001:532)은 외국어 교실에서 교사는 학습자들에게 유일한 목표어의 모델이며, 목표어 입력의 주된 언어적 자원이라고 하였고, 교실에서 목표어 입력은 단순하게 언어 학습의 측면 외에도 의사소통을 위한 유용한 도구로 학습자들에게 인식되고, 학습 동기화(Given motivation)에도 긍정적인 영향을 미친다고 보았다. 따라서 엘리스(Ellis, 1984:133)는 교실에서 사용되는 학습자 모어는 학습자들에게 제공될 가치 있는 목표어 입력의 기회를 박탈한다고 하였고, 언어 학습을 촉진하는 계기를 제거하는 것으로 보았다.

이밖에도 교사가 목표어 사용을 늘리고, 학습자 모국어 사용을 줄여야 한다는 관점을 뒷받침하는 실제적 근거는 많은 연구에서 찾아볼 수 있다. 이러한 연구를 통해 외국어 능력의 성취도와 교사의 목표어 사용 사이에 직접적인 상관관계가 있음이 확인되었고, 결국 교사가 수업 시간에 최대한 많이 목표어를 사용하여 '목표어 입력에 대한 노출'(Exposure to Target Language)을 확대하는 것이 외국어 학습에 도움이 된다고 인식하였다. 이러한 관점을 근거로 하여 다양한 국가의 외국어교육 정책은 목표어로 수업하는 것을 강조하고 있다. 홍콩의 경우 2004년 개정된 '홍콩 영어 교육과정 지침서'(English Language Curriculum Guide)에서 풍부한 언어적 입력을 위해 모든 영어 수업에서 영어를 사용하고, 교사는 영어로 영어를 가르치며, 학습자와 영어를 통한 상호작용을 촉진해야 한다고 규정하였다(Curriculum Development Council, 2004:109). 중국에서도 2000년에 개정된 외국어 교육과정에서 "영어 교사는 교실에서 최대한 많이 영어를 사용해야 한다"고 하였다.

4.2.2.2. 교수 언어로서의 학습자 모어

교수 언어로서 학습자 모어의 개념을 탐구하기 위해서는 먼저 '모어'에 대해서 살펴보는 것이 필요하다. 모어는 태어날 때부터 접한 언어라는 뜻의 토박이말(Native language)과 동의어로 사용되며, 부모로부터 전수된 토박이 말로 정의할 수 있다(사회언어학 사전, 2012:61). 이때 제1언어로 습득하게 되는 모어는 가정 안에서 자라면서 배운 언어로 화자가 자신의 언어를 토박이어 화자로서 사용할 수 있음을 의미한다. 모어는 "자라나면서 배운 바탕이 되는 말", "언어의 발달 과정에서 그 모체가 되는 말"을 의미한다. 따라서 모어가 첫 번째로 배운 언어(First language), 가장 잘 아는 언어(Knows best), 가장 많이 사용하는 언어(Uses most), 본인이 동일시하는 언어(Identifies with), 타인에 의해 원어민 화자로 인식되는 언어(Identified as a speaker of by others)라는 개념적 정의(Skuntabb-Kangas & Philipson, 1984:18)에 따른다면 공간적인 개념을 포함하는 모국어보다 모어라는 용어가 더 적합할 것이다. 이상의 논의를 바탕으로 외국어 교육에서 학습자가 가장 먼저 습득했고, 원어민 화자로서 가장 능숙하게 구사할 수 있는 언어를 지칭하기에 가장 적합한 개념으로 제1 언어와 모어가 존재함을 확인하였다.

학습자 모어가 외국어 학습에서 긍정적인 역할을 담당한다는 최근의 연구 결과가 발표되면서 교수 언어로서 위상이 강화되었다. 교수 언어로서 학습자 모어에 대한 긍정적인 관점은 다양한 층위에서 확인할 수 있는데, 가장 큰 장점은 인지적인 측면에서 언어 학습을 도와준다는 것이다. 안톤과 디카밀라(Anton & DiCamilla, 1998)는 외국어 교실에서 교사가 사용하는 학습자의 모어가 스캐폴딩(Scaffolding)으로서 역할을 하면서 언어 학습을 인지적인 측면에서 돕는다고 하였다. 스웨인과 랩킨(Swain & Lapkin, 2000)은 협력적 과제를 수행하는 단계에서 학습자의 L1은 효율성의 향상, 주의 집중 그리고 상호작용의 촉진에 있어서 도움을 준다고 하였다. 결국 학습자의 L1이 성공적인 과제 수행에 기여한다고 하였다. 또한 학습자가 인지적으로 어려운 과제를 수행할 때 인지적 부담을 덜어주어 학습을 촉진시키는 장점을 갖는다고 하였다(Anton & DiCamilla, 1998; de la Colina & Mayo, 2009). Kern(1994)은 학습자가 제2언어 읽기 과제를 수행할 때 학습자가 모어를 사고의 언어로 사용하고 있었다고 하며 모어 사용은 입력을 보다 친숙한 형태로 바꾸어 학습자의 작업 기억(Working memory)의 부담을 줄여주고, 의미를 장기 기억에 저장하는 것을 돕는다고 하였다. 즉 모어는 텍스트를 처리하는 과정에서 학습자가 겪는 인지적 부담을 경감시키는 데에 도움을 준다는 것이다.

외국어 교실에서 교사의 학습자 모어 사용이 가지는 또 다른 유익은 정의적인 영역에서도 확인할 수 있다. 외국어 교사는 학습자들의 성공적인 언어 습득을 위해 학습자들을 동기화하고, 외국어 사용에 대한 불안감을 낮추는 편안한 교실 분위기를 만들어야 한다. 언어 습득에서 정의적 영역의 효과에 대한 이론적 근거는 크래션(1985)의 정의적 여과기 가설(Affective Filter Hypothesis)에서 확인할 수 있다. 디에츠와 디에츠(Dietze & Dietze, 2007)은 일본에서 영어를 가르치는 외국어로서의 영어교육을 대상으로 하여 언어 학습 분위기 조성에 있어서 학습자의 모어인 일본어를 사용하는 것이 유용하다고 하면서 이러한 방법을 통해 얻을 수 있는 장점을 '환경 지향 발상'(Condition-oriented idea)이라고 지칭하였다. 먼저 영어 교사가 일본어를 사용함으로써 학습자들의 정의적 여과기를 낮춰 서로 협력적인 분위기 속에서 수업이 가능하게 된다고 하였고, 일본어를 통해 학습자 사이에서 의사소통이 이루어지면서 동료 학습자에 대한 이해와 신뢰가 구축되고 이는 자연스럽게 학습 동기로 이어진다고 하였다. 또한 제한된 어휘와 문법만을 구사하면서 학습자의 지적, 사회적 능력을 제대로 보여주지 못하게 되면서 발생하는 자존감 하락의 문제를 해결하기 위해 적절한 일본어 사용이 필요하다고 하였다.

지금까지 살펴본 것처럼, 교수 언어로서 목표어와 학습자 모어의 위상에 대한 논쟁은 여전히 진행형이다. 그러나 최근에는 찬성과 반대의 이분법을 넘어 '최적의'(Optimal) 조합을 찾으려는 균형적인 태도가 대두되고 있다(최권진, 2009). 먼저 반 리어(Van Lier, 1995)는 입력의 질이 입력의 양보다 중요하다고 하였다. 즉, 무조건적으로 목표어에 대한 노출을 많이 하는 것이 외국어 학습에 도움이 되는 것이 아니라, 어떤 입력에 노출이 되느냐가 중요하다고 하였다. 마카로(Macaro, 2005:81)에서도 학습자 모어를 언제, 어떻게 사용해서 최상의 언어 학습 결과를 도출할 것인지를 고민하면서 최적의 학습자 모어 사용 이론을 개발하는 데에 집중해야 한다고 하였다. 국내 영어교육 연구에서도 '영어를 사용한 영어 교육'(Teaching English Through English, TETE) 정책에 대한 영어 교사의 인식을 연구한 김(Kim, 2008)에서도 응답자의 68.2%가 TETE의 정의를 '주로 영어를 사용해서 가르치는 것'(Mostly English)이라고 하였다. '영어로만 가르치는 것'(Only English)이라고 응답한 교사는 16.2%에 불과했다. 결국 외국어로서 영어를 가르치는 국내 영어교육 환경에서 비원어민 교사인 한국인 교사가 영어를 가르칠 때에는 영어를 주로 사용하되, 학습자 모어인 한국어가 절충되어 사용될 수밖에 없음을 의미한다. 따라서 이러한 절충적인 관점은 단순하게 학습자 모어와 목표어 사이의 이분법적인 구분을 넘어서서 교수 맥락에 적합한 최적의 양과 시기, 그리고 방법을 결정하는 교사의 상황적 교수 능력이 중요하다는 태도를 보인다는 것을 알 수 있다.

4.2.3. 교실 대화에서의 코드 스위칭

코드 스위칭은 이중언어 공동체에서 널리 사용되는 자연스러운 언어 현상이지만, 한국어 교실을 포함한 제2언어 교육 현장에서 사용되는 코드 스위칭은 일상 대화에서 코드 스위칭과 다른 양상을 보인다. 따라서 교실 대화에서 나타나는 코드 스위칭을 구체적인 국면별로 살펴보면 다음과 같다.

4.2.3.1. 의사소통 전략 차원

코드 스위칭은 대표적인 의사소통 전략 중의 하나이다. 의사소통 전략은 "특정 의사소통 목표에 도달해 가는 데 있어서 한 개인이 직면하는 문제를 해결하기 위해 잠재적으로 의식적인 계획을 하는 것"(Faerch & Kasper, 1983: 36)을 의미하는데, 이때 부족한 화자의 제2언어 지식을 메우기 위해 제1언어 또는 제3의 언어를 사용하는 것을 코드 스위칭이라고 한다. 의사소통 전략의 하위 유형에 대한 많은 연구에서 코드 스위칭은 '모국어 중심 전략'(Bialystock, 1983), '성취 전략'(Faerch & Kasper, 1983), '비상호적 전략'(Dörnyei 외, 1997) 등으로 불리며 중요하게 다루어졌다. 제2언어 습득론 연구에서 코드 스위칭을 바라보는 관점은 크게 제2언어 학습자가 학습 과정에서 생산해 내는 오류의 일환으로 보는 관점과 코드 스위칭이 화자의 의사소통 전략의 하나로 사용될 수 있다고 보는 관점으로 구분된다. 의사소통 전략으로 코드 스위칭이 사용될 수 있다는 관점에 따르면 성공적인 의사소통을 위해서 적절하게 코드 스위칭을 사용하는 능력이 화자의 담화적, 전략적 능력의 하나로 간주될 수 있기 때문이다. 한국어 교실은 학습자의 목표어 능력 부족으로 인해 필연적으로 의사소통에 문제가 발생한다. 의사소통에 문제가 발생했을 경우 대화 참여자들은 그 문제를 해결하기 위하여 의사소통 전략을 사용하게 된다.

2: 그냥 어: 이런 사람들 빨래만 해. 그 거, 건조 같은 거 안 해. 냄새 안 나?
1: 근데 더 좋 여름인데, 괜찮은데 여름인데
2: 아니 왠지↗ 아무리 그거 그 **softener** 많이 넣어도 [햇빛]
1: [여름]
1: 아 그거 맞아 [왜 안 입어?]
2: [그 때 강남에] 그 때 갔던
1: 아니 그거 있잖아 **beige** 그거
2: 아니 아니 그 때 말구(고) 그 때 이대잖아 옛날 옛날의 강남

안주호(2012:215-216)

이 사례는 영어를 공통어로 사용하는 태국과 말레이시아 여학생의 담화 장면이다. 한국어로 대화를 하다가 섬유유연제를 의미하는 softener와 베이지 색깔을 의미하는 beige는 영어로 코드 스위칭을 하였다. 이러한 코드 스위칭은 사용해야 할 정확한 한국어 어휘를 모르거나 알고 있지만 떠오르지 않을 때 사용할 수 있는 효율적인 의사소통 전략이다.

의사소통 전략으로서 코드 스위칭의 가장 주요한 기능은 언어 능력의 부족으로 인해 발생하는 의사소통 문제 해결 기능이다. 재미 동포 아동의 코드

스위칭 양상을 분석한 유해헌(2010)에서는 한국어로 생각이 나지 않을 때 문제 해결의 방법으로 영어 단어를 사용한다고 하였고, 박소현(2012)에서도 의사소통 중 언어적인 문제가 발생했을 때 그 문제를 해결하기 위한 목적으로 코드 스위칭이 주로 사용된다고 하였다. 따라서 코드 스위칭을 통해 의사소통 문제가 해결이 된다면 자연스럽게 상호작용이 이어지게 된다. 이를 위해 다양한 의사소통 전략 중에서 문제 해결을 위해 코드 스위칭 전략의 사용 비중이 전체 코드 스위칭에서 절반 정도 차지한다고 하였다(이시재, 2016). 의사소통 전략으로서 코드 스위칭 사용의 구체적인 양상을 살펴보면 정소휘(2016)에서는 중국인 한국어 학습자의 구어 담화에서 나타난 코드 스위칭을 분석하였는데, 문장 성분별 빈도에서 '단어 > 절 > 구' 순으로 나타났다. 이러한 결과는 중국인 학습자가 단어의 코드 스위칭 비율이 높고, 기능으로는 명료화, 확인, 표현이 공통적으로 나타났다고 하였다. 이러한 코드 스위칭은 의사소통 도중에 직면하는 언어적인 문제를 해결하기 위해 의사소통 전략으로서 코드 스위칭을 사용했다는 것을 의미한다. 즉, 자신의 부족한 한국어 능력을 해결하기 위해 보상 전략으로서 중국어를 사용해서 소통을 지속하려는 노력을 한 것이다. 이러한 결과는 코드 스위칭이 사용되는 장면 분석에서도 확인할 수 있는데, 중국인 학습자들은 한국어 표현이 생각나지 않을 때, 한국어로 표현하기 어려운 내용을 효과적으로 전달하고자 할 때, 한국어 사용에 대한 불확실성을 나타낼 때 그리고 대화 내용을 명료하고 정확하게 전달하고자 할 때 코드 스위칭을 사용하였다.

4.2.3.2. 의미 전달의 수단 차원

교사는 교수학습 활동의 형식에 따라 자신의 언어를 다르게 선택한다. 쿡(Cook, 2001)은 기존의 연구에서 관찰된 교실에서 코드 스위칭 사용 양상을 교사와 학습자로 구분하여 제시하였다. 먼저 교사의 코드 스위칭 사용 상황은 '단어와 문장의 의미 설명과 확인', '문법 설명', '과제 제시', '수업 운영', '학습자 개별 응대', '평가'의 6가지로 제시하였는데, 6가지 상황 중에서 '학습자 개별 응대'를 제외한 나머지 5가지 상황이 '효율성'과 밀접한 관련을 맺고 있다고 하였다. 즉 코드 스위칭이 명확한 의미 전달을 가능하게 만들어 불필요한 시간 낭비를 줄이고, 효과적인 전달을 가능하게 한다고 하였다. 이처럼 명확한 의미 전달의 수단으로서 코드 스위칭의 의미는 다양한 교육적 논의에서 확인할 수 있다. 마카로(Macaro, 2000)도 교사가 코드 스위칭을 사용하는 상황 5가지를 제시하였는데, ① 학습자와 인간적인 관계를 맺으려고 할 때, ② 과제 수행을 위해 필요한 복잡한 절차를 안내할 때, ③ 학습자의 행동을 통제할 때, ④ 효율적인 시간 관리를 위해 번역 혹은 이해 점검 등을 수행할 때, ⑤ 명시적으로 문법을 가르칠 때였다. 이상의 사례에서도 드러나듯이 코드 스위칭이 복잡한 의미를 명확하게 전달할 수 있기 때문에 복잡한 절차를 안내하거나 명시적인 문법 교수 단계에서 사용하게 되었다. 의미 전달의 수단으로서 코드 스위칭의 구체적인 사용 사례는 다음과 같다.

교: '산에 갈까요?'. '산'. 알아요?

학: 네.

교: 네, 알아요. '에 가다' plus '-(으)ㄹ까요?' 예요. '에 가다' 알아요? 배웠어요.

학: 네. Go to.

교: 네, '-(으)ㄹ까요?'는 뭐예요?

학: ...

교: O 씨. 밥 먹었어요?

학: 아니요. 안 먹었어요.

교: 그럼, 밥 먹을까요?

학: …

교: S 씨, 오늘 날씨가 좋아요. 음. 산에 갈까요?

학: **Go to a mountain. Do you want to go to a mountain?**

교: **Similar. '-(으)ㄹ까요?' is used for suggestion. Shall we go to a mountain?**

학: Aha.

신현단(2012:164)

이 사례는 국내 한국어 교실에서 영어로 코드 스위칭을 통해 문법의 의미를 명확하게 제시하는 장면이다. 교사가 목표 문법 '-(으)ㄹ까요?'의 의미를 귀납적으로 제시하였는데, 학습자가 명확하게 이해하지 못하고 영어로 번역을 해서 질문을 하자, 교사는 영어로 코드 스위칭을 하여 목표 문법의 의미를 명시적으로 제시하였다. 이처럼 문법 제시 단계에서 코드 스위칭을 명시적인 의미 전달의 도구로서 사용될 수 있다.

이러한 코드 스위칭의 사용에 대해 김제열(2007:122)은 "문법 교수 단계에서 학습자 집단이 동일한 모국어를 공유하고 있을 경우, 학습자 모국어를 사용하면 시간을 절약"할 수 있다고 하면서 코드 스위칭이 가지는 명료한 의미 전달의 기능을 강조하였다. 김경랑(2004)에서는 외국어교육에서 코드 스위칭의 기능을 크게 4가지로 정리하여 제시하였다. 이 가운데 코드 스위칭이 의문점 해결의 도구가 된다. 일반적으로 새로운 어휘나 문법을 설명할 때에는 메타언어를 사용하게 되는데, 이때 학습자들은 메타언어로 사용되는 목표어를 매우 어렵게 느낀다. 따라서 이때 교사가 코드 스위칭을 활용하여 해석을 해주거나 의미를 명확하게 전달해 준다면 학습자들이 가진 의문점을 쉽고 효율적으로 해결할 수 있다고 보았다. 또한 정확한 표현을 위한 도구로서 작용을 한다고 하였는데. 학습자들이 표현하고자 하는 바를 낮은 목표어 수준으로 인해 명확하지 않은 경우가 있다. 이로 인해 의사소통 장애가 발생하기도 하고, 소통이 되지 않을 때도 있는데, 이때 코드 스위칭을 통해 교사가 학습자의 의도가 맞는지 확인을 하거나 교정을 해주는 경우에 학습자들은 좀 더 명확하게 자신의 의사를 목표어로 전달할 수 있게 된다고 하였다. 특히 초급 학습자의 경우 실제로 발화하고 싶은 욕구에 비해 표출되는 양이 매우 적기 때문에 모어를 활용함으로써 이러한 한계를 극복할 수 있게 하는 것은 심리적으로도 매우 유용할 것이다.

마지막으로 의미 확인의 도구로서 작용한다. 교사는 주로 목표어로 수업을 진행하기 때문에 학습자들이 자신의 설명을 명확하게 이해했는지 확인할 필요가 있다. 이때 코드 스위칭은 이해 점검 단계에서 매우 유용하다. 이러한 과정을 통해 학습자들이 가지고 있는 의문점을 확인하고 해결해 준다면 다음 단계에 더 쉽게 주목할 수 있게 한다. 반면에 이해 점검 단계가 명확하게 제시되지 않는다면 학습자들은 이후 강의에 집중하지 못하게 되고, 머릿속에서 이전의 궁금증이 계속해서 자리 잡게 된다. 따라서 코드 스위칭이 가진 의미 전달 도구로서의 기능을 통해 교사와 학습자의 의사소통이 원활해질 수 있고, 교육 내용에 대한 명확한 전달이 가능해진다.

4.2.3.3. 정서적 교감 차원

외국어교육에서 정의적 영역(Affective domain)의 중요성은 크래션(Krashen, 1985)에서 구체화되었다. 크래션은 정의적 여과기 가설(Affective filter hypothesis)을 통해 심리적 불안감과 긴장감이 줄어들어야 원활한 습득이 이루어질 수 있다고 보았다. 이때 정의적 여과기를 언어 습득을 방해하는 벽으로 보았는데, 입력이 들어온다고 하더라도 여과기를 통과하지 못하면 습득에 도달할 수 없다고 본 것이다. 목표어에 대한 불안감과 긴장감, 부정적 태도 등이 습득을 방해하는 벽의 역할을 한다고 하였다. 정의적 여과기의 범주는 동기,

자아 존중감, 불안감의 세 가지로 구성되고, 동기와 자신감이 높을수록, 불안감은 낮을수록 습득이 용이하고 효율성이 높다고 하였다. 따라서 정의적 여과기의 벽을 낮추는 전략이 필요한데, 이때 사용할 수 있는 효과적인 방법인 학습자의 모어를 사용하는 것이다. 목표어만을 사용하는 교실 분위기에서 교사의 발화를 온전하게 이해하지 못한 학습자들은 불안감을 느끼게 되고, 자신의 생각과 의견을 목표어로 정확하게 표현하지 못하게 되면서 자신감이 낮아진다. 이러한 상황이 반복되면서 목표어 학습에 대한 동기가 줄어들 수도 있다. 학습자들의 정의적 영역을 고려한다면 교사가 코드 스위칭을 통해 학습자 모어를 전략적으로 활용하여 불안감을 낮추고, 자신감을 키워줄 필요가 있다.

브룩스(Brooks-Lewi, 2009)는 멕시코에서 영어를 배우는 대학생들을 대상으로 연구를 하였는데, 교사가 코드 스위칭을 함으로써 교실에서 이루어지고 있는 일들에 대해 이해할 수 있게 하고, 이는 외국어 교실의 불안감(Classroom shock)을 줄이는 데에 기여한다고 하였다. 남혜림·박선호(2018)에서는 국내 초등학교 영어 수업을 대상으로 영어전용 수업과 한국어 코드 스위칭 수업을 비교하여 성취도와 정의적 영역 검사 차이를 살펴보았다. 연구 결과 코드 스위칭 수업 집단이 영어 전용 수업보다 두 영역 모두 통계적으로 유의미하게 높은 점수를 보였다. 이러한 결과는 인터뷰를 통해서도 확인할 수 있는데, 영어로만 수업할 경우 수업 내용을 온전하게 이해하기 어렵기 때문에 영어에 대한 흥미가 떨어질 수 있는데 반해 한국어로 코드 스위칭을 하면 어휘나 문법 설명, 활동 절차 설명 단계에서 효과적이라고 하였다. 이러한 결과를 근거로 코드 스위칭이 유익하다는 점이 분명하게 드러났기 때문에 무조건적으로 목표어 사용량을 늘리는 정책보다는 코드 스위칭이 지니는 교육적 효과를 비판적으로 검토할 필요가 있다고 하였다.

01 T: What does “talent show” mean?
02 S1: 장기 자랑
03 S2: =학예회
04 T: ((장기 자랑이라고 뜻을 칠판에 쓰면서)) 그렇지, talent는 장기,
05 show는 보여주다.
06 S1: 나? ↑나 맹장 잘 생겼어.
07 S2: [난 대장]
08 S3: [난 콩팥]
09 T: $내 맹장, 대장, 신장, 십이지장? hhhh 몸 속 장기 아니고요$
10 talent는 장기, 자신의 재능을 뜻하고, show는 보여주는 거예요.
11 (.)그래서 talent show는 장기 자랑, 또는 학교에서 하면 학예
12 회가 되겠지요.

남혜림·박선호(2018:46)

이 사례는 교사가 영어 수업 시간에 talent show의 뜻인 ‘장기 자랑’을 칠판에 쓰자 학생은 재주를 뜻하는 장기(長技)와 내장의 여러 기관을 뜻하는 장기(臟器)의 표기가 같은 것에 착안하여 자신의 장기가 잘 생겼다고 하면서 웃음을 유발하는 장면이다. 영어 학습과는 직접적인 관련이 없는 내용이지만, 한국어로의 코드 스위칭을 통해 웃음을 유발함으로써 수업의 분위기를 즐겁게 하였다. 이처럼 코드 스위칭은 정서적인 교감의 통로로서 친밀한 관계의 형성과 학습 분위기 조성에 기여한다.

이러한 결과는 한국어교육 연구에서도 확인할 수 있는데, 조윤경(2012)에서는 학습자 모어를 사용하는 집단과 목표어만을 사용하는 집단을 비교하여

교사의 언어 사용이 불안감, 모험 시도, 태도, 흥미도에 미치는 영향을 분석하였다. 분석 결과 불안감과 흥미도에 있어서는 두 집단 사이에 유의미한 차이가 없었지만, 모험 시도와 수업에 대한 태도에 있어서는 유의미한 차이를 보였다. 이를 통해 학습자 모어의 사용은 학습자들이 좀 더 적극적으로 새로운 시도를 하도록 독려하는 역할을 하며, 수업 자체에 대한 긍정적인 태도 함양에 기여한다는 것을 알 수 있다. 호욱문·김영주(2013)는 중국인 한국어 교사를 대상으로 설문 조사를 실시하여 학습자 모어를 사용에 대한 인식을 조사하였는데, 학습자와 관계를 형성하거나 오류 수정 단계에서 학습자 모어를 사용하는 것이 긴장감과 좌절감을 덜어준다는 측면에서 효과가 있다고 응답하였다. 이상의 논의를 통해 학습자 모어로의 코드 스위칭이 학습자의 정의적인 차원에서 불안감을 낮춰주고, 편안한 학급 분위기를 조성하는 데에 기여하는 역할을 한다는 것을 알 수 있다.

5. 중국인 교사의 코드 스위칭 사용 양상 분석

본 연구에서는 중국인 교사의 코드 스위칭 사용 양상을 입체적으로 분석하기 위하여 대화분석을 핵심적인 방법론으로 하되, 빈도 분석 중심의 기술 통계 자료를 활용하였다. 먼저 코드 스위칭 사용의 거시적인 양상을 고찰하기 위하여 발화량, 발화 주체별 빈도, 코드 스위칭의 형식을 고찰하였다. 그리고 교사 변인을 중심으로 코드 스위칭과의 관계를 분석하였다. 이러한 통계 분석은 중국인 교사의 코드 스위칭 사용에 대한 전체적인 조망을 가능하게 하고, 한국어 교실 대화의 전반적인 양상을 볼 수 있다는 점에서 의의가 있다. 그러나 이러한 분석만으로는 중국인 교사의 코드 스위칭의 특성을 이해하는 데에는 한계가 있다. 코드 스위칭 분석에서 중요한 이슈가 되는 코드 스위칭의 사용 시기와 방법, 기능 그리고 코드 스위칭의 유발 계기 등을 구체적으로 확인하기가 어렵기 때문이다. 따라서 본 연구에서는 이를 보완하기 위한 핵심적인 연구 방법으로 대화분석 방법론을 활용하여 순차적인 대화 구조 속에서 중국인 교사의 코드 스위칭을 분석하였다. 수업 단계를 기준으로 대화 구조를 분석하여 말차례, 인접쌍, 확장 조직, 수정 조직 등 대화 분석 방법론의 분석 도구를 활용하여 중국인 교사의 코드 스위칭 사용의 구체적인 시기와 방법을 체계적으로 고찰하고자 한다. 이처럼 양적 연구로서 통계 분석 자료는 질적 연구로서 대화분석 방법론의 결과를 뒷받침하는 의미 있는 자료가 될 것이다.

5.1. 코드 스위칭 사용 양상 분석의 전제

5.1.1. 기저 언어로서의 한국어

코드 스위칭 분석의 출발은 기저 언어의 설정이다. 코드 스위칭에 나타나는 둘 또는 그 이상의 언어는 특정 언어가 지배적인 역할을 하게 되는데 마이어스 스카튼(Myers-scotton, 1990)은 이를 '기저 언어'(Matrix language)라고 하였다. 코드 스위칭은 기저 언어의 문법 체계를 중심으로 '추가 언어'(Embedded language)가 결합하는 양상으로 구성되기 때문에 코드 스위칭 분석에서는 기저 언어를 설정하는 것이 중요하다. 중국 대학의 한국어 교실은 중국어와 한국어 두 언어가 사용되는 이중언어 공간이다. 따라서 두 언어 가운데 특정 언어를 기저 언어로 설정하여, 설정된 기저 언어에서 다른 언어로의 전환 양상인 코드 스위칭을 분석해야 한다. 본 연구에서는 한국어 교실 대화의 기저 언어를 한국어로 설정하였다.

기본적으로 외국어 교실은 목표어만을 사용할 것을 원칙으로 삼으며 필요에 따라 특정한 단계에서 학습자 모어를 사용한다. 한국어 교사를 포함한 외국어 교사의 학습자 모어 사용 연구에 따르면 교사는 새로 나온 어휘의 의미를 제시하거나 목표 문법을 설명할 때 학습자 모어를 주로 사용한다고 하였다(Cook, 2001; Macaro, 2001; 최권진, 2009; 안정민, 2017; 남혜림·박선호, 2018). 이러한 연구 결과는 외국어 수업의 기저 언어가 목표어이며, 특정 단계에서 학습자 모어로의 코드 스위칭이 사용된다는 것을 의미한다. 이처럼 직접 교수법의 등장 이후 강조된 목표어 중심주의는 중국 대학의 한국어 교육 현장에서도 큰 영향력을 발휘한다. 중국 대학의 한국어정독 수업에서 문법 설명 언어의 특성을 연구한 유나(2008)는 문법 설명 언어의 형식적 특징으로 이중언어 사용과 반복을 제시하였다. 중국인 교사는 문법 설명 단계에서 한국어를 사용하다가 중국어를 함께 사용하는 이중언어 사용 양상을 보였고, 한국어 설명 이후에 반복적으로 중국어를 사용하여 학습자의 이해를 돕는다고 하였다. 이를 통해 교수 언어로 한국어가 사용되고, 문법 설명 언어로 중국어가 한국어와 함께 사용된다는 것을 밝혔다. 중국 대학의 한국어 말하기 수업에서 교사의 학습자 모어 사용 전략을 연구한 축문영(2012)은 중국어가 교수 내용 설명, 수업 운영, 활동 참여의 단계에서 사용된다고 하였다. 이러한 결과는 다른 수업 단계에서는 기저 언어로 한국어가 사용되며, 한국어를 사용하다가 이상의 세 단계에서는 교사가 전략적으로 중국어를 사용한다는 것을 의미한다. 호욱문(2014)은 일지 연구를 통해 중국인 교사의 코드 스위칭 사용 양상과 인식을 연구하였는데, 참여한 모든 교사들은 한국에서의 석사 혹은 박사 과정에서 배운 대로 수업 시간에 목표어를 사용하려고 노력을 많이 한다고 하였다. 그러나 수업에 도움이 되지 않는다고 느끼거나 학습자들의 요청이 있으면 바로 중국어로 전환을 했다고 응답하였다. 이러한 교수 언어 사용 양상은 기저 언어로 한국어를 사용하여 수업을 하다가 특정 단계나 상황에서 중국어로 코드 스위칭을 한다는 것을 의미한다.

선행 연구 결과에 근거한 기저 언어로서 한국어의 위상은 연구 참여자의 인식 조사에서도 확인할 수 있다.

> 한글을 익히게 한 다음부터 다 한국어로 수업하도록 노력합니다. 문법도 한국어로 설명하고 제가 한국어로 가르치고 학생들과 대화하면서 필요한 모든 문법과 새 단어를 칠판에 쓰고 또 씁니다. 그리고 그런 단어와 문법으로 이야기할 때마다 다시 복습합니다. 학생들이 나중에 계속 듣다 보면 나중에 사용할 수 있게 됩니다. 그리고 **새로 나온 단어 의미 제시할 때, 문법 설명할 때, 그리고 학생들과 많은 생각을 교류하고 싶은데 수업 시간이 부족할 때 중국어로 설명합니다.**
>
> <CKT7>

> 2학년 때는 50%정도 중국어를 사용합니다. **문법을 설명하는데 더 보충할 것이 있거나, 읽기 수업을 할 때 주로 중국어를 많이 사용합니다.** 특히 학생들에게 한국어로 설명하면 이해하기가 어려울 경우 중국어로 하면 더 효율적입니다.
>
> <CKKT10>

> **한국어를 쓰다가 문법 해석에서 많이 사용하는 편이고 교과서 본문 해석도 중국어로 해주는 편입니다.** 하지만 어휘나 예문은 대부분 한국어로 하고 있습니다.
>
> <CKT9>

선행 연구 결과와 연구 참여자의 학습자 모어 사용에 대한 인식도 조사 결과를 종합했을 때, 한국어정독 수업의 교수 언어로서 한국어가 기저 언어의 역할을 한다는 것을 알 수 있다. 기저 언어로서 한국어를 사용하다가 특정 단계에서 중국어로 코드 스위칭을 하는 구체적인 양상은 본 연구에서 수집한 실제 교실 대화에서도 확인할 수 있다.

01 교 ○○ 어디 갔어요?
02 학1 **医院**(병원이요)
03 교 한국말로 말하세요.
04 학1 병원.

<CKT7212>[10]

이 사례는 교실에서 보이지 않는 학생을 찾는 장면으로 교사가 그 학생이 어디에 갔는지 한국어로 질문을 하였다(01). 이때 학1이 병원에 갔다고 중국어로 코드 스위칭을 하여 응답을 하자(02), 교사는 한국어를 사용하라고 수정을 요구하였다(03). 이는 교실에서 기저 언어로서 한국어가 교수 언어라는 사실을 단적으로 보여주는 사례이다. 다시 말해 교수 언어가 한국어로 설정되어 있기 때문에 중국어를 사용한 학습자의 발화에 대해서 교사가 한국어로 수정 요구를 한 것이다.

01 교 어떤 경우에는 달라고 하다, 어떤 경우에는 주라고 하다.
02 그럼 여기서 누구지 ○○. 설명을 읽어보세요.
03 ((학생 교재 설명 읽기))

---

10 수업 자료의 출처를 제시하는 기준으로 CKT는 교사의 민족 변인을 의미한다. 한족 교사는 CKT, 조선족 교사는 CKKT로 지칭하고 이어지는 숫자는 참여자 번호이다. 이후 교재의 권호, 해당 단원, 차시의 순서로 자료 출처를 밝혔다. 다시 말해 <CKT2241>은 한족 교사인 참여자 2가 2권 4과의 1차시 수업 자료임을 의미한다.

04 학1 잘했어요.

05 교 **当说话人听话人以外的第三者是接受的人的时候,**

06 **才用주라고 하다.**

07 **但是当说话人是接收者的时候用달라고 하다.**

08 **能理解吗?**

09 (받는 사람이 청자도 아닌 화자도 아닌 제삼자일 때에는 '주라고 하다'를 쓰고요, 받는 사람이 화자일 때에는 '달라고 하다'를 쓰는 겁니다. 이해할 수 있어요?)

10 교 이해가 잘 가요?

<CKT8274>

이 장면은 간접 화법의 문법 항목인 '-주라고 하다'와 '-달라고 하다'를 비교해서 설명하는 장면이다. 목표 문법의 의미를 제시하기 전까지 한국어를 사용한 후(01-05)에 목표 문법의 의미 제시 단계에서 코드 스위칭을 하였다(06-09). 그리고 코드 스위칭을 통한 의미 제시가 끝난 후에 다시 한국어로 교수 언어를 전환하여 이해 점검을 하였다(10). 이러한 양상을 통해 한국어를 교수 언어로 사용하더라도, 학습자들이 한국어 설명만으로 어려움을 겪게 되는 문법 비교 단계에서는 정확한 의미 전달을 위해 코드 스위칭을 사용한다는 것을 알 수 있다.

01 교 이번 시간부터 초대에 대해서 배우겠습니다.

02 초대에 대한 화제를 배우겠습니다.

03 여러분들이 생각해 보세요.

04 우리는 언제 초대를 해요?

05 학 =파티.

06 들 파티.
07 교 언제 파티를 해요?
08 =생일
09 학1 또 있어요?
10 교 =명절
11 학2 설날 같은 명절에 초대를 해요.
12 교 또 있어요?
13 =결혼식
14 학3 결혼식.
15 교 신랑 신부가 친구를 많이 초대를 해요.
16 또 있어요?
17 =졸업식.
18 학4 주로 이런, 이런 날에는 초대를 해요.
19 교 특별한 날에는 초대를 해요.
20 생일 파티 때, 결혼식 때, 졸업식 때, 아이들의 생일
21 때, 새로 이사를 할 때도.
22 4과는 주로 초대에 관한 화제를 배우겠습니다.
23 오늘 1항을 보세요.

<CKT3224>

이 사례는 읽기 전 단계에서 배울 화제 ‘초대’를 도입하는 장면이다. 교사는 먼저 언제 초대를 하는지 학습자들에게 한국어로 질문을 했고(04), 학습자들이 초대하는 상황에 대해서 한국어 응답을 하는 것으로 대화가 구성되었다. 수업의 시작 단계에서 교사와 학습자가 한국어를 사용해서 화제를 도입하고 수업을 시작하는 것 또한 중국 대학의 한국어 수업이 한국어를 기저

언어로 하여 수업을 진행한다는 것을 알 수 있는 또 다른 사례이다. 이처럼 기저 언어로서 한국어를 사용하여 수업을 시작하는 것은 또 다른 교사의 사례에서도 확인할 수 있다.

교　자. 우리 수업 시작합시다.
　　교과서 123쪽.
　　123쪽. 펼치세요.
　　오늘은 제13과(1.0)
　　제목이 뭐예요?
학　=병원.
들　병원이에요.
교　병원 다 가보신 적이 있죠?
　　=네
학　어때요?
들　병원에 가면 어때요?
교　(1.0)
　　중국의 병원은 어때요?
학　(2.0)
들　사람이?
교　=많아요.
학　사람이 너무 많아요.
들　여러분들도 한국에 가면 병원에 갈 수도 있을 거예요.
교　아프면 병원에 가야죠.
학　병원에 가면 말을 할 수 있는지.
들　의사 선생님을 만나면 소통을 할 수 있는지

22　교　이 과문 배우면서 병원에 관한 것을 간단하게, 간단하게 배웁시다.

<CKKT62131>

이 사례 역시 읽기 전 단계에서 배울 화제인 '병원'을 도입하는 장면이다. 마찬가지로 본문 제목을 확인한 후에 중국의 병원에 대한 인상을 한국어로 묻고(09,10,12), 학습자들의 한국어 대답을 사용해서 화제인 병원을 도입하고, 학습 내용을 명확하게 제시하고 있다(17-22). 이처럼 화제 도입 단계에서 한국어를 사용하여 수업을 시작하는 것은 한국어 교실 대화에서 기저 언어로서 한국어가 사용되고 있음을 의미한다. 따라서 본 연구에서는 선행 연구 결과와 중국인 교사의 교수 언어 사용에 대한 인식 조사 결과 그리고 실제 수업의 시작은 한국어로 여는 구체적인 사례를 통해 한국어정독 수업의 기저 언어로 한국어를 설정하였다. 그리고 한국어에서 중국어로의 코드 스위칭 사용을 분석 대상으로 삼아 사용 양상과 중국어로의 코드 스위칭에 영향을 미친 맥락 요인을 분석하고자 한다.

5.2. 분석 도구 및 절차

중국인 한국어 교사의 코드 스위칭 사용 양상에 대한 통계 분석은 빈도 분석 중심의 기술 통계와 교사 변인과 코드 스위칭 사이의 관계에 대한 추리 통계로 구분된다. 기본적인 빈도 분석은 발화 주체와 사용 언어를 대상으로 하였다. 교실 대화를 문장 단위로 코딩을 하여 각 문장의 발화 주체를 교사와 학습자로 구분하였고, 이때 사용되는 언어가 한국어인지 중국어인지 구분하였다. 완벽한 한국어 문장이 아니라, 중국어가 한 단어라도 사용된 것은 모두 중국어로 처리하였다. 중국어로 분류된 문장은 다시 코드 스위칭의 유형 분류에 따라 세분화되었다. 코드 스위칭의 발생 위치에 따라 유형 분류를 하였는데, 분석 단위와 기준의 설정은 더프와 폴리오(Duff & Polio, 1990)가 미국 대학의 외국어 강좌에서 나타난 교사의 학습자 모어 사용 분석을 위해 제시한 기준을 근거로 하였다. 이 연구에서는 영어를 모어로 하는 미국인 대학생의 외국어 강좌에서 나타나는 코드 스위칭의 유형을 발생 위치에 따라 완전한 영어 문장(L1), '영어 단어'(L1c), 영어와 목표어의 절반씩 혼합(Mix), 목표어 단어(L2c), 완전한 목표어 문장(L2)으로 구분하였다. 교실에서 나타난 코드 스위칭 분석을 위한 이상의 분석 도구는 국내 영어 교육에서 교실 대화의 코드 스위칭 분석에서도 활용되었다(고정민, 2018). 본 연구에서는 이러한 분석 기준을 참조하되, 코드 스위칭 사용 양상을 분석 대상으로 삼았기 때문에 완전한 한국어 문장은 제외하였다. 이상 네 가지 유형의 구체적인 사례는 다음과 같다.

1. 중국어 단어 차원의 코드 스위칭: 形容词같은 거예요.
(형용사)
2. 한국어 단어 차원의 코드 스위칭: 这种一个反问的方式전공.
(이건 전공을 묻는 반문 형식이죠.)
3. 중국어와 한국어의 혼합: 다음 정류장에서 换乘272路.
(다음 정류장에서 272번으로 갈아타세요.)
4. 완전한 중국어 문장: 大众交通, 我们说的公共交通.
(대중교통, 우리는 공공교통이라고 불러요.)

이상 네 가지 코드 스위칭의 유형은 다시 문장 내 코드 스위칭(1-3)과 문장 간 코드 스위칭(4)으로 구분할 수 있다. 선정한 분석 기준에 연구 참여자 10명의 수업 중 각 교사 당 2차시씩 전체 20차시를 분석 대상으로 하였다.

전체 20차시의 수업을 전사한 후, 엑셀 프로그램을 활용하여 문장 단위로 분류하여 문장의 발화 주체, 사용 언어를 기준으로 일차 코딩을 하고, 중국어 사용 문장에 대해서는 코드 스위칭 형식을 기준으로 이차 코딩을 하였다. 구체적인 코딩 양상은 다음과 같다.

발화 순서	발화 내용	발화 주체	사용 언어	CS 형식
1	여성의 날.	1	1	
2	여러분 뭐라고 부르고 싶어요?	1	1	
3	여신의 날, 여왕의 날.	1	1	
4	여성의 날을 축하해요.	1	1	
5	여러분 어떻게 지내요?	1	1	
6	특별한 계획이 있어요?	1	1	
7	없어요.	2	1	
8	아 없어요	1	1	
9	수업이 많아서?	1	1	
10	바빠서?	1	1	
11	특별한 계획이 없어요?그렇구나.	1	1	
12	그럼 선물 받았어요?	1	1	
13	아니오.	2	1	
14	선물도 못 받았어요?	1	1	
15	난 받았어요.	1	1	

[그림 2] 코드 스위칭 양상 분석을 위한 코딩

엑셀의 코딩 결과를 통계 패키지 SPSS(24.0)을 활용하여 빈도 분석과 추리 통계를 수행하였다. 추리 통계는 기술 통계 결과를 활용하여 코드 스위칭 사용 양상에 교사 변인이 영향을 미칠 것이라는 가정 하에 교사 변인과 코드 스위칭 사이의 관계를 분석하였다. 교사 집단별 코드 스위칭 양상의 차이, 교사 변인과 코드 스위칭 사이의 관계, 교사 변인별 코드 스위칭 사용에 미치는 영향력의 크기를 확인하기 위해서는 통계 패키지의 분석 도구를 활용하였다.

대화분석을 위해 설정한 분석 도구는 말차례(Turn taking), 인접쌍(Adjacency pair), 확장 조직(Adjacency expansion), 수정 조직(Repair organization)의 네 가지이다. 일반적인 대화분석 연구에서는 이상 네 가지 분석 도구 외에도 선호 조직(Preference organization), 대화 전체 구조 조직(Overall structure organization) 등 다양한 도구가 사용되지만, 한국어 교실이라는 대화 상황의 특성을 고려하여 네 가지만을 분석 도구로 선정하였다. 한국어 교실에서는 교사가 절대적인 권한을 가지고 있기 때문에 교사 발화에 대한 학습자의 비선호 조직이 나타나기 어렵다. 또한 본 연구의 목적이 수업 단계별로 실현되는 코드 스위칭에 주목하여 구체적인 기능과 조직의 특성을 미시적으로 분석하는 것이기 때문에 전체 수업의 구조와 조직에 대한 분석은 제외하였다.

이상의 분석 도구를 기준으로 대화 분석을 수행하기 위해서는 자연스러운 발화를 최대한 들리는 대로 전사하여 상호작용적 시각에서 접근이 용이하도록 해야 한다. 이를 위해 제퍼슨(Jefferson)의 전사 체계가 널리 사용되고 있다. 본 연구에서도 제퍼슨의 전사 체계를 중심으로 분석 대상의 특성과 목적에 맞게 정교화하였다. 본 연구에서 사용한 전사 체계는 다음과 같다.

[표 13] 전사 체계

부호	의미	부호	의미
[ ]	겹치는 말	=	간격 없이 이어지는 말
?	올라가는 억양	↗	올라가는 억양
(.0)	휴지 간격	(( ))	상황 설명
< >	느린 속도 발화	> <	빠른 속도 발화
::	말 끄는 소리	!	강조
***	불명확한 소리	.	내려가는 억양
,	계속 억양	이탤릭체	인용

이상의 도구를 활용한 실제적인 분석을 위해 먼저 분석의 대상이 되는 중국인 교사의 한국어 수업 목표와 단계를 확인하였다. 수업 목표는 거시적인 측면에서 교육과정 체계 내에서 학습 목적과 과목의 목표, 그리고 매

수업 시간마다 교사가 설정한 학습 목표로 세분화된다. 이상의 목표를 확인하기 위하여 중국 교육부가 발간한 교육과정 지침서인 <普通高等学校本科专业目录和专业介绍(2012)>, 교육기관으로서 한국어학과의 인재육성 방안 계획, 사용 교재의 교수요목 등을 분석하였다. 그리고 교재 분석을 통해 교사가 설정한 수업의 목표를 중심으로 교실 대화가 어떻게 조직되고 진행되는지 나아가 코드 스위칭의 사용이 이러한 목표 달성에 어떻게 기여하는지를 확인하였다. 학습 목표 확인 이후 구체적인 코드 스위칭 양상 분석은 수업 단계를 기준으로 하였다. 코드 스위칭의 사용 양상을 확인하기 위하여 수업 단계를 기준으로 설정하는 것은 수업 단계가 교실 대화의 성격을 명확하게 드러낸다는 점에서 적합하다. '수업 단계는 교수·학습 목표가 실현되는 단위'(백승주, 2011:61)이기 때문에 각각의 수업 단계에서 나타나는 코드 스위칭의 형식과 기능을 통해 중국인 교사의 코드 스위칭 사용의 구체적인 양상을 확인할 수 있을 것이다.

수업의 단계는 교과목의 특성에 따라 다양한 양상을 보인다. 국내 한국어 교육기관에서는 '도입-제시-연습-활용-정리'의 5단계 모형이 널리 활용되고 있다. 그러나 이러한 수업 단계가 중국에서 수행되는 한국어정독 수업 단계와 일치하는 것은 아니다. 이러한 5단계 구성은 의사소통 능력 신장을 목적으로 하는 국내 교육기관의 수업 단계이다. 앞서 언급하였듯이, 중국 대학의 한국어정독 수업은 교육의 목적과 학습자 구성, 교사 등 교수 맥락이 국내와는 차이를 보인다. 따라서 이러한 특성을 고려한 수업 단계의 구성이 필요하다. 수업 대화의 분석 기준 마련을 위한 수업 단계의 재구성은 백승주(2011)에서도 확인할 수 있다. 백승주(2011:61)는 한 수업 안에는 다루어야 할 주제가 하나 이상일 경우 '도입-제시-연습-활용-정리'의 5단계의 구조로는 수업 전체 양상을 확인하는 것이 어렵다고 하였다. 대부분의 한국어 수업은 2개 이상의 목표 문법을 다루는 경우가 많기 때문에 이를 위해 '시작단계-주제전개 단계 1-주제전개 단계 2-주제전개 단계 n-종료 단계'로 설정하고, 주제전개 단계의 부분 단계를 다시 하나의 목표 문법에 따라 '도입단계-제시단계-연습단계-활용단계-정리단계'로 설정하는 것이 타당하다고 보았다. 그러나 이러한 수업 단계의 구분 역시 본 연구의 분석 대상인 한국어정독 수업의 단계로 적합하지 않다. 앞서 살펴보았듯이 한국어정독 수업은 본질적으로 읽기 수업이기 때문에 읽기 활동을 중심으로 수업이 구성된다. 그러나 백승주(2011)의 수업 단계는 '문법' 교수에 주목한 분석 기준으로 읽기와 어휘 교육의 부분을 확인할 수 없다. 따라서 한국어정독이라는 과목의 성격과 중국 대학에서 한국어교육이라는 고유한 특성을 고려한 수업 단계를 새롭게 설정해야 한다. 이를 위해 본 연구에서는 중국의 한국어 수업에 관한 선행 연구와 연구 참여자들의 인터뷰 결과를 바탕으로 수업 단계를 다음과 같이 재구조화하였다. 먼저 전체 구조를 시작-전개-마무리의 3단계로 구분하고, 전개 단계는 읽기를 중심으로 읽기 전, 읽기, 읽기 후 단계로 세분화한다. 읽기 교육이 수업 단계 설정에서 핵심적인 요인이 된 것은 한국어정독이라는 과목 명칭에서 드러나듯이 정독 과목 자체가 읽기 교육을 중심으로 설계되었기 때문이다. 따라서 이러한 과목의 체계를 고려하여 읽기를 중심으로 전개 단계를 구성하고, 읽기 전 단계에서 본문 읽기를 위해 선행하는 어휘와 문법 교육 단계를 배치하였다. 이때 어휘 교육은 본문에 새로 나온 어휘의 의미와 쓰임을 제시하는 수준이며, 문법은 의미와 규칙 제시에서 연습과 활용까지 확장되기 때문에 3단계로 세분화하였다. 읽기 단계에서는 본문에 대한 한국어 읽기 외에도 본문 내용 이해를 위한 해석의 절차가 존재한다. 그리고 읽기 후 단계에서는 배운 내용에 대한 확인과 점검이 이루어진다. 이상의 내용을 구조화한 한국어정독 수업의 단계는 다음과 같다.

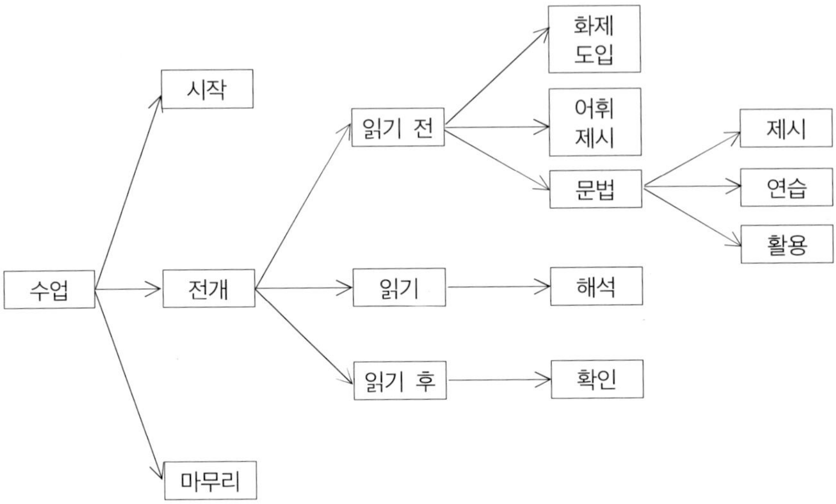

[그림 3] 한국어정독 수업 단계의 구조

각 수업 단계의 구체적인 역할은 다음과 같다. 먼저 시작 단계는 수업의 첫 단계로서 출석 확인이나 인사, 과제 점검 등이 이루어진다. 본격적인 수업은 전개 단계에서부터 시작되는데, 가장 먼저 읽기 전 단계에서는 읽기 단계에서 배울 본문에서 다루는 화제를 도입하는 것으로 시작된다. 화제 도입은 본문에서 다룰 화제를 도입하는 단계로 학습자를 동기화하고 배경 지식을 활성화하는 기능을 한다. 두 번째 읽기 전 단계는 어휘 제시와 문법 교수 단계로 구성된다. 한국어교육에서 문법 교수 모형은 앞서 언급한 5단계 구조가 일반적이지만 정독 수업에서는 도입과 마무리가 생략된 제시-연습-활용의 3단 구성으로 이루어진다. 중국의 한국어교육은 교사 중심의 연역적인 문법 교수가 주로 이루어지기 때문에 학습자 중심의 귀납적인 접근에서 주로 사용되는 도입 단계가 생략된다. 도입 단계 없이 곧바로 교사가 목표 문법의 의미와 규칙을 명시적으로 제시한다. 읽기 단계는 본문을 읽고, 해석하는 것으로 구성된다. 읽기가 정독 수업의 핵심이기 때문에 본문을 듣고, 따라 읽는 절차는 한국어 수업에서 매우 중요하다. 또한 읽은 내용에 대해서 번역을 통해 해석하고, 본문의 의미를 올바르게 이해하는 것이 읽기 단계의 핵심이다. 읽기 후 단계에서는 읽기 단계에서 배운 내용을 점검하는 것으로 구성되며, 마무리 단계는 과제나 관련 정보를 안내하는 것으로 수업을 마무리하는 역할을 한다. 이러한 수업 단계는 한국어정독이라는 과목의 특성과 중국 대학에서 한국어교육이라는 특성을 반영한 것으로 중국인 교사와 중국인 학습자 사이에 이루어지는 코드 스위칭을 분석하기에 적합한 기준이 될 수 있을 것이다. 이상의 수업 단계에 따라 수업 대화를 상세하게 전사하고, 각 단계에서 이루어지는 코드 스위칭의 기능과 형식을 중심으로 중국인 교사의 코드 스위칭 사용 양상의 특성을 확인한다.

수업 단계를 기준으로 네 가지 분석 도구를 활용한 구체적인 코드 스위칭 양상 분석의 사례를 제시하면 다음과 같다.

01	교	단어 볼게요↗
02		小, 年幼
03	학들	=어리다
04	교	晚辈, 下属, 下面的人
05	학들	=아랫사람.
06	교	那私人的, 私下的,
07	학들	=사적.
08	교	好. 不同
09	학들	=다르다,
10	교	잘했어요.

<CKT2241>

이 자료를 대상으로 확인한 결과를 정리하면 먼저 교사 발화(01)를 통해 수업 단계가 어휘 제시 단계임을 확인할 수 있다. 교사는 한국어를 사용하여 수업을 진행하다가 어휘를 제시하기 위하여 중국어로 코드 스위칭을 하였다(02). 이를 통해 어휘 제시 단계의 역할 수행을 위해 교사가 코드 스위칭을 의도적으로 사용한 것을 알 수 있으며, 코드 스위칭 유발의 표지는 "단어 볼게요"라는 발화이다. 이러한 교사 발화는 어휘 제시 단계에서 어휘 제시-어휘 번역의 시작을 알리는 표지로서 기능을 한다. 코드 스위칭 사용의 구체적인 형식은 교사가 코드 스위칭을 하여 중국어로 단어를 제시하면 학습자가 한국어로 번역을 하여 단어의 의미를 응답하는 것이다(03). 이러한 구조가 계속해서 반복되는 것으로 어휘 제시 단계가 진행된다(04-05, 06-07, 08-09). 이러한 구조는 교사의 중국어 제시-학습자 한국어 번역의 인접쌍 구조를

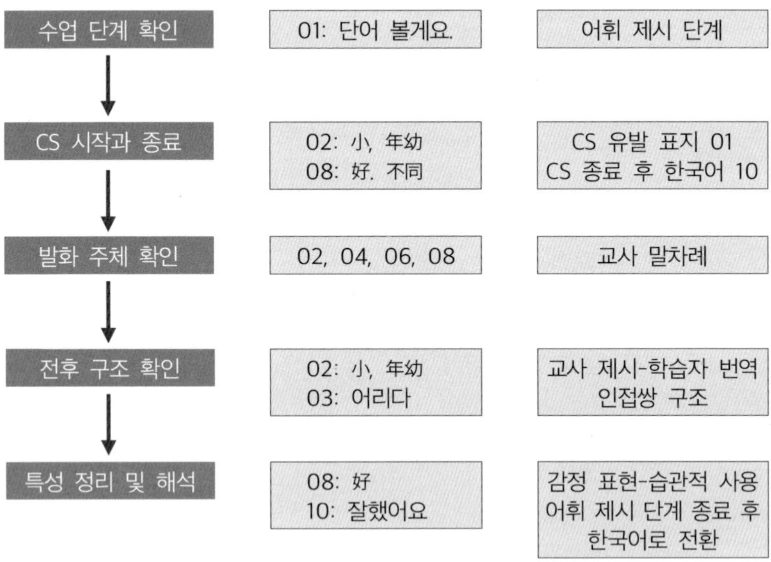

[그림 4] 코드 스위칭에 대한 대화분석적 접근의 절차

이룬다. 마지막으로 코드 스위칭을 통한 교사의 어휘 제시와 학습자 번역이 마무리되면 교사는 다시 한국어로 전환을 하여 다음 단계로 수업이 이동된다(10). 이러한 구조에서 08의 발화에서 나타난 교사의 코드 스위칭 '好'는 어휘 제시 단계에서 나타나는 교사 중국어 제시-학습자 한국어 번역의 구조와는 무관한 형식으로, 교사가 학습자의 활동에 대해서 칭찬을 하기 위해 담화표지로서 중국어 반응을 나타낸 것이다. 이러한 분석 결과를 반영한 교실 대화 장면을 구조화하면 위의 [그림 4]와 같다.

각각의 단일 사례에 대하여 이러한 분석 절차를 통해 반복적으로 나타나는 중국인 교사의 코드 스위칭 규칙을 발견하고, 이를 정형화하여 중국인 교사의 코드 스위칭 사용 특성으로 이론화하는 것이 이번 장의 분석 내용이라고 할 수 있다.

5.3. 코드 스위칭 양상에 대한 계량적 접근

이 절에서는 빈도 분석을 중심으로 한 기술 통계와 회귀 분석 중심의 추리 통계를 통해 코드 스위칭 양상의 거시적인 측면을 조망하고자 한다. 거시적 차원의 계량 분석은 본 연구의 핵심적인 방법론인 대화분석의 사전 연구로서 코드 스위칭 양상의 전체적인 구조를 확인하는 역할을 한다. 또한 대화분석의 연구 결과를 뒷받침하는 것과 동시에 질적 연구로서 대화분석과 상호보완적인 역할을 할 수 있다.

5.3.1. 한국어 수업에서 발화 주체별 발화량

발화 주체별 발화량 분석은 한국어 수업 대화의 양상을 확인할 수 있는 가장 기본적인 척도가 된다. 일반적으로 제2언어 교실은 교사 중심으로 수업이 구성되면서 전체 교실 대화의 2/3가 교사에 의해 이루어진다고 하였다(Chaudron, 1988:51-52; 김재욱, 2007:34). 따라서 중국 대학의 한국어 교실 대화 역시 교사 발화가 많은 비중을 차지할 것이라고 예상할 수 있다. 특히 중국 대학의 한국어 수업이 교사 중심의 문법번역식 교수법과 청각구두식 교수법을 중심으로 진행된다(강보유, 2002; 김판준, 2017)는 선행 연구 결과를 참조할 때 교사 발화량의 비율이 다른 외국어 교실보다 높을 것으로 예상할 수 있다. 발화 주체별 발화량 분석의 구체적인 결과는 다음과 같다.

[표 14] 교실 대화에서 주체별 발화 빈도와 비율

구분 / 참여자	주체별 발화 빈도		주체별 발화 비율	
	교사	학습자	교사	학습자
1	1133	263	81.2%	18.8%
2	641	61	91.8%	8.2%
3	582	224	94.1%	5.9%
4	763	135	82.4%	17.6%
5	830	52	84.7%	15.3%
6	608	130	84.1%	15.9%
7	730	132	72.2%	27.8%
8	748	67	88.3%	11.7%
9	460	61	91.3%	8.7%
10	968	183	85.0%	15.0%
평균			85.5%	14.5%

발화 주체별 발화량 분석은 먼저 주체를 중심으로 발화 문장의 개수를 확인하였다. 그러나 발화 횟수는 각각의 수업마다 다르기 때문에 전체 수업에서 각각의 주체가 발화하는 양을 정확하게 보여주기 어렵다. 따라서 각 수업을 중심으로 전체 발화량에서 주체가 발화한 비율로 계산했을 때 정확한

발화량 측정이 가능할 것으로 보고, 발화 비율을 추가적으로 분석하였다. 발화 비율 분석 결과 전체 수업 발화의 85.5%가 교사 발화로 구성된다는 것을 알 수 있다. 교실 대화에서 학습자 발화가 차지하는 비율은 14.5% 로 매우 낮게 나타났다. 이러한 결과는 제2언어 교실에서 발화량을 연구한 이전 연구와 상이한 결과로 중국 대학의 한국어 교실은 교사 발화를 중심으로 수업이 진행된다는 것을 의미한다. 이러한 결과는 선행 연구의 결과와 일치한다. 신은경(2014)은 중국인 교사의 PCK 연구에서 중국인 한국어 교사의 수업이 교사 중심의 설명이 대부분이라서 학습자의 발화 기회가 부족하다고 하였다. 또한 평이하고 단조로운 활동을 중심으로 수업을 진행한다는 점이 문제점으로 나타났다고 하였는데, 본 연구에서 확인한 발화 주체별 발화 비율에서도 교사 발화가 절대적으로 많은 비중을 차지하였다.

5.3.2. 발화 주체별 코드 스위칭의 빈도

코드 스위칭의 빈도는 먼저 전체 발화 가운데 한국어와 중국어의 사용 빈도를 구분한 후, 중국어가 사용된 코드 스위칭 발화의 주체가 누구인지에 따라 세분화하여 빈도를 분석하였다. 분석 결과는 [표 15]와 같다.

분석 결과 중국 대학의 한국어 교실 대화에서 목표어인 한국어와 학습자 모어인 중국어의 사용 비율은 61.5% : 38. 5%로 나타났다.[11] 한국어 사용량이 절대적인 국내 한국어 교실과 비교했을 때는 물론 ESL, EFL 환경에서 수행된 학습자 모어 사용 연구 결과에 비해서도 목표어인 한국어 사용 비율이 낮고, 학습자 모어인 중국어 사용 비율이 매우 높다는 것을 알 수 있다. 미국

11 교수 언어의 사용량은 교사 발화와 학습자 발화를 모두 포함한 것으로 발화 주체를 고려하지 않고 사용 언어만을 분류한 결과이다.

[표 15] 교실 대화에서 사용 언어의 유형과 사용 비율

구분 / 참여자	언어별 사용 빈도		언어별 사용 비율	
	한국어	중국어	한국어	중국어
1	673	723	48.2%	51.8%
2	659	43	85.8%	14.2%
3	398	408	52.2%	47.8%
4	303	595	55.3%	44.7%
5	460	422	75.5%	24.5%
6	408	330	61.5%	38.5%
7	651	211	49.4%	50.6%
8	699	116	59.9%	40.1%
9	312	209	93.9%	6.1%
10	859	292	33.7%	66.3%
평균			61.5%	38.5%

대학의 외국어 강좌에서 학습자 모어 사용 비율을 연구한 더프와 폴리오(Duff & Polio, 1990)에서는 13명의 연구 참여자인 외국어 교사의 목표어 사용 비율의 전체 교실 발화에서 67.9%로 나타났고, 영국에서 프랑스어를 가르치는 예비 교사를 대상으로 한 마카로(Macaro, 2001)의 연구에서는 목표어인 프랑스어의 사용 비율이 89.9%로 나타났다. 이러한 연구 결과와 비교했을 때, 중국인 교사의 한국어 사용 비율은 매우 낮은 수치를 보인다. 세부적으로 중국어 사용의 발화 주체를 분석한 결과 교실 대화에서 나타난 전체 중국어 사용 발화의 95.9%가 교사에 의해 이루어졌다.

이러한 결과는 교실 대화에서 나타난 코드 스위칭이 대부분 교사에 의해 사용되었다는 것을 의미한다. 한국어 교실을 포함한 대부분의 외국어 교실에서는 목표어 사용을 원칙으로 삼고 있어서 학습자가 목표어가 아닌 모어를 사용하는 경우가 많지 않다(최권진, 2009; 윤경원, 2019). 따라서 이러한 한국어

교실의 의사소통 규범의 영향으로 교사 발화에서 코드 스위칭이 주로 사용된 것으로 보인다. 구체적인 영향 요인에 대해서는 7절에서 다룰 것이다.

[표 16] 교실 대화에서 코드 스위칭 사용의 주체

구분 / 참여자	중국어	중국어 발화 주체		주체별 사용 비율	
		교사	학습자	교사	학습자
1	723	651	72	90%	10%
2	43	42	1	97.6%	2.4%
3	408	390	18	95.5%	4.5%
4	595	575	20	96.6%	3.4%
5	422	409	13	96.9%	3.1%
6	330	322	8	97.5%	2.5%
7	211	208	3	98.5%	1.5%
8	116	112	4	96.5%	3.5%
9	209	188	21	89.9%	10.1%
10	292	292	0	100%	0%
평균				95.9%	4.1%

5.3.3. 발생 위치별 코드 스위칭의 분포

일상 대화를 분석한 코드 스위칭 연구는 발생 위치에 따라 문장 내 코드 스위칭과 문장 간 코드 스위칭의 이분법으로 구분한다. 그러나 본 연구에서는 문장 내 코드 스위칭의 유형을 다시 세 가지로 유형화하였는데, 언어 단위를 중심으로 한 세분화는 코드 스위칭의 사용 양상을 더욱 상세하게 보여줄 수 있을 것이다.

한국어 교실 대화에서 중국어로의 코드 스위칭은 완전한 중국어 문장 형식으로 대부분 사용되었다. 일반적인 이중언어 상황에서 코드 스위칭 연구는

[표 17] 교실 대화에서 코드 스위칭의 형식

구분 참여자	코드 스위칭 형식			
	중국어 단어	한국어 단어	혼합	중국어 문장
1	10	27	40	646
2	1	0	5	37
3	4	0	0	404
4	16	0	11	568
5	14	0	10	398
6	6	0	0	324
7	4	2	2	203
8	14	0	6	96
9	12	3	7	187
10	4	39	44	206
합계	85	71	125	3069

주로 문장 내 코드 스위칭의 사용 빈도가 훨씬 높다. 한국인 일본어 학습자의 코드 스위칭 양상을 분석한 강인영(2018)은 문장 내 코드 스위칭이 문장 간 코드 스위칭보다 더 높은 빈도를 보인다고 하였다. 세부적으로 문장 내 코드 스위칭 그 중에서도 명사와 명사구를 포함하는 명사류의 코드 스위칭이 가장 빈번하게 나타났다고 하였다. 이러한 결과는 한국어와 영어 사이의 코드 스위칭 연구에서도 동일한 결과를 확인할 수 있는데, Jun-Eon Park et al (1993)에서도 명사 코드 스위칭이 61.6%, 명사구가 13%로 전체 코드 스위칭의 74.6%가 명사에서 나타난다고 하였다. 재외동포 아동의 코드 스위칭을 연구한 유해헌(2010)에서도 문장 내 코드 스위칭이 문장 간 코드 스위칭보다 2배 이상 높은 빈도수를 보였다. 중국인 한국어 학습자의 담화에서 나타난 코드 스위칭을 분석한 정소휘(2016)에서도 문장 내 코드 스위칭의 비율이 높고 언어 형식에 있어서 단어의 교체 비율이 압도적으로 높다고 하였다.

이러한 결과는 부족한 언어 능력을 극복하기 위한 보상 전략 차원에서 어휘를 주로 대체하였기 때문이라고 분석하였다. 그러나 중국인 교사의 코드 스위칭의 91.6%가 완전한 중국어 문장으로 이루어졌는데 이는 일상 대화와 구별되는 교실 대화 상황이라는 장면의 특성이 영향을 미친 것으로 보인다. 선행 연구에서 나타나듯이, 외국어 교실에서 교사의 코드 스위칭은 메타언어로서 코드 스위칭을 활용하여 문법이나 어휘의 의미를 제시하거나 과제 수행 절차를 안내하는 등의 정보 전달 기능을 위해 주로 실현된다. 따라서 교사의 발화가 설명의 형식으로 주로 이루어지기 때문에 문장 단위 코드 스위칭이 주로 발생한 것이다. 문장 단위 코드 스위칭의 세부적인 유형과 특성은 다음 절의 대화분석을 통해 확인하고자 한다.

5.4. 교사 변인과 코드 스위칭의 관계

이번 절에서는 빈도 분석 결과를 활용하여 교사 변인과 코드 스위칭 사용 사이의 관계를 확인하고자 한다. 다시 말해 38.5%로 나타난 중국어 사용 비율 자료를 활용하여, 교사 집단별로 코드 스위칭 사용 양상의 차이를 분석하고, 코드 스위칭 사용에 영향을 미치는 교사 변인의 크기를 확인하고자 한다. 이를 위해 독립표본 t검정, 상관관계 분석, 회귀분석의 추리 통계(Inferential statistics)를 활용하였다. 그러나 이러한 추리 통계 결과가 통계적으로 유의미한 차이를 보이지 않아서 기술 통계의 하위 범주에서 간략하게 분석 결과만을 제시하고자 한다.

먼저 각 교사 집단별 코드 스위칭 사용 양상의 차이를 확인하기 위하여 독립표본 t검정(t-test)을 실시하였다. 교사 집단별 코드 스위칭 양상의 차이를 확인하기 위하여 연구 참여자 모집 단계에서 고려하였던 교사 변인을 중심으로 교사 집단을 세분화하였다. 먼저 민족 변인을 기준으로 조선족 교사 집단과 한족 교사 집단으로 구분을 하고, 경력 변인을 중심으로 5년 이상의 고경력 교사와 5년 미만의 저경력 교사로 구분을 하였다. 마지막으로 전공을 기준으로 한국어교육학 전공 교사와 내용학 전공 교사로 구분하였다. 3가지 변인을 기준으로 교사 집단을 두 개로 구분하여 변인별로 구분된 교사 집단에서 코드 스위칭 양상의 차이를 분석하였다. 교사 변인별로 구분된 교사 집단별로 코드 스위칭 사용 양상이 차이가 날 것이라는 가정 하에 독립표본 t검정을 실시하여 집단별 양상을 분석하였다.

독립표본 t검정 결과 민족, 전공, 경력의 세 변인에 따라 구분된 한족 교사/조선족 교사, 고경력 교사/저경력 교사, 한국어교육학 전공 교사/내용학 전공 교사의 코드 스위칭 사용 양상은 통계적으로 유의미한 차이가 나타나지 않았다. 한족 교사와 조선족 교사는 코드 스위칭 사용에 있어서 통계적으로 유의미한 차이를 보이지 않았고($t = .888$, $p = .401$), 고경력 교사와 저경력 교사도 마찬가지로 두 집단 사이에서 차이가 나타나지 않았다($t = .246$, $p = .812$). 마지막으로 전공별로 한국어교육학 전공 교사와 내용학 전공 교사 역시 코드 스위칭 사용에서 차이를 보이지 않았다($t = .541$, $p = .603$). 이러한 결과는 교사 변인을 중심으로 분류한 교사 집단별로 코드 스위칭 사용에서 차이를 보이지 않으며, 개별 집단의 특성보다는 중국인 교사 집단 전체가 유사한 코드 스위칭 사용 경향성을 갖는다는 것을 의미한다.

교사 변인과 코드 스위칭 사이의 관련성을 분석하기 위하여 각각의 변인을 기준으로 코드 스위칭과 상관관계 분석을 실시하였다. 상관관계 분석을 실시한 결과 교수 언어로서 한국어 사용의 경우 경력이 $r = -.564$로 부적 관계로 나타났으며, 전공과 민족은 각각 $r = .354$, $r = .241$로 정적인 관계를 보였다. 이상 세 가지 교사 변인은 유의수준 $p < .05$수준에서 유의한 상관관계를 보이지 않았다. 중국어 사용의 경우 민족이 $r = -.299$로 부적 관계로 나타났으며, 전공과 경력은 각각 $r = -.188$, $r = -.087$로 부적인 관계를 보였으나, 유의수준

$p < .05$수준에서 유의한 상관관계를 보이지는 않았다. 이러한 결과를 통해 교사 변인과 교수 언어 사용에는 유의미한 상관관계가 있지 않음을 알 수 있다.

마지막으로 상관관계 분석의 결과를 바탕으로 교수 언어 사용에 미치는 교사 변인별 영향의 크기를 확인하기 위하여 다중회귀분석을 실시하였다. 먼저 변수간 다중공선성을 진단하기 위하여 분산팽창계수(VIF: variable inflation factor)와 허용치(Tolerance)를 살펴보았으며, 본 분석에서 변수들의 VIF값은 모두 10 이하였고, 허용치인 0.1보다 크게 나타나 다중공선성의 문제는 발생하지 않았다. 분석 결과 한국어 사용에 가장 큰 영향을 미치는 요인은 경력이 $\beta = -.800$으로 가장 큰 회귀계수 값을 보였다. 다음으로 민족 $\beta = .338$, 전공 $= -.133$ 순으로 영향의 정도가 나타났다. 다음으로 중국어 사용에 가장 큰 영향을 미치는 요인에 대하여, 회귀계수 값을 살펴보면, 민족 $\beta = -.317$으로 가장 큰 회귀계수 값을 보였으며, 다음으로 전공 $\beta = -.154$, 경력 $= -.045$ 순으로 영향의 정도가 크다는 것을 알 수 있다. 이상의 다중회귀 분석의 유의도를 살펴보면, 유의수준 $p < .05$수준에서 유의하지 않으므로 통계적으로 유의할 정도로 영향을 미친 것은 아니라는 것을 알 수 있다. 연구 참여자 10명을 대상으로 실시한 통계 분석이기 때문에 표본의 한계로 통계적으로 유의미한 결과를 도출하지는 못했다. 그러나 교수 언어 사용에 영향을 미치는 교사 변인의 크기를 확인함으로써 중국인 교사의 코드 스위칭 사용과 교사 변인 사이의 관계를 확인할 수 있다는 점에서 의의가 있을 것이다. 결국 교사의 경력이 많을수록 한국어 사용 빈도와 발화량이 증가하고, 중국어 사용에 있어서는 조선족 교사 변인이 가장 큰 영향을 미치는 교사 변인임을 확인하였다.

5.5. 소결

통계 분석을 통해 분석한 결과를 정리하면 다음과 같다. 먼저 기술 통계 결과 중국 대학의 한국어 교실 대화는 교사 중심의 대화로 구성되어 있다. 제2언어 교실의 특성상 교사 발화 비중이 높기는 하지만, 중국 대학의 한국어 교실은 교사 발화 비율이 82.5%에 이르는 매우 높은 수치를 나타냈다. 이러한 결과는 상대적으로 학습자 발화 비중이 낮다는 것을 나타내며, 수업의 구조 자체가 교사 중심으로 이루어진다는 것을 의미한다. 두 번째 교실 대화에서 사용하는 교수 언어는 한국어가 61.7%, 중국어가 38.3%로 나타났다. 한국어 사용을 원칙으로 하여 한국어 이외의 교수 언어가 거의 사용되지 않는 국내 한국어 교실과 달리 중국 대학의 한국어 교실 대화에서는 학습자 모어인 중국어가 매우 높은 비율로 사용되었다. 38.3%의 중국어 사용의 주체를 분석한 결과 95.9%가 교사에 의해 사용되었다. 이러한 결과는 코드 스위칭 사용의 주체가 교사이며, 코드 스위칭 권한이 교사에게 집중되어 있다는 것을 의미한다. 그리고 교사가 사용하는 코드 스위칭에서 나타난 중국어 사용의 형식은 완전한 중국어 문장의 형식이 90%로 나타났다. 이러한 결과는 단어 중심으로 코드 스위칭이 나타나는 일상 대화와는 다른 양상을 보인다.

마지막으로 추리 통계를 활용하여 교사 변인과 코드 스위칭 사이의 관계를 분석한 결과 교사 집단 간 코드 스위칭 사용에는 차이가 나타나지 않았다. 민족, 경력, 전공의 세 가지 변인을 기준으로 구별된 각각의 교사 집단은 코드 스위칭 사용에 있어서 유의미한 차이를 보이지 않았는데, 이러한 결과는 상관관계 분석에서도 동일하게 나타났다. 세 가지 교사 변인과 교수 언어 사이의 상관관계를 분석한 결과 한국어 사용에서 경력은 부적 관계를 전공과 민족은 정적 관계를 나타냈다. 중국어 사용에서도 마찬가지로 민족과 전공, 경력이 부적 관계를 나타냈다. 각각의 변인들이 교수 언어 사용에서 부적,

정적 관계를 나타내기는 했지만 통계적으로 유의미한 결과는 아니었다. 따라서 교사 변인과 코드 스위칭 사이에는 유의미한 상관관계가 존재하지 않음을 알 수 있다. 마지막으로 교사 변인별 코드 스위칭 사용에 미치는 영향력의 크기를 분석한 결과 한국어 사용에 있어서는 경력 > 민족 > 전공 순으로 영향력의 크기가 다르게 나타났다. 중국어 사용에서는 민족 > 전공 > 경력의 순으로 영향력의 크기가 나타났다. 이러한 결과는 고경력 교사일수록 한국어 사용 경향이 강하고, 조선족 교사일수록 중국어 사용 경향이 강하다는 것을 의미한다. 영향력의 크기를 분석한 다중회귀 분석 역시 통계적으로 유의미한 차이를 보이지는 않지만, 교수 언어 사용에 작용하는 변인의 영향력의 크기를 확인할 수 있다는 점에서 의의가 있다.

이상의 분석 결과를 종합해 보면, 중국인 교사의 개별 변인은 코드 스위칭 사용과 밀접한 관련을 맺고 있지 않다. 다시 말해 교사 변인에 따라 형성된 집단별 특성은 코드 스위칭 사용에 있어서 차이를 유발하지 않는다. 또한 상관관계 분석과 다중회귀 분석에서도 특정한 교사 변인이 절대적인 영향을 미치는 것이 아니라는 결과를 확인하였다. 이러한 결과는 중국인 교사의 코드 스위칭이 교사 변인에 따라 특수한 사용 경향을 보이는 것이 아니라, 교사 집단 전체가 보편적인 사용 경향을 가지고 있음을 의미한다. 일반적으로 외국어 교실에서 교사의 교수 언어 선택은 주로 교육기관이나 교육 정책에 의해 결정되는 공동체 차원의 선택인데, 이러한 공동체 차원의 요인이 개인적인 요인보다 크게 작용한 것으로 해석할 수 있다. 결국 중국 대학의 한국어 교실을 둘러싸고 있는 문화적, 제도적, 상황적 요인들이 교사 개인 변인보다 강한 영향력을 미치기 때문에 중국인 교사의 코드 스위칭 사용 양상이 교사 변인에 따라 차이를 보이지 않은 것이다. 이러한 결과는 코드 스위칭 사용에 영향을 미친 교수 맥락 분석의 필요성을 요구하는 결과이며, 나아가 중국인 교사의 코드 스위칭 특성을 명확하게 분석하기 위해서는 공동체 차원의 맥락 요인에 주목해야 한다는 것을 의미한다.

6. 코드 스위칭 양상에 대한 대화분석적 접근

앞 절에서 수행한 코드 스위칭 양상에 대한 통계 분석이 코드 스위칭 사용에 대한 거시적인 구조를 제시한 분석이라면, 이번 절에서는 미시적인 측면에서 코드 스위칭의 구체적인 기능과 시기 그리고 결합 조직의 특성을 대화 분석을 통해 분석하고자 한다. 이러한 미시적 접근은 거시적 접근을 통해 확인한 전체적인 양상을 기초로 하여 상호보완적인 관점에서 코드 스위칭 양상을 더욱 풍성하게 보여줄 수 있을 것이다.

6.1. 말차례에서의 코드 스위칭

대화분석의 중요한 특성 중 하나는 화자의 심리 상태나 의도를 추측해서 어떠한 행위를 분석하는 것을 피하는 것이다. 대신에 말차례의 교환을 통해 순차적으로 조성되는 과정을 통하여, 현재의 말차례 행위가 선행 말차례 행위의 영향을 받아 어떻게 조성되고(Context-shaped), 그로 인하여 후행 맥락이 어떻게 새롭게 창출되는지(Context-renewing)를 살펴봄으로써(Heritage, 1984) 순차적 행위가 동적으로 조직되는 모습을 미시적으로 조명하고자 한다. 따라서 화자가 어떤 발화를 했을 때, 이를 통해 어떠한 행위가 이루어지는지에 대한 분석은 연구자의 추측이나 추론에 근거하는 것이 아니라, 다음 말차례에서 다음 화자가 그에 대해 어떻게 반응하는지를 봄으로써－즉, 다음 화자가 어떻게 상대방 화자의 선행 발화문을 이해했는지를 봄으로써－대화 참여자의 시각에서 이루어진다(김해연 외, 2016:218). 이를 위해 상호작용에서 이루어지는 말차례를 질서에 의한 체계적 절차로 인식하고 말차례, 말차례 취하기, 말차례 전환 등을 통해 대화에 반영된 사회적 상호작용을 분석하였다. 그러나 이처럼 말차례에 주목한 대화분석의 접근을 교실 대화에 적용할 때에는 다른 분석이 필요하다. 제도 담화로서 교실 대화는 일상 대화의 말차례 규칙과는 다른 발화 교환 체계에 따라 상호작용이 조직되기 때문이다. 다시 말해, 일상 대화에서 화자는 대화에 적극적으로 참여하여 적절한 시점에서 자신의 말차례를 구성해야 대화가 지속될 수 있다. 그러나 교실 대화의 말차례는 교사에 의해 통제되며, 교사가 분배한 말차례의 권한을 받은 일부의 학습자만 대화에 참여할 수 있다. 따라서 이러한 교실 대화의 특성을 고려한 말차례 분석이 필요할 것이다. 따라서 본 연구에서는 말차례와 코드 스위칭의 관련성을 중심으로 대화 참여자 중 누구의 말차례에서 코드 스위칭이 사용되는지, 코드 스위칭이 말차례 전환에 어떠한 역할을 미치는지를 중심으로 논의를 하고자 한다.

6.1.1. 교사 말차례 중심 코드 스위칭

기술 통계를 통해 확인하였듯이, 한국어 교실 발화의 대부분은 교사에 의해 이루어진다. 이러한 경향성은 외국어 교육 전반에서 확인할 수 있는데, 중국 대학의 한국어 교실 역시 교사의 발화량이 절대적으로 많은 비중을 차지하였다. 따라서 자연스럽게 코드 스위칭 역시 교사 말차례에서 주로 나타났다. 특히 메타언어를 사용한 문법 제시, 수업 진행 절차를 소개와 숙제나 평가 정보 안내 등의 일들은 교사 고유의 권한으로 교사의 말차례로만 구성되는 수업의 단계이다. 따라서 이러한 단계에서 교사는 코드 스위칭을 주로 사용하였다.

01 교 다음에 연습 문제가 있어요.
02 연습을 통해서 이 단어들에 대해 잘 설명할 수 있을까요?
03 我们通过这个练习，让你解释一下这些交通工具的话你能介绍
04 了吗?
05 (이 연습을 통해서, 이제 이 교통수단들을 설명하라고 하면
다들 소개할 수 있을까요?)
06 교 한번 해봅시다.

<CKT3251>

이 사례는 교통수단을 설명하고 소개하는 과제를 중국어로 안내하는 장면이다. 먼저 한국어를 사용해서 과제의 내용을 안내한 후에 다시 중국어로 코드 스위칭을 하여 반복해서 절차를 안내하고 있다. 교과서에 제시된 한국어 설명이 충분하지 않기 때문에 교사는 중국어로 교수 언어를 전환하여 학습자들이 이해할 수 있도록 도움을 주었다. 이처럼 학습자 전체를 대상으로 과제 수행 절차를 안내하는 것은 수업 진행 과정 중에 교사가 고유하게 담당해야 할 역할이며, 따라서 단독적인 교사 말차례에서 발화가 이루어진다. 이때 교사는 수행 절차를 정확하게 안내해야 학습자들이 제대로 수행을 할 수 있기 때문에 코드 스위칭을 사용하여 명확한 의미를 전달하고자 하였다. 교사 말차례 고유의 역할 단계에서 코드 스위칭 사용은 수업 마무리 단계에서 숙제를 안내할 때에도 나타난다.

01 교 오늘 숙제는 여러분의 가족사진, 가족사진 가지고 있는 거
02 있어요?
03 가족사진. 있겠죠?
04 재미있거나 아주 아름다운 추억이 담긴 그런 사진.

05　　가족사진들 있죠?
06　　大家手上一定有一些有意思的家庭照片或者是珍藏了美好回
07　　忆的一些照片吧?
　　(여러분 다 재미있는 가족사진이나 좋은 추억을 담기고 있는
08　　사진을 가지고 있죠?)
09　　있겠죠?
10　교　그런 사진 찾아 가지고 가족 식구들을 소개하세요.
11　　가족을 소개하세요.
12　　다 소개하는 것이 아니어도 좋아요.
13　　한 사람 자세히. 여기처럼.
14　　가족 관계, 성격, 취미 자세히 소개하세요.
15　　이것은 오늘의 숙제예요.
16　　노트에 쓰세요.
17　　找一张照片, 展示一张照片, 最好是有故事的照片. 介绍一下
18　　这张照片上的你的家人, 是谁都好, 爸爸妈妈或者是兄弟姐妹
19　　都可以. 介绍一个就可以了像这里一样, 详细地介绍一个人.
　　(사진 한 장을 찾아서 보여주세요. 스토리가 있는 사진이었으면 좋겠어요. 그리고 이 사진에 있는 여러분의 가족을 소개해 주세요. 누구든 상관없이, 부모님 아니면 형제자매 다 괜찮아요. 한 명만 소개하면 됩니다. 이거처럼 한 명만 자세히 소개해 주면 돼요.)
20　교　네. 여기까지입니다. 질문 있어요?
21　　자 그러면 오늘의 숙제를 잊어버리지 마세요.

<CKT3213>

이 사례는 수업을 마친 후에 숙제를 안내하는 단계에서 교사가 코드 스위칭을 사용한 장면이다. 가족사진과 함께 가족을 소개하는 쓰기 과제를 부과하고 있는데, 어떻게 숙제를 해야 하는지 구체적인 조건을 안내할 때에 중국어로 코드 스위칭을 하였다. 이때 반복의 형식으로 앞서 제시한 한국어 안내(03-05)를 코드 스위칭하여(06-07) 제시하였다. 이처럼 반복의 형식으로 코드 스위칭을 함으로써 전달해야 할 숙제 내용을 명료하게 전달할 수 있었다. 이후 기본적인 숙제의 내용을 안내한 후에 세부적인 조건－사진을 보여줄 것, 스토리가 있는 사진을 고를 것, 한 명만 자세하게 소개할 것－을 제시할 때에도 마찬가지로 반복의 형식으로 코드 스위칭을 하였다(16-19). 이처럼 정확한 의사전달이 필수적인 중요한 정보를 안내하는 단계에서는 교사의 코드 스위칭이 유용하게 활용될 수 있다. 교사 말차례에서 나타나는 코드 스위칭은 학습 목표 달성을 위한 구체적인 한국어 학습 단계에서도 나타난다. 다음 사례는 수업의 시작인 도입 단계에서 나타난 교사 말차례의 코드 스위칭이다.

01	교	자 단어 뭐가 있어요?
02		单词(단어), 生词(새로 나온 단어)
03	학1	초
04	교	또?
05	학2	끝나다.
06	교	또 있어요?
07	학들	(2.0)
08	교	语法呢?(문법은요?)
09	학들	-려고 해요.
10	교	또?

11 학들 -으러 가다.

12 교 자. 오늘 같이 공부할 단어는 초, 한자로 初(초)예요.

<CKKT41101>

이 사례는 수업의 도입 단계에서 학습 내용에 대해 교사가 질문하고 학습자들이 대답하는 장면이다. 이때 교사 말차례에서 교사는 한국어와 중국어를 자연스럽게 코드 스위칭하면서 사용하고 있다. 01차례에서는 한국어로 단어라고 하였지만, 02차례에서는 코드 스위칭을 하여 单词, 生词 등을 사용하였고, 08에서도 중국어로 语法呢?라는 표현을 사용하였다. 이처럼 수업 진행 과정에서 대부분의 말차례를 차지하고 있는 교사 발화에서 코드 스위칭이 자주 나타났다. 교사 고유의 말차례 단계에서 나타난 코드 스위칭이 가장 자주 사용되는 단계는 문법 제시이다. 이미 많은 선행 연구에서 외국어 교사가 학습자 모어를 사용하는 단계가 복잡한 문법 규칙을 설명할 때라고 하였다(Cook, 2001; Macaro, 2000; 최권진, 2009; 안정민, 2017; 윤경원, 2019). 이러한 맥락에서 중국인 한국어 교사 역시 문법 제시 단계에서 목표 문법의 의미를 제시하거나 문법의 형태와 규칙을 설명할 때에 모든 교사들이 코드 스위칭을 사용하였다.

01 교 다음 '-으려고, -으려고 하다'. 打算.

02 是不是 -으려고, -려고其实理解起来也很简单,

03 因为我们学过-으려고 하다对吧?

04 它是"打算", 那这里呢因为它用在句子的前半部,

05 所以表示后半部的目的, 意图.

06 它是一个链接词尾, 因为用在中间.

(계획. '-으려고 혹은 -려고. -으려고, -려고'는 이해하기 쉽죠? 우리가 '-으려고 하다'를 배웠죠? 계획, 의도를 나타내는

겁니다. 그럼 여기서는 문장 앞부분에 써서 뒷부분의 목적, 의도를 나타내는 거예요. 중간에 쓰이니까 연결어미예요.)

07 교 예문 읽어 볼게요.

<CKKT4213>

이 사례는 목표 문법 '-(으)려고 하다'의 의미를 제시하는 장면이다. 문법 제시 단계는 교사 말차례 중심으로 구성되는데, 목표 문법의 의미를 명시적으로 제시하기 전에는 한국어를 사용하다가 의미 제시 부분에서 중국어로 코드 스위칭을 하여 -(으)려고 하다'의 의미를 제시하고 있음을 확인할 수 있다. 그리고 이러한 의미 제시는 말차례 교환 없이 교사가 독백의 형태로 메타언어를 코드 스위칭하여 제시하였다. 한국어로 교수 언어를 사용하다가 명시적인 의미 제시 단계에서 중국어로 코드 스위칭을 하여 문법 의미를 제시한 사례는 여러 교사에게서 공통적으로 발견할 수 있다.

01 교 여기 그 제목은 돌아오는 대로 전화 좀 해 달라고 전해주세
02 요.
03 뭐뭐는 대로 무슨 뜻이에요? 여기 뭐뭐대로,
04 뭐뭐는 대로 여러 가지 뜻이 있는데 이 본문에서 여기
05 우리 이 문장에서一就的.
06 表示前面的动作一发生, 后面的动作就接着.
07 前面的动作一发生紧接着就发生了后面的动作.
(-자마자(라는 뜻이에요), 앞 절의 동작이 이루어지자마자 뒤 절의 동작을 이어서 하는 거예요. 앞에 동작이 일어나자마자 뒤 동작이 곧이어 발생할 때 쓰입니다.)

<CKT8274>

이 사례는 문법 제시 단계에서 목표 문법 '-는 대로'의 의미를 중국어로 코드 스위칭을 하여 제시하는 장면이다. 01부터 05까지 교사 말차례에서 발화는 한국어로 진행되었다. 그러나 05마지막 부분에서 목표 문법 '-는 대로'의 의미를 명시적으로 제시해야 할 때에 코드 스위칭을 하여 문법의 의미를 제시하였다(06-07). 이처럼 문법 제시 단계는 말차례 교환 없이 교사가 독백의 형식으로 문법의 의미를 설명하는 단계로서, 말차례의 전환 없이 교사 발화 내부에서 명시적인 의미 제시를 위해 코드 스위칭이 발생한다는 것을 보여준다. 이처럼 교사 말차례 내에서 한국어를 사용하다가 특정 시점에서 코드 스위칭을 통해 명시적인 의미 전달 기능을 수행하는 양상은 형태 제시 단계에서도 동일하다.

01	교	지혜야, 나 이번 연도에 한국에 갈 거야.
02		지혜야, 有两种形式对吧,
03		一种是야 一种是아, 加在名字的后面.
04		是在称呼别人的时候, 叫别人的时候.
05		那什么时候加야 什么时候加아呀?
06		有收音的时候加아 没有收音的时候加야. (지혜야, 이거는 두 가지 형식이 있죠? 하나는 이름 뒤에 '야'를 붙이는 것이고 하나는 '아'를 붙이는 거예요. 다른 사람을 호칭할 때, 부를 때 쓰는 거예요. 그럼 언제 '야'를 붙이고 언제 '아'를 붙이는 건가요? 받침 있을 때 '아'를 쓰고 받침 없을 때는 '야'를 쓰는 거죠.

<CKT2251>

이 사례는 문법 제시 단계에서 '사람이나 동물 따위를 부를 때 쓰는 조사'

'아/야'에 대한 설명이다. '아'와 '야'는 이형태로서 받침이 있는 명사와 결합할 때에는 아를 쓰고, 받침이 없는 경우에는 야와 결합한다. 중국인 교사는 이러한 규칙을 설명하기 위하여 코드 스위칭을 사용하였는데, 마찬가지로 예문을 읽을 때에는 한국어를 교수 언어로 사용하다가 문법 규칙을 제시할 때에만 중국어로 코드 스위칭을 하였다(02-06). 이처럼 문법의 규칙을 설명하는 단계에서도 말차례의 전환 없이 교사 말차례가 지속되며, 교사 말차례 내에서 명시적인 규칙 설명을 위해서 코드 스위칭이 나타나는 것을 확인할 수 있다. 교사 말차례 중심의 코드 스위칭 양상은 학습자 발화에서도 확인할 수 있는데, 교사가 중국어로 질문을 하더라도 학습자는 한국어로 대답을 하였다.

01	교	그 다음, 작업!
02		작업 같은 경우에는 它可以指工作的意思, 还有作业.
03		你们平时写作业的作业你们用的是什么呀?
04	학들	숙제
05		这里的작업指作业的时候是指工厂.
06		工坊里做的一些工作.
07		작업, 작업을 하다.
		(그 다음, '작업' 같은 경우에는 '업무'의 뜻을 나타낼 수 있고요, 또 하나는 '작업'의 뜻이에요. 여러분 평소에 하는 숙제는 뭐예요? 숙제. 여기에 있는 '작업'은 공장이나 공방에서 하는 일들입니다. 작업, 작업을 하다.)

<CKKT1231>

이 사례에서 교사는 코드 스위칭을 하여 중국어로 질문을 하였지만, 학습

자는 중국어로 대답을 하지 않고 한국어를 사용하였다. 이처럼 코드 스위칭은 학습자의 말차례에서는 나타나지 않고 교사 말차례를 중심으로 나타난다는 것을 알 수 있다. 그리고 이러한 결과는 앞 절의 기술 통계에서 나타난 코드 스위칭 발화에서 절대적인 비율을 차지하는 발화 주체로서 교사의 의미를 설명하는 구체적인 사례이다.

한국어 교실 대화에서 교사 말차례에서 코드 스위칭이 나타나는 가장 중요한 이유는 한국어 교실에서 학습자는 한국어만을 사용해야 한다는 의사소통 규범이 존재하기 때문이다. 이러한 규범이 작동하여 학습자의 코드 스위칭을 제한하기 때문에 교사 말차례에서만 코드 스위칭이 나타난다. 일반적으로 한국어 교실을 포함한 외국어 교실은 교수 언어로 목표어만 사용하는 것을 원칙으로 삼는다. 이러한 원칙에 따라 학습자는 목표어만을 교수 언어로 사용하고, 교사가 학습자 모어로의 코드 스위칭 사용에 대한 말차례 권한을 부여했을 때만 코드 스위칭이 가능하다. 이러한 의사소통 규범이 작동하여 나타난 구체적인 사례는 다음과 같다.

01	교	여러분들, 중국에서 병원에 가면 제일 불편한 점이 뭐예요.
02		제일 불편한 점?
03		아니면 “이거 하나만은 바뀌었으면 좋겠다”하는 거 있어요?
04	학들	(4.0)
05	교	바뀌었으면 좋겠다. 改变(바뀌다)
06		改掉, 改一下就好了, 就这一点병원에서(바뀌었으면 하는 점)
07	학들	态度, 态度不好(태도가 안 좋아요.)
08	교	중국어로 대답했는데 한국어로 어떻게 말해요? 예의가 없어요.
09	학1	태도 문제.

10 교 态度. 태도라고도 해요.

11 친절하지 못해요.

<CKKT62131>

이 사례는 교사의 질문에 학습자가 중국어로 응답을 하자(09), 교사가 한국어로 수정을 요구하였고(10), 학습자가 다시 한국어로 수정을 하여 응답한 장면이다(11). 이러한 사례를 통해 학습자는 원칙적으로 한국어만을 사용해야 한다는 것을 알 수 있다. 그러나 교사가 중국어 사용을 허락한 상황에서는 학습자가 중국어로 코드 스위칭을 할 수 있다.

01 교 첫 번째. 비슷하다.

02 무슨 뜻이에요? ◀ 코드 스위칭 사용 권한의 부여

03 학들 =差不多 ◀ 학습자 코드 스위칭

04 교 인구

05 학들 =人口

<CKKT62131>

이 사례는 어휘 제시 단계에서 새로 나온 어휘의 의미를 중국어 번역을 통해 확인하는 장면이다. 이때 교사가 새로 나온 어휘를 한국어로 제시하면 학습자들이 중국어로 번역하는 구조로 학습이 진행되는데, 학습자들이 중국어를 사용할 수 있는 이유는 교사가 "무슨 뜻이에요?"라고 물으면서 중국어로 번역할 권한을 공식적으로 제공했기 때문이다(02). 따라서 교사의 허락을 받은 학습자들은 중국어로 코드 스위칭을 하여 목표 어휘의 의미를 번역하였다(03).

((CD 듣고 따라 읽기))

01	학들	왕이 씨 오래간만입니다.	
02	교	응, 무슨 뜻이죠?	◀ 코드 스위칭 사용 권한의 부여
03	학들	=好久不见.	◀ 학습자 코드 스위칭
04	교	好久不见. 오케이.	
05	학들	요즘 어떻게 지내셨어요?	
06	교	응, 뭐죠?	◀ 코드 스위칭 사용 권한의 부여
07	학들	=最近过得怎么样?	◀ 학습자 코드 스위칭
08	교	最近过得怎么样?	
09	학들	친구도 많이 사귀고 여행도 많이 했어요.	

<CKKT4213>

이 사례는 읽기 단계에서 대화문을 한 문장씩 읽으면서 해석하는 장면이다. 이 장면에서 학습자들이 대화문을 읽고 중국어로 해석을 하게 되는데 마찬가지로 교사가 중국어로 코드 스위칭 사용 권한을 부여하였기 때문에 (02, 06) 학습자들이 중국어를 사용할 수 있었다(03, 07). 이처럼 교사가 코드 스위칭 사용 권한을 부여했을 때에만 학습자는 코드 스위칭을 사용할 수 있다. 따라서 교사의 권한 부여 없이 학습자 주도로 코드 스위칭은 거의 나타나지 않는다. 학습자 주도의 사례는 1회만 나타났다.

01	교	또 할머니랑 할아버지랑 같이 사는 집안이 있어요?	
02		어때요?	
03	학3	특별한 예의.	
04	교	예의? 예절, 같은 거?	
05	학3	그런데 어:: 严格(엄격하다)	◀ 학습자 주도 코드 스위칭

06 교 엄격한.

<CKKT10251>

이 사례는 교사의 질문에 학습자가 적합한 한국어 어휘를 몰라서 중국어로 코드 스위칭을 하여 대답한 장면이다. 이러한 코드 스위칭은 교사가 사용 권한을 부여하지 않았지만 학습자가 주도적으로 적합한 어휘가 생각나지 않아서 보상 전략으로서 사용한 것이다. 의사소통 전략으로서 코드 스위칭을 사용하는 것은 일반 대화에서 매우 빈번하게 나타나지만, 교실 대화에서는 거의 나타나지 않았다.

지금까지 교사 말차례에서 나타난 코드 스위칭의 사용 양상을 분석하였다. 중국 대학의 한국어 교실 대화는 교사 발화가 절대적으로 많은 비중을 차지하기 때문에 교사 말차례에서 코드 스위칭이 대부분 발생하였다. 이때 중심이 되는 교사 말차례는 교사의 고유한 역할 수행과 관련된 말차례이다. 수업 진행 발화와 과제와 평가 안내는 교사의 고유한 말차례로서 명확한 정보 전달이 필요하다. 따라서 한국어로 안내를 하다가 명확한 전달이 필요한 핵심적인 내용을 소개할 때에는 코드 스위칭을 하여 반복을 하거나 상세하게 내용을 설명하였다. 이러한 양상은 문법 제시 단계에서도 나타났는데, 메타언어를 사용하여 목표어 문법의 의미와 규칙을 제시하는 한국어 교사의 핵심적인 역할이다. 이러한 역할 수행을 위해 중국인 교사는 한국어를 사용하다가 명시적인 의미 전달이 필요한 시점에서 코드 스위칭을 하였다. 이러한 결과는 단순하게 교사 발화량이 많기 때문에 교사 코드 스위칭이 많다는 단순한 인과 관계 외에도 교사 고유의 말차례가 담당해야 하는 기능에 대한 인식에 근거하여 필요한 시점에서 코드 스위칭을 전략적으로 사용하였음을 알 수 있다.

6.1.2. 말차례 교환의 기폭제로서 코드 스위칭

코드 스위칭이 지닌 담화 구조나 사용 언어를 전환하는 기폭제(Trigger)로서 역할에 대한 논의는 많은 코드 스위칭 연구에서 진행되었다. 아우어(Auer, 1995)는 코드 스위칭 이후에 담화 언어가 전환되는 양상을 '담화 조직과 관련된 코드 스위칭'이라고 지칭하면서 대화 참여자 중 한 명이 코드 스위칭을 통해 언어를 전환하면 이후 또 다른 참여자도 언어를 전환하면서 기본 언어가 선택되는 과정을 밝혔다. 손희연(2006)은 프랑스의 한국어 교실 현장을 대상으로 교사의 코드 스위칭 이후 교사와 학습자 사이의 교수 언어가 한국어에서 프랑스어로 전환되면서 코드 스위칭이 교수 언어 전환의 기폭제로 사용된 양상을 밝혔다. 그러나 본 연구에서는 교수 언어를 전환하는 기폭제로서의 기능은 발견되지 않았다. 이러한 결과는 중국 대학의 한국어 교실 대화에서는 한국어로 교수 언어가 고정되어 있기 때문에 코드 스위칭이 언어 전환을 추동하는 것이 쉽지 않기 때문이다. 앞 절에서 확인하였듯이, 교사가 중국어로 코드 스위칭을 해서 질문을 하더라도 학습자는 한국어로 응답을 해야 하기 때문에 코드 스위칭만으로 교수 언어의 전환은 쉽게 나타나지 않는다.

교실 대화에서 새롭게 나타난 기폭제로서 코드 스위칭의 기능은 말차례 교환을 촉진하면서 상호작용을 활발하게 하는 역할이다. 한국어 교실에서 코드 스위칭의 대표적인 사회적 기능은 상호작용 지속이다. 많은 연구에서 코드 스위칭을 통한 학습자 모어의 사용이 상호작용을 지속시키는 효과가 있다고 하였다(조윤경, 2012). 한국어 교실을 포함한 외국어 교실에서는 학습자의 목표어 사용 능력 부족으로 인해 의사소통 문제가 발생하게 되고, 이러한 문제로 인해 의사소통이 단절되는 경우가 많다. 따라서 교사는 코드 스위칭을 통해 의사소통 문제를 해결하고, 상호작용 지속하게 한다. 이러한 코드 스위칭을 통해 교사와 학습자 사이의 말차례가 자연스럽게 교환된다.

01	교	여러분 자기소개 잘 해요?	
02	학들	(2.0)	◀ 말차례 교환 중단
03	교	자기소개 잘 해요?	
04	학들	(2.0)	◀ 말차례 교환 중단
05	교	자기소개 뭐예요?	
06	학들	自我介绍	
07	교	할 수 있어요?	
08		먼저 이름 말하고 그죠?	
09		그 다음에 뭐 말해요?	
10	학들	(2.0)	
11	교	还有说什么?	◀ 말차례 교환의 기폭제
		(그 다음에 또 뭐 말해요?)	
12	학1	국적	
13	교	부적?	
14	학1	国籍	
15	교	국적. 오케이 그리고?	
16	학2	취미	
17	학3	전공	
18	학4	나이	
19	교	나이 말하고 또?	
20	학5	고향	
21	교	오케이 고향	

<CKT4212>

이 사례는 '자기소개'라는 화제를 중심으로 교사와 학습자가 질문과 대답 형태로 대화를 구성하는 장면이다. 교사가 자기소개를 잘 하는지 두 차례 질문을 하였지만(01, 03) 학습자들은 침묵하였다(02, 04). 학습자 침묵으로 인해 자연스러운 말차례 교환이 이루어지지 않았다. 이러한 문제를 해결하기 위하여 교사는 자기소개의 의미를 질문하였고(05), 학습자들이 중국어로 응답하였다(06). 이러한 과정을 통해 교사는 학습자들이 자기소개의 개념을 알고 있다는 것을 확인한 후에 자기소개에 필요한 구성 요소를 제시하는 방법으로 상호작용을 지속하고자 하였다. 이때 교사가 먼저 자기소개 구성 요소로서 이름을 먼저 제시한 후(08), 학습자들에게 또 다른 요소를 질문했지만 학습자들이 침묵했다(09). 이때 교사는 다시 중국어로 코드 스위칭을 하여 자기소개에서 필요한 요소가 이름 외에 무엇이 있는지 질문을 하였고(11), 이후 학1이 국적(12)을 응답하였다. 이때 국적이란 어휘를 교사가 잘못 이해해서 혼란이 생겼는데(13), 이때 학습자의 코드 스위칭을 통해 의미가 명료화되었다(14). 이후 많은 학습자들이 추가적으로 취미(16), 전공(17), 나이(18), 고향(20) 등을 자유롭게 발화하면서 말차례가 전환되었고 상호작용이 지속될 수 있었다. 이때 학습자의 침묵으로 인해 발생한 의사소통 문제를 해결하기 위해 교사가 중국어로 코드 스위칭을 하여 질문을 함으로써(11) 학습자 발화가 유도되었다(12, 16, 17, 18, 20). 따라서 중국어 코드 스위칭을 통한 교사의 질문은 말차례 전환의 기폭제로서 역할을 한 것이다. 교사의 코드 스위칭을 통해 중단된 말차례가 전환되는 사례는 다른 교사의 사례에서도 쉽게 발견할 수 있다.

01	교	자 그럼 수업 시작할게요.
02		오늘 시간에는 한국의 대중문화에 대해서 공부할게요.
03		어:: 대중문화가 뭔지 알아요 여러분?

04	학들	(2.0)	
05	교	대중문화 중국어로 뭐예요?	
06	학들	大众文化	
07	교	大众文化, 대중문화.	
08		什么叫大众文化呢?(뭘 대중문화라고 불러요?)	
09	학들	(5.0)	◀ 말차례 교환 중단
10	교	뭐일 거 같아요?	
11	학들	(3.0)	◀ 말차례 교환 중단
12	교	예를 들면 어떤 것들이 있어요?	
13		你们熟悉的大众文化有哪些? (잘 아는 대중문화 뭐 있어요?)	◀ 말차례 교환의 기폭제
14	학1	드라마	
15	학2	영화	
16	교	드라마, 영화. 还有什么?(또 뭐가 있을까요?)	
17		또 뭐가 있어요?	
18	학3	노래.	
19	교	对.	
20		노래就是가요, 영화, 드라마, 연극, 뮤지컬, 이런 거 다	
21		都是属于大众文化(모두 대중문화에 속해요.)	

<CKKT5211>

이 사례는 도입 단계에서 대중문화라는 화제를 중심으로 교사와 학습자가 질문과 대답의 형태로 수업을 구성하는 장면이다. 이때 교사의 질문에 학습자들이 침묵하면서 말차례 교환에서 문제가 발생하였다(04, 09, 11). 교사는 중국어로 코드 스위칭을 하여 문제를 해결하려는 시도를 하였고, 특히 한국

어 질문을 중국어로 상세화하여 제시한 질문(13)이 말차례 전환을 유도하면서 학습자들이 계속해서 응답을 하면서(14, 15, 18) 상호작용이 지속되었다. 이처럼 교사의 코드 스위칭 이전에는 말차례 교환이 이루어지지 않은 의사소통 중단 상태가 발생하였지만, 말차례 교환의 기폭제로서 코드 스위칭이 사용되면서 이후 자연스럽게 말차례 교환이 이루어지고 상호작용이 지속된다는 것을 알 수 있다.

01	교	힘들 때 여러분은 뭐해요?	
02	학들	(3.0)	◀ 말차례 교환 중단
03	교	那比如说身体累的时候做什么? (힘들 때 뭐해요?)	◀ 말차례 교환의 기폭제
04	학1	잠을 자요.	
05	교	힘들 때 잠을 자요. 또?	
06	학2	음악	
07	교	힘들 때 음악을 들어요.	
08	학3	음식 먹어요.	
09	학4	가족과 통화합니다.	
10	교	그죠. 힘들 때 가족과 통화하죠.	

<CKKT4213>

이 사례에서도 힘들 때 무엇을 하는지 학습자들에게 질문을 했지만(01), 학습자들이 침묵하면서 말차례 교환이 이루어지지 않았다(02). 이때 교사는 코드 스위칭을 통해 다시 질문을 하였고(03), 이러한 교사 질문 이후에 학습자들의 응답이 이어지면서 자연스럽게 말차례 교환이 이루어졌다(04, 06, 08, 09). 이처럼 중국인 교사의 코드 스위칭은 침묵이나 오해로 인해 말차례 교환

이 이루어지지 않을 때, 학습자의 발화를 유도하여 말차례가 자연스럽게 교환되고, 상호작용이 지속될 수 있도록 하는 기폭제의 역할을 수행하였다.

6.2. 인접쌍에서의 코드 스위칭

인접쌍은 대화 연속체의 가장 기본적인 구조로(Schegloff, 2010), 첫 번째 짝 부분(First Pair Part: FPP)과 두 번째 짝 부분(Second Pair Part: SPP)으로 구성되며, 이 두 짝 부분은 각각 다른 화자에 이해 서로 인접해서 발화된다. 또한 인접쌍의 두 짝 부분은 행위 유형의 측면에서 서로 긴밀한 연관성이 있는데, 첫 번째 부분이 수행하는 행위에 대한 반응으로 적절하다고 기대되는 반응이 두 번째 짝 부분을 통해 나오는 것이다(예: 인사-인사, 요청-수락 혹은 거절 등). 이러한 인접쌍 중 요청, 초대, 제안 등과 같은 유형은 첫 번째 부분 행위에 부응(Affiliative)하거나 부응하지 않는(Disaffiliative) 반응이 두 번째 짝 부분에서 나타날 수 있다(사회언어학 사전, 2012; 182). 일상 대화와 달리 한국어 교실 대화는 교사와 학습자 사이에서 수업 목표 달성을 위하여 계획된 대화가 이루어진다는 점에서 인접쌍 구조도 다르게 나타났는데, 중국 대학의 한국어 교실에서 나타난 인접쌍 중에서 코드 스위칭을 포함한 구체적인 양상은 다음과 같다.

6.2.1. 제시-번역의 인접쌍

‘제시-번역’의 인접쌍은 교실 대화의 코드 스위칭에서 가장 빈번하게 나타나는 구조이다. 교사가 한국어를 제시하면 학습자들이 중국어로 번역을 하거나 교사가 중국어로 제시를 하면 학습자들이 한국어로 번역을 하는 구조로 나타난다. 인접쌍의 분포는 다양한 단계에서 나타나는데 수업 시작 단계에서 이전 학습 내용을 점검하거나, 읽기 전 단계에서 목표 문법을 연습할 때, 읽기 단계에서 문장을 번역할 때 등 다양한 국면에서 나타났다. 다음의 사례는 읽기 단계에서 교사가 한국어로 제시를 하고 학습자들이 중국어로 번역을 하는 장면으로 한국어 제시와 중국어 번역이 인접쌍을 이루는 전형적인 사례이다.

01	교	고마워요.	◀ 교사 제시
02	학들	=谢谢你	◀ 학습자 번역
03	교	영화 보는 것 좋아하세요?	
04	학들	=喜欢看电影吗?	
05	교	잠깐만요, 여기서 좀 기다리세요.	
06		표를 사 올게요.	
07	학들	=等以下请在等把我去买票.	

<CKT2221>

이 사례는 읽기 단계에서 본문의 문장을 읽은 후에 교사가 한국어로 제시를 하고 학습자들이 중국어로 번역을 하는 장면이다. 이때 교사의 한국어 제시와 학습자의 중국어 번역이 인접쌍을 이룬다. 이러한 제시-번역의 인접쌍 구조는 중국 대학의 한국어 교실에서 나타나는 매우 특수한 구조이다. 최근 의사소통 중심 접근법을 중심으로 외국어 수업이 진행되면서 번역 활동은 거의 이루어지지 않고 있다. 뿐만 아니라, 학습자의 언어권이 다양할 경우 특정 언어로 번역을 하는 것이 불가능하다. 그러나 중국 대학의 한국어 교실에서는 전통적인 번역 방법을 활발하게 사용하였는데, 이는 교사와 학습자가 동일한 모어를 공유하고 있다는 언어적 조건을 충족하기 때문이다. 제시와 번역의 인접쌍 구조는 역할을 변경하여 교사가 중국어로 제시를 하고 학습자

가 한국어로 번역을 하는 양상으로도 실현된다.

01 교 1항 복습하겠습니다.
02 我不知道她什么时候会离开韩国.
03 학들 =그 사람이 언제 한국을 떠날지 몰라요.
04 교 我也不知道会议什么时候结束, 所以不要等了.
05 학들 =회의가 언제 끝날지 모르니까 기다리지 마세요.
06 교 不知道会议什么时候结束, 所以不要等了. 회의가 언제 끝날
07 지, 不确定的事情是吧(확실하지 않은 일이죠)
언제 끝날지 모르니까 기다리지 마세요.
08 교 네. 마지막이에요.
09 我不知道他是谁. ◀ 교사 제시
10 학들 =그 사람이 누구인지 몰라요. ◀ 학습자 번역
11 교 네. 그 사람이 누군지 몰라요.

<CKT3251>

이 사례는 읽기 후 단계에서 읽은 내용을 복습하는 과정에서 제시-번역의 인접쌍 구조를 활용한 사례이다. 앞선 사례와 달리 교사가 중국어로 제시를 하고, 학습자들이 한국어로 번역을 하는 구조로 인접쌍이 구성되었다. 이처럼 교사와 학습자가 제시, 번역의 인접쌍을 활용하는 것은 읽기 단계에서 본문 내용을 중심으로만 이루어지는 것은 아니다. 어휘 제시나 문법 제시와 같은 읽기 전 단계에서도 나타나며, 자연스러운 대화 상황에서 교사의 질문과 학습자 대답의 상황에서도 제시와 번역의 인접쌍이 나타난다.

01 교 다음, 편하다. ◀ 교사 제시

02　학들　=方便　◀ 학습자 번역
03　교　마음이 편하다.
04　　또?
05　학들　(2.0)
06　교　교통이 편하다.
07　　마음이 편하다 무슨 뜻이에요?
08　학1　心里方便.
09　교　교통이 편해요는?
10　학2　交通便利

<CKKT41103>

이 사례는 어휘 제시 단계에서 교사가 목표 어휘를 한국어로 제시하고 학습자들이 중국어로 번역을 하는 장면이다. 읽기 단계와 마찬가지로 교사의 한국어 제시(편하다)와 학습자의 중국어 번역(方便)의 인접쌍으로 구성되어 있다.

01　교　많이 빌려 주면 안 돼요.
02　　안 돼요. 뭐예요?　◀ 교사 제시
03　학들　=不能　◀ 학습자 번역

<CKKT4211>

01　교　녹음하다
02　학들　=녹음하다
03　교　녹음하다는 무슨 뜻이에요?　◀ 교사 제시
04　학들　=录音　◀ 학습자 번역

<CKT8271>

이상 두 사례는 교사의 질문과 학습자 대답의 일반적인 대화 상황에서 교사가 어휘나 표현의 의미를 질문하자 학습자들이 중국어로 번역을 하는 장면이다. 제시-번역의 인접쌍은 어휘와 문법의 제시 그리고 읽기 단계에서 문장의 해석 단계뿐만 아니라, 이전 학습 내용을 점검하는 단계에서도 널리 사용된다.

01	교	보다 같은 경우에는 它不是本动词.(본동사가 아니죠)	
02		表示尝试的意思.(시도한다는 뜻이죠.)	
03		연습해 볼까요.	
04		尝试去做, 尝试去做?	◀ 교사 제시
05	학들	=해보다.	◀ 학습자 번역
06	교	尝一尝?	
07	학들	=먹어 보다.	
08	교	试穿一下?	
09	학들	=입어 보다.	
10	교	네. 좋았어요.	

<CKKT1231>

이처럼 제시-번역의 인접쌍 구조는 중국 대학의 한국어 교실 수업의 다양한 국면에서 일반적으로 나타나는 대화 구조라고 할 수 있다. 특히 학습자 말차례에서 코드 스위칭이 나타나는 유일한 대화 조직이다. 다시 말해 교사 말차례 중심으로 코드 스위칭이 나타나기 때문에 학습자는 코드 스위칭을 사용하지 못하고 한국어로만 대화를 구성한다. 그러나 제시-번역 인접쌍에서는 학습자가 코드 스위칭을 통해 교사가 제시한 한국어를 중국어로 번역할 수 있다. 이러한 인접쌍 구조에서 코드 스위칭 사용 권한을 가진 교사가

학습자에게 사용 권한을 부여했기 때문이다.

6.2.2. 오류-피드백의 인접쌍

쇼드롱(Chaudron, 1988)은 '오류의 처치'(Treatment of error)라는 표현을 사용하여 '학습자들의 발화 오류에 이어 나타나는 교사의 행동 그리고 학습자에게 오류가 있음을 알리고자 하는 행위'를 '수정적 피드백'(Corrective feedback) 이라고 하였다. 이후 많은 제2언어 연구에서는 이러한 피드백을 사용 시기와 방법, 주체에 따라 유형화하고,[12] 유형별 피드백의 효과를 검증하고자 하였다. 제2언어 교육에서 학습자는 목표어 능력이 제한되어 있기 때문에 오류가 발생할 수밖에 없으며, 오류를 포함한 학습자의 발화에 대해서 교사는 다양한 방법으로 피드백을 제공하고, 이를 통해 정확성이 신장되기를 기대한다. 또한 교사의 피드백을 통해 학습자는 자신의 중간 언어를 교정하고, 나아가 자신이 수행해야 할 과제를 명확하게 인식할 수 있게 된다는 관점에서 피드백은 제2언어 교사의 중핵적인 역할로 인식되었다. 중국인 한국어 교사 역시 학습자 오류에 대해서 다양한 방법으로 피드백을 제공하였는데, 이때 코드 스위칭을 통한 피드백의 제공은 '학습자 오류-교사 피드백(코드 스위칭)'의 인접쌍 구조로 나타났다.

오류-피드백 인접쌍은 제시-번역 인접쌍에서의 코드 스위칭과 함께 정형화된 중국인 교사의 코드 스위칭 양상이다. 특히 어휘나 읽기 수업 단계에서

---

12 장현묵 외(2014:318)은 한국어 교사의 피드백 유형을 제공 방법에 따라 명시적 피드백(Explicit feedback)과 암시적 피드백(Implicit feedback)으로 구분하고, 명시적 피드백은 학습자 오류를 직접 제시하는 것으로 '명시적 수정', '상위 언어적 피드백', '유도하기'로 세분화하였다. 암시적 피드백은 오류에 대해 간접적으로 제시하는 것으로 '고쳐 말하기', '명료화 요구', '반복하기'로 세분화하였다. 그리고 피드백의 주체에 따라 '학습자(자가) 피드백', '동료 피드백', '교사 피드백'으로 유형화하였다.

발생하는 학습자의 발음 오류에 대한 피드백이 즉각적으로 나타나게 되면서 인접쌍 구조를 형성하였다. 이 단계에서 제공되는 교사의 피드백은 올바른 형태를 직접적으로 제공하는 명시적 수정과 함께 구체적인 발음 규칙과 원리를 제공하는 메타언어적 피드백이 함께 제공된다.

01	교	자 다음에 동료[동뇨]	
02	학들	동료[동료]	◀ 학습자 오류
03	교	동뇨예요.	◀ 교사 피드백
04		ㄹ有发生音变的, ㄹ变成ㄴ, 그렇죠? (동뇨예요, ㄹ에 음운변동이 일어났어요, ㄹ이 ㄴ으로 바뀌는 거예요. 동료는 한자(同僚) 두 글자예요.)	

<CKT3242>

이 단계는 어휘 제시 단계에서 교사가 새로 나온 어휘를 먼저 읽으면 학습자가 따라 읽는 장면이다. 동료라는 어휘에 대해서 교사는 발음 규칙을 적용하여 [동뇨]라고 읽었지만(01), 학습자들은 [동료]라고 읽으면서 발음 오류가 나타났다(02). 이때 교사는 바로 명시적 수정을 통해 정확한 발음을 제시하였고(03), 코드 스위칭을 통해 발음 규칙에 대한 메타언어적 피드백을 제공하였다(04). 이처럼 학습자 오류가 발생했을 때에 제공되는 교사의 즉각적인 피드백은 인접쌍의 구조로 코드 스위칭을 통해 즉각적으로 제공된다.

01	교	다음	
02	학들	=일본어	◀ 학습자 오류
03	교	일读得很好, 另外一个词读的不是很好	◀ 교사 피드백
04		일본어, 어的时候口腔的空间要变大一点.	

05 嘴型是变小，但是口腔的空间是变大.

06 连音之后呢 일보너,

07 连音的话变成什么呢?

08 일!보!너

('일'은 잘 읽었는데, 다른 단어는 잘 못 읽었어요. '어'를 읽을 때는 입 안이 더 커져야 해요. 입 모양은 작아지지만 입 안이 커져야 해요. 그렇게 연음을 하면 '일보너'가 돼요. 연음하면 어떻게 된다고요?)

<CKT9231>

이 단계도 어휘 제시 단계로서 학습자가 새로 나온 어휘를 읽으면 교사가 의미를 제시하고, 발음을 수정해 주는 장면이다. 일본어라는 어휘를 학습자가 연음 규칙을 제대로 적용하여 읽지 못하는 오류를 보이자(02), 교사는 즉각적으로 코드 스위칭을 통해 피드백을 제공하였다. 먼저 메타언어적 피드백을 통해 발음 규칙과 원리를 설명하였고(05-06), 이후 명시적 수정을 통해 정확한 발음을 제공하였다(07-08). 이처럼 오류-피드백 인접쌍은 어휘 제시 단계에서 학습자의 발음 오류에 대한 교사의 피드백으로 주로 나타난다. 이때 학습자 개인의 오류에 대한 피드백이 아니라, 학급 구성원 전체가 발음하는 상황에서 나타나는 오류이기 때문에 피드백 이후에 수정으로는 연결되지 않고, 교사가 피드백을 통해 발음 방법과 원리를 설명하는 것으로 대화가 완료된다. 이러한 인접쌍은 읽기 단계에서도 확인할 수 있다. 읽기 단계 역시 어휘 제시와 마찬가지로 학습자의 낭독이 주요한 수업 방법이 되는데, 이때 나타나는 학습자의 발음 오류를 교사가 즉각적인 피드백을 통해 수정하기 때문에 오류-피드백의 인접쌍이 나타난다. 다음의 사례는 읽기 단계에서 나타난 오류-피드백 인접쌍이다.

01 교 4시에 국립극장 매표소 앞에서 만나요.

02 학들 =4시에 국립극장 매표소 앞에서 만나요. ◀ 학습자 오류

03 교 국립극장, 为什么是[궁납극짱]? ◀ 교사 피드백

04 这个地方他让你说的是[궁닙].

05 국립극장 매표소 앞에서 만나요.
(왜 [궁납극장]이라고 말하는 거예요? 여기서는 [궁닙]이라고 발음해야 돼요.)

<CKT8275>

이 사례는 읽기 단계에서 교사가 먼저 읽고, 학습자가 따라서 읽는 방식으로 수업을 진행하는 장면이다. 이때 학습자 전체가 읽은 발음에서 오류가 발생하자(02), 교사는 코드 스위칭을 통해 학습자의 발음 오류에 대해 명시적 수정 피드백을 제공하였다(03-04). 코드 스위칭을 통해 발음 원리와 규칙을 설명하였고, 이후 학습자의 수정은 나타나지 않았다. 교사 피드백 이후 학습자의 수정이 불필요한 또 다른 사례는 내용 오류에 관한 피드백이다.

01 교 한국에 궁에 대해서 잘 알고 있어요?

02 韩国的宫, 韩国都有些什么样的宫啊?(한국에 어떤 궁이 있어요?)

03 학1 昌德宫(창덕궁)

04 교 창덕궁, 네 잘했어요.

05 또?

06 학2 景福宫(경복궁)

07 교 경복궁, 还有什么宫?(또?)

08 학3 故宫(고궁) ◀ 학습자 오류

09 교 故宫是我们的紫禁城. ◀ 교사 피드백

(고궁은 우리나라의 자금성이에요.)

<CKT2261>

이 사례는 한국 여행을 화제로 구성된 수업에서 한국의 궁에 대해서 알고 있는지 교사가 질문을 하는 장면이다. 교사의 질문에 대해서 학습자들이 정확한 대답을 하였는데(03, 06), 학3은 한국의 궁 대신에 중국의 '고궁'이라고 응답하였다(08). 이러한 학습자의 내용 오류에 대해서 교사는 메타언어적 피드백을 통해 내용을 수정해 주었다(09). 이처럼 내용 오류 역시 별도의 수정 단계 없이, 틀린 내용에 대한 정확한 설명만 이루어지면 되기 때문에 오류-피드백의 인접쌍만으로도 대화가 완결될 수 있다. 오류-피드백의 인접쌍 구조로 대화가 완결될 수 있는 또 다른 사례는 틀린 내용은 아니지만, 배우지 않는 내용을 활용한 사례이다.

01	학1	새 휴대폰을 사셨군요.	◀ 학습자 오류
02	교	사셨군요. 为什么呢?	◀ 교사 피드백
03		先连接了过去式.	
04		동사. 还有过去式后面, 大家再留意一下, 这个地方.	
05		大家不要光考虑사能连接는군요.是吧?	
06		所以, 았/었/였 后面直接连接-군요就可以了. (왜 '사셨군요'예요? 과거 시제를 사용했어요. 유의해서 보면 지금까지는 동사 뒤에 바로 '-는군요'를 썼어요. 그렇죠? 과거 시제 뒤에 '-군요'를 쓸 수는 있어요.)	

<CKKT1213>

이 사례는 문법 연습 단계에서 목표 문법을 활용하여 학습자가 만든 문장

에 대해 교사가 피드백을 제공하는 장면이다. 목표 문법은 '-는군요'이기 때문에 현재 시제를 사용해야 한다. 그러나 학습자는 과거 시제를 사용하여 문장을 만들었다(01). 과거 시제를 활용한 '-았/었/였군요'는 목표 문법과 형태는 유사하지만 다른 문법 항목으로 학습자들이 아직 배우지 않은 내용이다. 따라서 교사는 이러한 학습자 발화에 대해서 피드백을 제공하였는데(02-06), 학습자 발화가 오류가 아니라, 아직 배우지 않은 과거 시제를 활용한 사례이다. 따라서 피드백을 통해 오류 수정을 기대하기보다는 틀린 내용이 아니라서 목표 문법과 다른 형태라는 사실만을 알려주는 것으로 충분하기 때문에 수정으로 확장되지 않았다. 결국 문법 연습 단계에서도 한국어 사용 규칙과 원리에 대한 설명을 제공하는 메타언어적 피드백이 나타날 수 있고, 수정까지 확장되지는 않는다. 이상의 분석을 통해 학습자 오류에 대한 교사의 피드백이 무조건 학습자의 수정으로 연결되지 않는다는 것을 확인하였다. 특히 오류 생산의 주체가 ① 학습자 전체이거나, 오류가 한국어 사용 지식과 관련이 없는 ② 내용 지식에서 발생한 오류, 마지막으로 오류는 아니지만 ③ 학습 범위를 벗어난 내용에서 유발된 오류에 대해서는 교사의 피드백만으로 대화가 완결되었다.

6.2.3. 문제 표지-스캐폴딩의 인접쌍

의사소통 문제는 '문제가 있는 의사소통'(Problematic communication)을 지칭하는 개념으로 '의사소통 불일치'(Miscommunication), '오해'(Misunderstanding), '의사소통 단절'(Communication breakdown) 등 연구자마다 다양한 용어를 사용하여 지칭하고 있다. 태넌(Tannen, 1975)은 문제 있는 의사소통이란 의사소통 혼란(Mixed-up)이라고 하였고, 검퍼즈와 태넌(1979)은 오해 또는 의사소통 불일치로, 토마스(Thomas, 1983)는 화용적인 실패로, 배로니스와 게스(Varonis

& Gass, 1985)는 화자의 발화에 대한 청자의 잘못된 해석이라고 하였다. 결국 의사소통 문제에 대해 지칭하는 용어가 차이를 보이기는 하지만 '문제'라는 개념의 본질적인 정의에 근거했을 때, 이러한 개념들은 모두 의사소통이 추구하는 목적에 도달하고자 할 때 저항에 부딪친 상태를 의미한다. 구체적으로 '대화가 더이상 전행되지 않고 대화 내용의 진행이 보류되는 상황'(진제희, 2006:76)이라는 개념을 공유하고 있다. 이때 의사소통 문제의 표지는 침묵, 엉뚱한 대답, 어말 억양 오름조 등 여러 가지로 유형화될 수 있으나 본 연구에서는 수정 조직에서 나타나는 오류와 중복을 피하기 위해 학습자 침묵, 의미 오해, 미완성 응답의 세 가지로 구분하였다. 이러한 문제 표지가 발생했을 때 교사는 스캐폴딩을 제공함으로써 인접쌍의 구조를 형성한다.

스캐폴딩(Scaffolding)은 비고츠키(Vygotsky, 1978)의 인지 발달 이론에서 시작되어 교육학 전체에서 중요하게 다루는 개념이다. 학습자가 현 단계에서 다음 단계로 나아가는 데 기여하는 교사나 동료 학습자의 도움을 스캐폴딩이라고 할 수 있다. 제2언어 교실에서의 스캐폴딩은 교사가 학습자들의 문제 발화 후 교사가 다양한 상호작용적 변형을 제공하면서 학습자 대화 참여를 촉진시키고, 나아가 문제를 해결하도록 도움을 주는 방식이다(진제희, 2006: 150). 한국어 교실 상호작용에서 교사는 학습자가 한국어를 이해하고 발화하는 데 도움이 되도록 수정적 피드백이나 모델링과 같은 방법을 학습자에게 제시하게 되고, 이러한 교사의 노력을 통해 학습자는 보다 높은 수준의 언어 능력을 수행할 수 있게 된다.

스캐폴딩은 한국어 교실에서 교사에 의해 주로 사용되는 전략으로서 수정적 피드백과 유사한 점이 존재한다. 그러나 수정적 피드백이 학습자의 오류 발생 이후에 오류 처치를 위해 나타나는 발화 유형인 반면 스캐폴딩은 오류가 발생하지 않았을 때에도 나타난다. 또한 수정적 피드백은 수업 진행 단계에서 교사 외에도 동료 학습자나 학습자 자신이 제공할 수도 있지만 스캐폴딩은 교사에 의해서만 제공된다. 그리고 수정적 피드백의 주체는 교사로서 학습의 책임이 교사에게 집중된 구조인 반면 스캐폴딩은 교사가 주도하는 학습의 책임이 학습자에게 전이되는 구조라는 점에서 차이가 있다.[13]

이러한 스캐폴딩이 상호작용을 통해 한국어 실력을 향상시킬 수 있는 교수 전략으로 여겨지면서 효과적인 스캐폴딩 사용에 대한 관심이 한국어교육 분야에서 이어지고 있다. 스캐폴딩의 유형은 연구자에 따라 다양하게 세분화 되는데 모델링, 단서 제공, 모니터링의 세 가지로 구분된다(박진하·김서형, 2019:407). 중국인 한국어 교사도 의사소통 문제 표지가 발생할 경우 다양한 스캐폴딩을 사용하였다. 의사소통 문제가 발생했음을 나타내는 침묵과 오해는 교사의 스캐폴딩으로서 코드 스위칭을 유발하는 대표적인 표지가 된다.

01	교	자 오늘은 6과, 6과 들어갈게요.	
02		6과 제목은 늙지 않는 사람은 없다.	
03		늙지 않는 사람은 없다.	
04		어떤 내용인 거 같아요?	
05		늙지 않은 사람은 없다.	
06	학들	(3.0)	
07	교	어떤 내용이 나올 거 같아요?	
08	학들	(4.0)	◀ 문제 표지
09	교	일단 알려줄게요.	
10		수필이에요. 수필.	
11		今天是随笔. 随笔 (오늘은 수필이에요, 수필)	◀ 스캐폴딩

13 김주은(2013:20-26)에서는 스캐폴딩과 피드백의 차이를 상세하게 설명하고 있다.

12 교 그러면 어떤 내용이 나올 거 같아요?
13 학1 노인을 존경해야(1.0) 한다는(1.0) 내용이에요.
14 교 노인을 존경해야 한:: 존경하자.
15 그런 내용이에요.

<CKKT10251>

이 사례는 읽기 전 단계에서 교사가 제목을 보고 글의 내용을 추측하는 질문을 하는 장면이다. 이때 교사의 질문에 학습자들은 계속해서 침묵하고 있다(06, 08). 이러한 침묵을 의사소통 문제로 인식한 교사는 다시 한 번 질문을 반복하여 학습자 발화를 유도하였다(07). 이러한 시도에도 침묵하자 교사는 코드 스위칭을 통해 스캐폴딩을 제공하였다(11). 이러한 발화 연속체에서 교사의 코드 스위칭을 유발한 것은 의사소통 문제의 표지인 학습자의 침묵이다. 학습자의 침묵으로 인해 의사소통 단절의 문제가 발생하자 교사는 이를 해결하기 위한 전략으로 코드 스위칭을 사용하여 단서 제공 스캐폴딩을 제공하였다. 이처럼 의사소통 문제의 표지로서 학습자의 침묵과 교사의 코드 스위칭은 인접쌍을 이룬다.

(('난타' 포스터 사진을 가리킨다))
01 교 제일 왼쪽 편은 뭔지 알아요?
02 그림을 보세요.
03 뭐하고 있어요?
04 학들 (2.0)
05 학1 영화?
06 교 영화일 거 같다.
07 또 뭐일 거 같아요?

08 학들 (4.0) ◀ 문제 표지

09 교 看一下他们做什么? ◀ 스캐폴딩

(사람들이 뭐하고 있어요?)

10 뭐하고 있어요?

11 학2 요리

12 교 요리하고 있잖아요.

<CKKT5211>

이 사례는 읽기 단계에서 교과서에 제시된 사진의 의미를 추측해 보는 장면이다. 먼저 교사가 사진 속의 인물들이 무엇을 하는지 질문을 하자(03), 학습자들은 침묵하였다(04). 침묵 이후 학1이 영화라고 대답을 하였고(05), 교사가 그 대답에 이어 다시 질문을 했고(06-07), 첫 번째 침묵보다 더 긴 침묵이 발생하자(08), 교사는 의사소통 문제로 인지를 하고 코드 스위칭을 사용하였다(09). 이처럼 교사의 질문에 대한 학습자의 침묵은 교사로 하여금 의사소통 문제임을 자각하게 만들고, 교사의 코드 스위칭 사용을 추동하는 기제가 된다.

01 교 외워보겠습니다.

02 ○○ 씨

03 학1 이 회사에서 일한 지 얼마나 되셨습니까?

04 3년 됐어요. 대학교를 졸업하고 일을 시작했어요.

05 (3.0) ◀ 문제 표지

06 교 我学习(저는 공부합니다) ◀ 스캐폴딩

07 학1 저는 경영학을 공부했는데, 정희 씨는 전공이 뭐예요?

08 전공이요? 저도 경영학이에요.

09 회사 일이 어때요?

10 　　배우는 것도 많고, 일도 재미있어요.

11 교 앉으세요. 잘했습니다

<CKT3213>

이 사례는 본문 학습이 끝난 후에 암기하는 과제를 수행하는 장면이다. 학습자 1명을 지목하여 본문을 암기하도록 하였는데, 잘 암기를 하다가 생각이 안 나서 침묵이 발생하였다(5). 이때 교사가 중국어로 코드 스위칭을 해서(06), 단서 제공 스캐폴딩을 제공하였다.

침묵뿐만 아니라, 오해 역시 코드 스위칭을 유발하는 표지로서 기능을 가진다. 중국인 학습자의 한국어 사용 능력의 부족은 발음이나 어휘, 문법 사용에 있어서 제약을 나타내는데 이러한 한계로 인해 교사와 학습자 사이에 오해가 발생하고 대화가 지속되지 못하는 상황이 발생하면 코드 스위칭을 통해 의미를 명료화하려는 시도가 나타난다.

01 교 또 어떤 운동?

02 학1 농구

03 교 농구? ◀ 문제 표지

04 학1 농구

05 교 篮球? ◀ 스캐폴딩

06 학1 ((고개를 끄덕인다))

07 교 아 ○○ 농구 좋아해요?

08 학1 네.

09 교 농구 좋아하는 게 아니라 농구하는 남자를 좋아하는 거죠.

10 학들 ((웃음))

11 교 잘해요?

12	잘해요?
13	농구 잘해요?

<CKKT4194>

이 사례는 운동을 화제로 교사와 학습자가 질문과 대답의 구조로 대화를 구성하는 장면이다. 어떤 운동을 좋아하냐는 교사의 질문(01)에 학습자가 농구라고 대답을 했지만(02), 교사는 농구의 의미를 명확하게 이해하지 못하고 반복을 통해 명료화 요청을 했다(03). 이후 학습자는 다시 농구라고 반복을 하면서(04), 교사와 학습자 사이의 의사소통에 문제가 있음을 표시하였다. 이후 교사는 중국어로 코드 스위칭을 하여 질문을 했고(05), 학습자는 고개를 끄덕이는 것으로 의사소통 문제가 해결되었다는 반응을 나타냈다(06). 이처럼 의미 오해로 인해 의사소통이 진행되지 못하는 문제가 발생했을 때, 코드 스위칭을 통해 명료화 요구 스캐폴딩이 제공됨으로써 문제가 해결될 수 있도록 하였다. 따라서 의사소통 문제의 표지로서 오해 역시 코드 스위칭과 인접쌍을 이루고 있음을 알 수 있다.

6.3. 확장 조직에서의 코드 스위칭

인접쌍은 주 행위를 구성하는 첫 번째 짝 부분(First Pair Part: FPP)과 두 번째 짝 부분(Second Pair Part: SPP)을 기초로 하여 인접쌍의 기본 구조를 형성하고 예비 확장(Pre-expansion), 삽입 확장(Insert expansion), 사후 확장(Post-expansion)으로 확장될 수 있다. 인접쌍의 확장 구조는 다음과 같다(김해연 외, 2016:193).

예비 확장	A: FPP	A: FPP
A: FPP	**삽입 확장**	B: SPP
B: SPP	B: SPP	**사후 확장**

중국인 한국어 교사의 코드 스위칭은 앞서 확인한 세 가지 인접쌍(제시-번역, 오류-피드백, 의사소통 문제-해결)의 구조가 사후 확장을 통해 확장된 구조를 보여 주었다. 코드 스위칭이 포함된 인접쌍의 확장 구조는 다음과 같다.

6.3.1. 제시-번역-상세화의 확장 조직

어휘와 문법 제시 단계에서 교사가 주로 사용하는 코드 스위칭의 형식은 '상세화'이다. 상세화는 제시-번역의 인접쌍에 사후 확장의 형태로 추가되는 확장 구조이다. 구체적인 양상은 한국어로 기초적인 내용을 간략하게 제시한 후에 구체적인 내용을 코드 스위칭을 통해 상세하게 전달하는 형식이다. 특히 어휘 제시 단계에서는 상세화를 통한 의미 확장이 널리 사용되었다. 어휘 제시 단계에서 사용된 제시-번역-상세화의 양상을 살펴보면 다음과 같다.

01	교	다음, 편하다.	◀ 교사 한국어 제시
02	학들	=方便	◀ 학습자 중국어 번역
03	교	마음이 편하다.	◀ 교사 상세화
04		또?	
05	학1	교통이 편하다.	
06	교	마음이 편하다는 무슨 뜻이에요?	
07	학들	心里方便	

08 교 교통이 편해요는?

09 학들 交通便利

10 교 언제 마음이 편해요?

11 학2 집에 가면 마음이 편해요.

12 교 또?

13 학3 음악을 들으면 마음이 편해요.

14 교 좋아요.

<CKKT41103>

이 사례는 어휘 제시 단계에서 코드 스위칭을 통해 어휘 의미를 확장하는 장면이다. 목표 어휘 '편하다'를 제시하면서 먼저 교사는 '편하다'라는 어휘를 한국어로 제시하고(01), 학습자들은 중국어로 번역을 한다(04). 이후 교사는 목표 어휘의 구체적인 사용 사례를 '마음이 편하다'의 형태로 제시하고(03), 학습자들에게 발화 유도를 통해 '교통이 편하다'로 확장될 수 있도록 하였다(05). 이때 확장된 각각의 의미를 중국어로 번역함으로써 의미가 명확해지고, 실제적인 사용 사례를 학습자들이 배울 수 있도록 하였다. 나아가 '마음이 편해요'라는 표현이 사용될 수 있는 구체적인 사례를 추가적으로 요구하면서(11, 13) 학습자들이 목표 어휘를 확장해서 사용할 수 있도록 하였다. 이처럼 교사의 한국어 제시와 학습자의 번역을 중심으로 한 제시-번역의 인접쌍 구조는 어휘 제시 단계에서 확장되어 제시-번역-상세화의 구조로 구성된다. 이러한 제시-번역-상세화의 인접쌍 확장 구조는 다음과 같다.

[편하다 → 方便 → 마음이 편하다] → 집에 가면 마음이 편해요

어휘 제시 단계에서 나타나는 '제시-번역-상세화'의 인접쌍 확장 구조는 정형화된 구조로서 다양한 교사의 수업에서 발견할 수 있다.

01	교	귀찮다	◀ 교사 한국어 제시
02	학들	=귀찮다.	
03	교	귀찮다是?	
04	학들	麻烦	◀ 학습자 중국어 번역
05	교	麻烦的事(귀찮은 일)	◀ 교사 상세화
06		귀찮은 일.	
07		따라하세요.	
08		귀찮은 일	
09	학들	=귀찮은 일	

<CKKT62131>

이 사례에서도 '귀찮다'라는 어휘를 교사가 한국어로 제시한 후 학습자가 중국어로 번역을 하고, 이후에 실제 사용 양상을 중국어로 코드 스위칭을 통해 제시함으로써 어휘의 의미와 사용의 확장 구조를 이루고 있다. 이러한 제시-번역-상세화의 구조는 다음과 같다.

[귀찮다 → 麻烦 → 麻烦的事] → 귀찮은 일

01	교	熟悉熟练	◀ 교사 중국어 제시
02	학들	=익숙하다	◀ 학습자 한국어 번역
03	교	익숙하다	

04	교	对做韩国料理非常熟悉, 非常擅长.	◀ 교사 상세화
05		한국 요리를 만드는 데에 익숙하다.	

<CKT2241>

이상의 사례는 교사가 먼저 중국어로 어휘를 제시하고, 학습자가 한국어로 번역을 한 후 교사가 상세화를 통해 의미를 확장시키는 구조이다. 앞서 확인하였듯이, 제시-번역의 인접쌍에서 한국어에서 중국어로 혹은 중국어에서 한국어로의 번역 방향은 큰 의미가 없다. 제시와 번역이라는 인접쌍을 중심으로 어휘 제시 단계가 구성된다는 것이 중요하다. 따라서 앞선 단계와 달리 교사가 중국어로 어휘를 제시했고(01), 이후 학습자가 한국어로 번역을 함으로써(02) 제시-번역의 인접쌍이 완성되었다. 교사는 코드 스위칭을 통해 '익숙하다'가 포함된 문장을 제시하여 상세화의 구조를 완성하였다.

[熟悉熟练 → 익숙하다 → 对做韩国料理非常熟悉, 非常擅长]
→ 한국 요리를 만드는 데에 익숙하다.

이처럼 어휘 제시 단계에서 제시-번역-상세화의 인접쌍 구조는 어휘의 의미 확장과 구체적인 사용 용례를 제시하는 방향으로 상세화가 이루어진다는 것을 알 수 있다. 상세화를 포함한 인접쌍의 확장 구조가 어휘 제시 단계에서만 나타나는 것은 아니다. 문법 연습 단계에서도 목표 문법을 활용한 의미 확장을 위해 제시-번역-상세화의 구조가 나타난다.

01	교	这位朋友我已经认识有十年了. ○○ 씨	◀ 교사 중국어 제시
02	학1	친구를 안 지 10년 됐어요.	◀ 학습자 한국어 번역
03	교	알다 맞죠?	◀ 교사 상세화

04 它的形态应该是안 지.

05 친구를 안 지 10년이 지났어요. 넘었어요.

06 오래된 친구예요.

<CKKT5213>

이 사례는 문법 연습 단계에서 목표 문법 '-(으)ㄴ 지'를 활용해서 문장을 만드는 연습을 하는 장면이다. 교사가 중국어로 문장을 제시하면 지정된 학습자는 목표 문법을 활용하여 한국어로 문장을 만든다. 문법 연습 단계에서 이러한 제시-번역의 연습 활동은 상세화의 구조로 확장되어 어휘 제시 단계와 마찬가지로 목표 문법의 구체적의 사용 맥락을 제시함으로써 의미 확장에 기여한다. 제시-번역-상세화의 구조는 읽기 단계에서도 나타난다.

01	CD	전공요? 저도 경영학이에요.	
02	학들	전공요? 저도 경영학이에요.	◀ 학습자 한국어 제시
03	교	专业吗? 我也是经营学.	◀ 교사 중국어 번역
04		嗯像这种反问是想确认一下你问的是专业吧? 专业吗?	
05		这种一个反问的方式전공	◀ 교사 상세화
06		名词后之家加요, 전공요? (전공을 확인하기 위해서 반문하는 거죠? 전공요? 그리고 이때 명사 뒤에 '요'를 붙였습니다.)	

<CKT4212>

이 사례는 읽기 단계에서 CD를 들으면서 한 문장씩 따라 읽고, 교사가 문장을 번역하는 장면이다. 이때 대화 조직은 교사의 한국어 제시-교사 중국어 번역의 인접쌍으로 형성되고, 이후 교사가 목표 문장의 의미를 추가적으

로 설명하는 상세화를 통해서 확장되는 구조로 이루어진다. 어휘 제시 단계에서 상세화가 어휘 의미의 확장과 실제적인 사용 사례에 주목하였다면, 읽기 단계에서는 문장의 의미 해석에 초점을 맞추어 상세화가 이루어졌다. 이상의 사례를 통해 상세화가 포함된 인접쌍의 확장 구조는 코드 스위칭을 통해 어휘와 문법, 문장의 의미와 규칙을 확장시키고, 구체적인 용례를 제시하는 기능을 갖는다는 것을 알 수 있다.

6.3.2. 오류-피드백-수정의 확장 조직

앞 절의 논의를 통해 오류-피드백의 인접쌍이 중국 대학의 한국어 수업에서 코드 스위칭을 포함한 주요한 인접쌍 구조임을 확인하였다. 이러한 인접쌍 구조는 학습자 전체 발화의 오류, 내용 오류, 배우지 않은 내용을 포함한 문장 등에서는 수정을 필요로 하지 않기 때문에 오류-피드백의 인접쌍으로 대화가 완성된다. 그러나 학습자의 오류 유형에 따라 교사의 피드백이 학습자의 수정을 요구하기도 한다. 이때 오류-피드백의 인접쌍은 사후 확장의 방식으로 오류-피드백-수정으로 확장된다. 특히 문법 연습 단계에서 나타난 학습자 형태 오류는 피드백 이후에 정확한 형태로 수정이 되었을 때 대화가 완결된다.

01	교	영화가 몇 시에 시작하는지 아세요?	
02	학1	네, 알아요. 오시	◀ 학습자 오류
03	교	으헝? 五点怎么说啊.(5시 어떻게 말해요?)	◀ 교사 피드백
04	학1	오시.	
05	교	오후 한 시是几点啊.(몇 시예요?)	
06		我们要用固有词对吧(시간을 말할 때 고유어를 써요.)	

07 학1 다섯 시 ◀ 오류 수정

<CKT7211>

이 사례는 학습자가 시간을 표현하는 단위를 정확하게 사용하지 못해 오류가 발생한 장면이다. 고유어를 사용해서 다섯 시라고 시간을 표현해야 하지만, 학습자는 한자어를 사용해서 오류가 나타났다(02). 학습자 오류가 나타나자마자 교사는 감탄사와 함께 코드 스위칭을 사용해 오류가 있음을 인지시키기 위해 유도하기 피드백을 제공하였다(03). 이후 교사는 메타언어적 피드백을 통해 고유어 사용에 대한 방법을 설명하였고(06), 이러한 피드백을 수용하여 학습자가 오류를 수정하였다(07). 이처럼 학습자의 오류와 교사의 피드백이 인접쌍을 이루고 사후 확장을 통해 수정으로 이어지는 인접쌍의 확장 구조는 문법 연습 단계에서 주로 나타난다.

01 교 这时候还是 ○○○ 씨? 저는(○○○ 씨 또 뭐가 있을까요?)
02 학1 저는 축구도 잘하고. 농구도 잘해요. ◀ 학습자 오류
03 교 저는 축구도 잘하고 농구도 잘해요. 用表示包含的补助词도来
04 表达，还可以用表示并列的고来把两个事情并列起来就可以
05 了，好吗?
06 那我们今天学会了고요之后，他是怎么用呢? ◀ 교사 피드백
(보조사 '-도'를 사용했네요. 두 개를 병렬적으로 나타낼 때는 '-고'도 쓸 수 있습니다. 그럼 오늘 배운 '-고요'를 사용하면 어떻게 할 수 있을까요?)
07 학1 저는 축구를 잘 해요. 농구도 잘 하고요. ◀ 오류 수정

<CKKT1231>

이 사례는 문법 연습 단계에서 목표 문법 '-고요'를 활용하여 문장을 만드는 연습을 하는 장면이다. 자신을 칭찬하는 과제 수행 상황에서 목표 문법을 사용해야 하는데 이때 학1은 목표 문법이 아니라 이전에 배운 보조사 '-도'만 사용하였다(02). 목표 문법을 사용하지 않은 오류를 범하자 교사는 배운 내용을 활용해야 한다는 원칙을 설명하면서 유도하기 피드백을 제공하였고(04-06), 학습자는 교사의 피드백을 수용하여 목표 문법을 활용하여 정확한 문장으로 수정하였다(07).

01	교	'-는지 알다 /모르다' 문장을 만들어 보세요.	
02		○○ 씨 할래요?	
03	학1	비빔밥을 어디에서 사는지 알아요?	
04	교	네. 비빔밥을 어디에서 사는지 알아요.	
05	학1	우리 어:: 우리 식당에서 어:: 살아요.	◀ 학습자 오류
06	교	사요, 살 수 있어요.	◀ 교사 피드백
07	학1	우리 학교 식당에서 살 수 있어요.	◀ 오류 수정
08	교	在我们学校的食堂就能买到.(우리 학교 식당에서 살 수 있어요.)	
09		잘했습니다. ○○ 씨	

<CKKT10251>

이 사례는 문법 연습 단계에서 목표 문법을 활용하여 문장을 만드는 장면이다. 목표 문법 '-는지 알다/모르다'를 활용하여 첫 번째 문장은 오류 없이 잘 만들었지만(03), 응답 문장을 만들 때에 오류가 발생했다(05). 오류 발생 직후 교사가 피드백을 제공하면서(06), 오류-피드백의 인접쌍 구조가 형성되었고, 교사의 피드백 이후 학습자가 오류를 수정하면서 문장이 완성되었다

(07). 이처럼 문법 연습 단계에서는 정확성 향상을 추구하기 때문에 교사의 피드백 이후에 학습자가 자가 수정을 통해 오류를 수정하거나 교사가 직접 수정을 하면서 오류-피드백-수정의 구조로 인접쌍이 확장됨을 알 수 있다.

6.3.3. 문제 표지-스캐폴딩-발화 지속의 확장 조직

의사소통 문제 표지가 나타났을 때 사용되는 교사의 스캐폴딩 결과는 의사소통 문제 해결과 의사소통 문제 미해결의 구조로 구분된다. 두 가지 유형이 존재하지만, 실제 교실 대화에서는 문제 해결을 위해 지속적으로 교사가 스캐폴딩을 제공하거나 명시적인 형태로 해결을 주도하기 때문에 미해결의 구조는 거의 나타나지 않는다. 따라서 중국인 교사의 인접쌍 역시 문제 표지-스캐폴딩-발화 지속의 확장된 구조로 나타났다. 중국인 한국어 교사는 학습자의 침묵과 같은 상호작용 단절 그리고 침묵을 유발하는 여러 가지 학습자 단서에 주목하여 코드 스위칭을 통해 문제를 해결하고자 하였다. 그리고 이러한 교사의 노력은 상호작용을 지속시키고, 학습자 이해를 돕는 데에 기여하였다.

01	교	다시 한번. ○○○ 씨.	
02	학1	이 회사에서 일한 지 얼마나 되셨습니까?	
03		3년 됐어요.	
04		(3.0)	◀ 문제 표지
05	교	大学毕业后开始工作了	◀ 스캐폴딩
06	학1	대학교를 졸업하고 일을 시작했어요.	◀ 발화 지속
07		저는 경영학을 배웠는데, 정희 씨는 전공이 뭐예요?	
08		전공이요?	

09   저도 경영학이에요.
10   회사 일이 어때요?
11   배우는 것도 많고
12   일도 재미있어요.
13 교 앉으세요.

<CKT3213>

이 사례는 읽기 후 단계에서 본문 내용의 암기를 통해 이해 점검을 하는 장면이다. 학습자가 본문 내용을 순서대로 암기를 할 때, 다음 내용이 기억이 나지 않아 침묵이 발생하면서 의사소통 문제 표지가 나타났고(05), 교사는 중국어로 코드 스위칭을 하여 단서 제공 스캐폴딩을 제공하였다(06). 이후 학습자는 교사의 스캐폴딩을 도움 삼아 암기를 지속하면서 성공적으로 마무리하였다(06-12). 이러한 구조는 의사소통 문제 표지 이후 교사의 스캐폴딩으로서 코드 스위칭이 의사소통의 문제를 해결한 긍정적인 형태의 인접쌍 확장 조직이다.

01 교 주장은 노인을 존경하자라는 거예요.
02   노인을 존경하자 그런 거잖아요.
03   어떤 내용들을, 어떤 이야기들로 구성할 거 같아요?
04   만약 ○○ 씨를 보고, 노인을 존경하자.
05   늙지 않은 사람은 없다 그렇게 글을 쓰라고 한다.
06   어떤 내용으로 구성할 거 같아요?
07 학1 (3.0) ◀ 문제 표지
08 교 你什么写?(무슨 내용을 썼을까요?) ◀ 스캐폴딩
09 학1 사회 현상, 스스로의 경험. ◀ 발화 지속
10 교 맞아요.

11		사회 현상과 스스로의 경험들이 나올 거 같아요.

<CKKT10251>

이 사례는 읽기 전 단계에서 교사가 제목을 보고 글의 내용을 추측하는 질문을 하는 장면이다. 이때 교사의 질문에 학습자가 침묵하였다(07). 침묵이라는 의사소통 문제 표지가 발생하자 교사는 코드 스위칭을 통해 스캐폴딩을 하였고(08) 학습자는 코드 스위칭을 통한 교사의 스캐폴딩을 도움 삼아 질문에 올바른 대답을 하였고(09), 의사소통 문제가 해결되었다(10). 이러한 대화 조직은 읽기 전 단계에서 의사소통 문제를 해결하기 위한 교사의 중국어 스캐폴딩이 효과적인 전략이 되었음을 보여주는 사례이다.

01	교	여러분들, 중국에서 병원에 가면 제일 불편한 점이 뭐예요?	
02		제일 불편한 점?	
03		아니면 '이거 하나만은 바뀌었으면 좋겠다'하는 거 있어요?	
04	학들	(4.0)	◀ 문제 표지
05	교	바뀌었으면 좋겠다. 改变(바뀌다)	
06		改掉，改一下就好了，就这一点병원에서(병원에서 바뀌었으	
07		면 하는 점)	◀ 스캐폴딩
08	학1	态度，态度不好(태도가 안 좋아요.)	◀ 발화 지속
09	교	중국어로 대답했는데 한국어로 어떻게 말해요?	
10	학1	예의가 없어요.	
11	교	태도 문제.	
12		态度. 태도라고도 해요.	
13		친절하지 못해요.	

<CKKT62131>

이 사례는 읽기 전 단계에서 교사가 학습자의 개인적인 경험과 의견을 물으면서 화제를 도입하는 장면이다. 중국 병원이 개선해야 할 점을 묻는 교사의 질문에 학습자들의 침묵이라는 의사소통 문제 표지가 발생하자(04), 교사는 코드 스위칭을 통해 스캐폴딩을 제공하였고(05-07), 이후 학습자1이 교사의 질문에 대답을 함으로써(08), 대화가 지속되면서 수업이 진행될 수 있었다. 다음 장면은 문법 활용 단계에서 교사의 스캐폴딩을 통한 성공적인 과제 수행이 이루어진 사례이다.

01	교	○○ 씨하고 ○○ 씨, ○○ 씨 3명 나와 주세요.	
02		○○ 씨는 황민 씨,	
03		황민 씨는 북경대에 가려고 하는데요.	
04		○○ 씨는 안내원,	
05		○○ 씨는 기사.	
06	학1	북경대학교에 가는 버스를 타려고 하는데요.	
07	학2	어(1.0) 376번(1.0) 어::	◀ 문제 표지
08	교	在哪里?(어디에서 타요?)	◀ 스캐폴딩
09	학2	버스 정류장에서 376번 버스를, 버스를(1.0)	
10		버스를 탈 거예요.	
11	교	탈 거예요?	
12	학2	타시면 됩니다.	
13		버스를 타시면 됩니다.	◀ 문제 해결
14	학3	시간이 얼마나 걸릴까요?	
15	학2	한 시간 정도에 한 시간 정도 걸릴.(2.0)	
16		걸릴 겁니다	
17	교	걸릴 什么? (얼마나 걸려요?)	

18 한 시간 정도?

19 학2 걸릴(3.0) 걸릴 겁니다.

20 학3 감사합니다.

<CKT2253>

이 사례는 학습자 사이의 대화 연습 장면이다. 세 명의 학습자가 교통수단에 대해서 배운 문법과 어휘를 활용해서 대화 연습을 하지만, 학습자2의 말차례에서 주저하기, 말끊김 등의 의사소통 문제 표지가 발생하자(07), 교사가 코드 스위칭을 하여 스캐폴딩을 제공하였다(08). 그리고 이러한 코드 스위칭의 도움을 받아 불완전한 문장을 완전하게 발화하면서 대화를 지속하게 되었다(13). 이처럼 의사소통 문제 표지-스캐폴딩의 인접쌍 구조는 문제 해결의 기능을 갖게 되면서 발화 지속이라는 긍정적인 결과로 대화 구조가 확장되는 양상을 보인다. 이러한 대화 조직을 통해 코드 스위칭이 갖는 상호작용 활성화의 기능을 확인할 수 있다.

6.4. 수정 조직에서의 코드 스위칭

수정 조직은 한국어교육을 포함한 제2언어 교육 현장에서 일상적으로 나타나는 대화 조직의 유형이다. 여러 논의에서 밝히고 있듯이, 학습자의 오류에 대한 교사, 동료, 그리고 자가 피드백을 통한 오류 수정은 정확성 향상을 위한 효과적인 방법으로 널리 인식되었다. 대화분석에서는 이러한 수정 조직에 대해 수정의 주체를 중심으로 유형화하였다. 쉐글로프, 제퍼슨, 색스(Schegloff, Jefferson & Sacks, 1977)는 누가 문제를 인식하여 수정을 개시하고, 누가 수정 행동, 즉 문제를 해결하는가에 따라 네 가지 유형의 수정 조직을 다음과 같이 제시했다.

1) 자기 개시에 의한 자기 수정(Self-initiated self-repair): 문제를 일으킨 화자가 수정의 개시와 수정 행동 모두를 행하는 것.
2) 타자 개시에 의한 자기 수정(Other-initiated self-repair): 상대방 화자가 수정을 시작하고, 문제의 화자가 수정을 행하는 것.
3) 자기 개시에 의한 타자 수정(Self-initiated other-repair): 문제의 화자가 수정을 시작하여 상대방 화자가 수정을 행하는 것.
4) 타자 개시에 의한 타자 수정(Other-initiated other-repair): 상대방 화자가 수정행위를 시작하여 수정까지 행하는 것.

이상 네 가지 유형을 개시자와 수정 주체의 역할에 따라 구체적으로 살펴보면 다음과 같다. 먼저 화자가 수정을 개시하면 동일 말차례나 그 다음 말차례에서 자발적으로 수정이 이루어져 문제를 해결한다. 이때 수정을 시도할 때 대화 중단, 지연, 담화 표지의 사용, 반복 등이 나타나면서 유창함을 방해하기도 한다. 타인이 개시하면 '문제 발화-다음 말차례 수정 개시-수정 개시에 대한 응답'의 구조로 수정이 이루어지기 때문에 '화자-청자-화자'의 세 번째 말차례에서 수정이 이루어진다. 일상적인 대화 상황에서는 화자가 자신의 말차례 내에서 수정을 주도하여 완결하는 자기 개시-자기 수정의 구조가 가장 많이 나타난다. 상대방이 화자의 문제를 지적하고 고쳐주는 것은 상대방의 체면을 위협하는 행위(Face Threatening Acts)가 될 수 있기 때문이다. 그러나 일상 대화와 달리 제2언어 교실 대화는 목표어 사용 능력에서 교사와 학습자가 큰 차이를 보이기 때문에 화자인 학습자가 스스로의 오류를 인식하여 수정을 개시하는 것은 물론 자가 수정 또한 쉽지 않다. 따라서 목표어 사용 능력이 뛰어난 교사가 주체가 되어 수정을 개시하고 직접 수정을 하는 방식이 주로 나타난다.

한국어 수업에서도 네 가지 수정 조직의 유형은 개시자와 수정자의 역할이 교사와 학습자로 정해져 있기 때문에 각각의 유형은 '교사 개시-교사 수정', '교사 개시-학습자 수정', '학습자 개시-교사 수정', '학습자 개시-학습자 수정'으로 재개념화할 수 있다. 이상 네 가지 수정 조직 가운데 학습자가 직접 수정을 개시하고 수정하는 '학습자 개시-학습자 수정' 조직은 교실 대화에서 나타나기는 했지만 본 연구의 분석 대상인 코드 스위칭을 포함하지 않은 형태로 나타났다. 따라서 코드 스위칭을 포함한 세 가지 유형의 수정 조직만을 분석하고자 한다.

6.4.1. 교사 개시-교사 수정

한국어 교실에서 학습자 발화에 대해 학습자 스스로 오류를 발견하고 수정하는 것은 쉽지 않다. 언어 사용 능력이 부족하기 때문에 오류의 발견은 주로 교사가 한다. 그리고 교사는 오류에 대해서 직접 수정을 하거나 학습자가 수정할 수 있도록 도움을 준다. 따라서 오류 발견 이후에 수정의 주체에 따라 교사 수정과 학습자 수정으로 구분된다. 먼저 교사가 학습자 오류를 발견하고 수정까지 한 사례의 수정 조직을 살펴보면 다음과 같다.

01	학1	만히 익수깨졌어요.	◀ 학습자 오류 발생
02	교	잠깐만요.	◀ 교사 수정 개시
03		만히 아니에요.	
04		마니.	◀ 교사 수정 완료
05		首先前面的韵尾不要掉了,	
06		'익'.然后숙和后面的ㅎ要连读的话是익쑤캐졌어요.	
07		익쑤개가 아니에요. 익숙해졌습니다.	
		(일단 앞에 있는 거의 받침을 빠뜨리면 안 돼요, '익'. 그 다음	

'숙'과 뒤에 있는 'ㅎ'을 연달아 발음하면 익쑤캐졌어요. 익쑤개가 아니에요. 익숙해졌습니다.)

<CKT3213>

이 사례는 학습자의 발음 오류에 대한 교사의 피드백 장면으로서 교사 개시-교사 수정의 구조로 이루어진 수정 조직이다. 학습자의 '많이' 발음에서 오류가 나타나자(01), 교사는 '잠깐만요'라는 표지를 통해 오류가 있음을 인지시키고 수정 개시를 시작하였다(02). 이후 명시적 수정을 통해 '만히'라고 발음한 부분이 오류임을 알렸고(03), 직접적으로 발음 오류를 수정하였다(04). 이후 수정된 내용을 중심으로 메타언어적 피드백을 통해 발음 규칙과 원리를 제공하였다(05-06). 그리고 마지막으로 두 번째 발음인 '익숙해지다'의 오류 역시 명시적으로 수정하였다(07). 이처럼 한국어 교실에서 수정 조직은 학습자 오류-교사 수정 개시-교사 수정 완료의 확장된 인접쌍 구조가 주로 나타났다.

[표 18] 교사 개시-교사 수정 조직에서의 코드 스위칭(1)

발화 주체	발화 유형	교수 언어	수정
학습자	발음 오류(01)	한국어	
교사	명시적 수정(02)	한국어	◀ 교사 수정 개시
교사	명시적 수정(03-04)	한국어	◀ 교사 수정
교사	메타언어적 피드백(05-06)	중국어	
교사	명시적 수정(07)	한국어	

이러한 수정 조직에서 확인할 수 있는 코드 스위칭의 특성은 메타언어적 피드백을 통해 오류의 원인과 수정의 원리를 설명할 때에는 중국어를 사용한다는 것이다. 이 사례에서도 확인할 수 있듯이, 교사와 학습자 사이의 대화는

계속해서 한국어로 이루어지고 있지만, 메타언어적 피드백이 제공되는 시점에서 중국어로 코드 스위칭이 나타났고, 이후 다시 명시적 수정 단계에서 한국어로 교수 언어가 전환된 것을 알 수 있다. 다음의 사례도 학습자 오류에 대해서 교사가 인지를 하고 수정을 개시한 후에 마무리 수정까지 교사가 주도한 사례이다.

교　　여러분 안녕하세요.
학들　선생님 안녕하세요.
교　　오늘도 먼저 발표부터 시작하고 수업하겠습니다.
　　　○○○? 그럼 발표 시작하세요.
　　　((학생 1 발표-서울 소개))
교　　벌써 서울 구경 다 끝났어요?((웃음))
　　　남산타워 보고, 야경 보고, 한강 다리 보고
　　　서울 구경 다 끝났어요.
　　　제주도로 가봅시다.
학1　제주도는, 제주도는 바람, 돈, 여자. 여자가 많아서 삼다도라
　　　고 합니다.　◀ 학습자 오류 발생
교　　음? 돈이 많다고요 제주도에?　◀ 교사 수정 개시
　　　여기가 돈이에요?
학1　응. 아니 아니.
교　　바람도 많고, 여자도 많은 건 알겠는데, 돈이 많은가요
　　　제주도에?
　　　돌이겠죠. 돈이 아니고
　　　돌이에요.　◀ 교사 수정
　　　石头. 不‘是’(돌이에요. 돈이 아니에요).

20 학들 ((웃음))

21 교 제주도가 삼다도라고 하는 건 바람, 여자, 돌이 많아서 삼다도라고 하죠.

<CKKT1231>

이 사례는 교사 개시-교사 수정이 나타난 수정 조직이다. 수정 조직으로서 이 연속체는 학습자의 발화 내용 중에 오류가 발생하자(10-11) 교사가 인식을 하고 수정을 개시하였다(12-13). 그러나 학습자는 교사의 수정 개시에 대해서 부정만 하였을 뿐(14), 수정을 시도하지 않았다. 이후 교사는 수정을 위해 메타언어적 피드백(15-16), 명시적 수정(17-18)을 제공하였고, 다시 중국어로 코드 스위칭을 하여 메타언어적 피드백을 제공하였다(19). 이상의 수정 조직은 학습자 발화의 내용 오류를 바로잡는 과정에서 교사가 수정을 개시하고, 수정의 주체로서 수정까지 완료한 교사 개시-교사 수정의 구조이다. 이상의 조직은 다음과 같이 구조화할 수 있다.

[표 19] 교사 개시-교사 수정 조직에서의 코드 스위칭(2)

발화 주체	발화 유형	교수 언어	수정
학습자	내용 오류(10-11)	한국어	
교사	반복(12)	한국어	◀ 교사 수정 개시
교사	명료화 요구(13)	한국어	
학습자	학습자 부정(14)	한국어	
교사	메타언어적 피드백(15-16)	한국어	
교사	명시적 수정(17-18)	한국어	◀ 교사 수정
교사	메타언어적 피드백(19)	중국어	

이 사례에서도 마찬가지로 한국어로 대화가 지속되다가 메타언어적 피드

백을 통해 오류의 원인과 수정 내용을 제시할 때에는 중국어로 코드 스위칭을 하였다. 이처럼 메타언어적 피드백 단계에서 코드 스위칭이 발생하는 사례는 다른 교사의 사례에서도 나타난다.

01	학1	시험이 잘 지내려면(1.0)잘 준비하세요.	◀ 학습자 오류 발생
02	교	잘 지내려면?	◀ 교사 수정 개시
03	학1	(3.0)	
04	교	要考好是吗? 考试是哪个动词?(시험을 잘 치겠다는 거죠? 시험을 보다, 동사가 뭐예요?)	
05	교	시험을 뭐예요?	
06	학1	(2.0)	
07	교	考试, 哪个词来着?(시험을 보다 무슨 단어예요?)	
08	학1	(2.0)	
09	교	시험을 보다 아니에요?	◀ 교사 수정

<CKT3252>

수정 조직으로서 이 연속체는 학습자 오류에 대해서 교사가 인식을 하고 수정을 개시하였다(02). 그러나 학습자가 침묵을 하자(03), 교사는 코드 스위칭을 하여 수정에 도움을 주었다(04). 따라서 04의 코드 스위칭은 교사의 한국어 명료화 요구에 대한 학습자의 침묵 반응에 대한 결과로 사용된 것이며, 학습자에게 수정 요구를 반복하는 기능을 갖는다. 07 코드 스위칭 역시 교사의 명료화 요구(05)에 대한 학습자의 침묵(06)으로 인해 코드 스위칭이 사용되었고, 반복적으로 수정 요구를 하고 있다. 계속해서 교사의 수정 요구가 이어졌지만, 학습자의 수정은 이루어지지 않았고, 결국 교사에 의해 수정이 이루어졌다(09). 이상의 수정 조직의 순차 조직은 다음과 같이 구조화할 수 있다.

[표 20] 교사 개시-교사 수정 조직에서의 코드 스위칭(3)

발화 주체	발화 유형	교수 언어	수정
학습자	오류 대답(01)	한국어	
교사	반복(02)	한국어	◀ 교사 수정 개시
학습자	휴지(03)	침묵	
교사	메타언어적 피드백(04)	중국어	
교사	유도하기(05)	한국어	
학습자	휴지(06)	침묵	
교사	유도하기(07)	중국어	
학습자	휴지(08)	침묵	
교사	명시적 수정(09)	한국어	◀ 교사 수정

이상의 사례에서 확인할 수 있듯이 교사 주도의 수정 조직에서 나타나는 코드 스위칭은 피드백 유형에 따라 사용 언어가 달라진다. 위 사례에서 교사가 처음 학습자 오류를 인지하고 반복을 통해 암시적 피드백을 제공할 때에는 한국어를 사용하였다. 그러나 명시적으로 어떠한 부분이 오류인지를 설명하는 메타언어적 피드백을 사용할 때에는 중국어로 코드 스위칭을 하였다. 그리고 다시 한국어로 수정 요구를 하였고, 학습자가 침묵하자 중국어로 코드 스위칭을 해서 한 번 더 유도를 한 후에 교사가 한국어로 명시적 수정을 하였다. 이처럼 명시적 피드백 유형을 제공할 때에는 중국어로 코드 스위칭을 하고 암시적 피드백 유형을 제공할 때에는 한국어를 사용하였다.

01	교	계속해서 두 번째 문법을 보겠어요.	
02		○○ 씨 읽어보세요.	
03	학1	한 30분쯤 걸릴 거에요.	◀ 학습자 오류 발생
04	교	三十分中?	◀ 교사 수정 개시

05　학1　사::암십분.

06　교　三十分中.

07　　　40분이 아니라 30분　◀ 교사 수정

08　　　千万别把韵尾吞了，一吞了就分不清30和40了.

(30분, 30분, 운미(받침)를 잊어버리면 안 돼요, 잊어버리면 삼십이랑 사십을 구별 못할 거예요.)

<CKKT6261>

이 사례는 학습자의 발음 오류를 수정하기 위하여 피드백을 제공하는 장면이다. 학습자가 '30분'을 발음할 때에 받침을 정확하게 발음하지 못해 '40분'과 명확한 구분이 이루어지지 않자 교사는 피드백을 제공하였다. 먼저 반복을 통해 오류를 암시적으로 인식하게 하였고(04-06), 명시적인 수정을 통해 학습자 오류를 수정하였다(07). 이후 메타언어적 피드백을 통해 학습자가 정확하게 발음할 수 있도록 도움을 주었다(08). 이상의 피드백 연속체와 코드 스위칭 양상을 구조화하면 다음과 같다.

[표 21] 교사 개시-교사 수정 조직에서의 코드 스위칭(4)

발화 주체	발화 유형	교수 언어	수정
교사	수업 진행(01)	한국어	
교사	학습자 지목(02)	한국어	
학습자	오류 발생(03)	한국어	
교사	반복하기(04)	중국어	◀ 교사 수정 개시
학습자	오류 수정(05)	한국어	◀ 학습자 수정 실패
교사	반복하기(06)	중국어	
교사	명시적 수정(07)	한국어	◀ 교사 수정
교사	메타언어적 피드백(08)	중국어	

이처럼 중국인 한국어 교사는 학습자 오류에 대해서 교사 개시-교사 수정의 구조로 수정 조직을 주로 구성하고, 이때 사용하는 피드백의 유형에 따라 중국인 교사의 언어가 달라진다. 명시적 피드백 특히 메타언어적 피드백을 통해 오류의 원인과 수정 방법을 설명할 때에는 문법 용어를 사용한 설명이 필요하기 때문에 중국어로 코드 스위칭을 하여 피드백을 하였다.

6.4.2. 교사 개시-학습자 수정

교사 개시와 교사 수정의 양상이 수정의 주체로서 교사의 역할이 중심이 된 수정 조직이라면 교사의 개시 후에 학습자가 수정을 하는 교사 개시-학습자 수정 양상도 존재한다. 교사 개시-학습자 수정의 조직은 코드 스위칭 사용과 무관하게 교사와 학습자 사이의 수정 단계에서 일반적으로 나타나는 수정 조직이다.

01	교	여보세요?	
02	학1	선생님, 웬일이세요?	
03	교	○○ 씨, ○○ 씨가 이번 주 토요일 3시에 만나면 괜찮다고	
04		했는데, 우리 3시에 만날까요?	
05	학1	네. 좋아요.	
06		그럼 그때 보자.	◀ 학습자 오류 발생
07	교	오케이	
08		그때 보자((웃음))	◀ 교사 수정 개시
09	학1	=그때 봐요.	◀ 학습자 수정
10	교	여러분들 이런 형식으로 또 누가 해볼까요?	

<CKT72132>

이 사례는 교사와 학습자가 대화 연습을 하는 단계에서 나타난 학습자의 높임법 오류를 수정해 주는 장면이다. 학습자가 높임법을 사용하지 않고 "그때 보자"라고 발화하자(06), 교사는 학습자 발화를 반복하면서 웃음을 보였고(08), 이러한 암시적 피드백이 단서가 되어 학습자는 바로 높임법을 써서 오류를 수정하였다(09). 이때 수정 조직은 교사 개시-학습자 수정의 구조이다.

[표 22] 교사 개시-학습자 수정 조직에서의 코드 스위칭(1)

발화 주체	발화 유형	교수 언어	수정
학습자 1	학습자 오류(06)	한국어	
교사	반복하기(08)	한국어	◀ 교사 수정 개시
학습자 1	자기 수정(09)	한국어	◀ 학습자 수정

이처럼 코드 스위칭을 사용하지 않은 수정 조직 외에도 코드 스위칭을 사용한 교사 개시-학습자 수정의 수정 조직 역시 매우 정형화된 형식으로 나타난다.

01 학1 처음 뵙겠습니다.
02 저는 ○○○이라고 합니다.
03 학2 어, 4반에서 공부할 학생입니까?
04 학1 네. 그렇습니다.
05 학2 너도 4반 학생입니까? ◀ 학습자 오류 발생
06 학1 아 진짜요?
07 교 너도? ◀ 교사 수정 개시
08 너도?

09 둘이 잘 아는 사이예요?

10 너도是两个人非常亲密的关系中使用(너도는 두 사람이 매우 친밀한 관계일 때 사용합니다.)

11 그렇게 하면 안 돼요.

12 ○○ 씨도

13 학2 ○○ 씨도 4반 학생입니까? ◀ 학습자 수정

<CKT72132>

이 사례는 학습자 사이의 대화 연습 도중에 발생한 문법 오류를 암시적으로 피드백하는 장면이다. 학기 초에 처음 만난 두 사람이 대화를 하고 있는 상황에서 '너도'라는 표현을 사용하자, 교사는 '너도'라는 어휘를 반복하면서 오류가 있음을 암시적으로 나타내고 있다(07-08). 이후 두 사람이 잘 아는 사이인지를 물으며(09) 유도하기 피드백을 제공하였고, 메타언어적 피드백을 통해 조사 오류를 명확히 하였다(10). 마지막으로 명시적 수정을 통해 직접 학습자 오류를 수정함으로써(12), 학습자가 수정된 표현을 반복할 수 있도록 하였다(13).

[표 23] 교사 개시-학습자 수정 조직에서의 코드 스위칭(2)

발화 주체	발화 유형	교수 언어	수정
학습자 1	인사	한국어	
학습자 2	질문	한국어	
학습자 1	대답	한국어	
학습자 2	질문 오류(05)	한국어	
학습자 1	대답(06)	한국어	
교사	반복(07-08)	한국어	◀ 교사 수정 개시
교사	유도하기(09)	한국어	

교사	메타언어적 피드백(10)	중국어	
교사	명시적 수정(11-12)	한국어	
학습자 2	자기 수정(13)	한국어	◀ 학습자 수정

이상의 수정 조직을 통해 앞서 밝힌 명시적 피드백 제공할 때와는 교수 언어 사용에 있어서 차이가 있음을 확인할 수 있다. 수정 조직에서 암시적 피드백을 제공할 때에는 한국어를 그대로 사용하였고, 메타언어적 피드백을 제공할 때에 중국어로 코드 스위칭한 것을 볼 수 있다.

01	교	○○ 씨 자주 영화를 봐요?	
02	학1	네	
03	교	어디서 봐요?	
04	학1	극장.	
05	교	영화관에서 봐요.	
06		영화표 비싸지 않아요?	
07	학1	便宜的地方(싼 데 있어요.)	◀ 학습자 오류 발생
08	교	怎么说呢?(어떻게 말해요?)	◀ 교사 수정 개시
09		便宜的地方还有贵的地放(싼 데도 있고 비싼 데도 있어요.)	
10		어떻게 말해요?	
11	학1	不贵的有.(비싼 데도 있어요.)	
12	교	한국말로 이야기해야죠.	
13	학1	(1.0)싼 데도 있고 비싼 데도 있어요.	◀ 학습자 수정

<CKT2221>

이 사례는 목표 문법 '-(으)ㄴ 데'를 활용하여 문장을 완성하는 과제를

수행하는 장면이다. 학습자는 목표 문법을 활용해서 교사의 질문에 완성된 문장으로 응답하는 과정에서 어려움을 겪는다. 그래서 중국어로 불완전한 응답을 하자(07), 중국인 교사는 중국어로 도움을 제공하며(09), 학습자의 수정을 돕는다. 교사의 이러한 도움으로 학습자는 성공적으로 오류를 수정하였다(13). 따라서 이때 수정 조직의 구조는 교사 개시-학습자 수정의 양상임을 알 수 있다.

[표 24] 교사 개시-학습자 수정 조직에서의 코드 스위칭(3)

발화 주체	발화 유형	교수 언어	수정
교사	질문	한국어	
학습자	학습자 오류(07)	중국어	
교사	명료화 요구(08)	중국어	◀ 교사 개시
교사	중국어로 도움 주기(09)	중국어	
학습자	불완전한 응답(11)	중국어	
교사	한국어 사용 요구(12)	한국어	
학습자	오류 수정(13)	한국어	◀ 학습자 수정

다음 사례는 문법 연습 단계에서 학습자 발화가 문법 오류를 포함할 경우에 사용되는 수정 조직이다.

01 학1 어디에서 오셨어? ◀ 학습자 오류 발생
02 교 말이 돼요? ◀ 교사 개시
03 要小心这个'-시-',
04 如果有这个'-시'的话一定是尊敬的对象,
05 要换成非敬语的话'-시'也要一起去掉的.
(이 '-시'를 조심해야 돼요, '-시'가 있으면 높여야 할 대상이

있다는 거예요. 반말로 바꾸려면 '-시'도 같이 빼야 돼요.)

06 학1 어디에서 왔어? ◀ 학습자 수정

<CKT2244>

이 사례는 반말을 활용하여 문장을 만드는 연습을 하는 상황에서 학습자가 생성한 예문의 문법적 오류를 수정하는 장면이다. 높임법이 적용된 문장을 반말로 바꿔야 하는 상황에서 학습자가 종결어미만을 생략하는 오류를 범하자(01), 교사는 명시적 수정을 통해 발화에 문제가 있음을 밝혔다(02). 이후 중국어로 코드 스위칭을 하여 메타언어적 피드백을 통해 반말 사용 방법과 원리를 설명하였다(03-05). 학습자는 이러한 피드백을 듣고, 스스로 오류를 수정하였다(06). 이러한 수정 조직의 구조는 다음과 같다.

[표 25] 교사 개시-학습자 수정 조직에서의 코드 스위칭(4)

발화 주체	발화 유형	교수 언어	수정
학습자	학습자 오류(01)	한국어	
교사	명시적 수정(02)	한국어	◀ 교사 개시
교사	메타언어적 피드백(03-05)	중국어	
학습자	학습자 수정(06)	한국어	◀ 학습자 수정

지금까지 확인한 교사 개시-학습자 수정의 수정 조직은 주로 문법 연습 단계에서 나타난 사례이다. 문법 연습은 수업 단계의 특성상 목표 문법을 활용한 학습자 연습이 이루어지기 때문에 이때 학습자의 오류가 빈번하게 나타나는 단계이다. 따라서 교사는 학습자 오류를 대상으로 수정을 하기 때문에 수정 조직의 대부분이 문법 연습 단계에서 나타났다. 그러나 문법 연습 단계 외에 이해 점검 단계에서도 학습자 오류에 대한 교사 개시 그리고 학습자 수정의 수정 조직이 나타났다.

01 교 韩语不难吧?
02 학1 한국어 어렵지 않아?
03 교 한국어, 한국말이 어렵지 않아?
04 韩国人觉得敬语法非常重要.
05 학2 한국 사람들은 높임밥을 ◀ 학습자 오류 발생
06 교 높임밥을 不是높임법을 ◀ 교사 개시
07 학2 높임법을 중요하게 생각합니다. ◀ 학습자 수정

<CKT2241>

이 사례는 읽기 단계에서 본문 내용에 대한 이해 점검을 위해 교사가 중국어 번역을 제시하면 학습자들이 본문 내용을 한국어로 번역하는 장면이다. 학2의 번역에서 발음 오류가 나타나자(05), 교사는 명시적 수정 피드백을 통해 문제가 있음을 밝혔고(06), 학습자는 교사의 수정 요구를 반영하여 정확한 발음으로 문장을 수정하였다(07). 이러한 수정 조직은 교사 개시-학습자 수정의 형태로 조직되었다.

6.4.3. 학습자 개시-교사 수정

지금까지 살펴본 수정 조직은 교사가 오류를 먼저 인지하고, 수정을 개시한 구조이다. 중국인 학습자는 한국어 능력의 제한으로 쉽게 자신의 오류를 발견하고 수정 개시를 시도하는 경우가 많지 않다. 그러나 학습자 스스로 인지를 한 후 개시하는 구조도 존재한다. 이러한 학습자 개시 수정 조직에서 나타나는 중국인 교사의 한계는 교사 주도의 수정 전략만을 사용한다는 것이다.

01 학1 영화를 몇 시::

02 　　영화가:: ◀ 학습자 개시

03 교 영화가!

04 학1 영화가 몇 시 시작해::

05 　　몇 시 시작하::

06 교 시작하는지

07 학1 (2.0)

08 교 영화가 몇 시에 시작하는지 아세요? ◀ 교사 수정

<CKT7211>

이 사례는 코드 스위칭을 포함하지 않은 학습자 개시-교사 수정의 수정 조직이다. 문법 연습 단계에서 목표 문법 '-(으)ㄴ지 알다/모르다'를 활용해서 문장을 만드는 장면인데, 교사가 중국어 문장을 제시한 후 학습자가 목표 문법을 사용해서 한국어로 번역을 하는 연습 단계이다. 학습자는 자신의 문장에 오류가 있음을 알고 자신의 말차례 내에서 스스로 수정을 개시하였다(02). 그러나 수정이 성공적으로 진행되지 못하자 교사는 명시적 수정을 통해 피드백을 하였고(03, 06), 이후에도 학습자가 수정을 완료하지 못하자 결국 교사가 수정을 완료하였다(08). 이러한 수정 조직은 학습자 개시-교사 수정의 조직으로서 학습자가 스스로 오류임을 인지하고 수정을 개시하더라도 자가 수정을 통해 오류 수정을 하는 것이 쉽지 않다는 것을 보여주는 사례이다.

다음 사례는 코드 스위칭이 포함된 학습자 개시-교사 수정의 사례이다.

01 학1 그래서 한국 어른들에게 말을 할 때는 조심해서 말을 해야

02 　　돼.

03 학2 단어를 고를 때에는 많은(1.0)

04 　　생각하야:: 해야 해요. ◀ 학습자 개시

05 교 많이 생각해야 돼요.
06 생각을 많이 해야 돼요.
07 或者是(또) 많은 생각을 해야 돼요. ◀ 교사 수정

<CKT2241>

이 사례는 읽기 후 단계에서 읽은 내용을 활용해서 대화를 만들어서 역할극을 하는 장면이다. 먼저 학2는 예문을 만들면서 형용사 '많다'의 활용형에서 어려움을 겪고 있다. 부사형 전성어미 '–이'를 사용해서 '많이'로 쓸 것인지, 관형사형 전성어미 '–은'을 사용해서 '많은'을 사용할 것인지 고민을 하면서 말을 끌고 있다(03–04). 이후 '생각해야'의 발음에서도 어려움을 겪고 있다(04). 이때 학습자는 자신의 발화에 문제가 있음을 인지하고 스스로 수정을 개시하였다. 그러나 스스로 수정을 완료하지 못하고 교사가 수정을 완료하였다(05–07). 그리고 명시적 수정을 통해 올바른 문장을 교사가 제시하는 단계에서 중국어 코드 스위칭을 통해 가능한 여러 가지 문장을 소개하고 있다.

01 교 我只有一件冬天的衣服.(나는 겨울옷이 한 벌밖에 없다)
02 학1 나는::(2.0)
03 겨울에::(1.0) ◀ 학습자 개시
04 교 겨울!
05 겨울옷이↗
06 학1 겨울옷이 하나밖에
07 교 [하나밖에] 없어요?
08 衣服怎么说?(옷을 어떻게 세요?)
09 不是, 衣服的量词(의복 단위성 의존 명사)
10 用벌

11	나는 겨울옷이 한 벌밖에 없어요.	◀ 교사 수정
12	只有一件(한 벌밖에)	
13	겨울옷이 한 벌밖에 없어요.	

<CKKT62132>

이 사례는 읽기 후 단계에서 교사가 중국어를 제시하면 학습자가 배운 문법을 활용하여 한국어 문장으로 번역하는 장면이다. 교사가 중국어로 문장을 제시하자(01), 학습자는 처음부터 문장을 제대로 만들지 못하며(03), 수정을 개시하였다. 교사의 피드백이 있었지만, 학습자는 수정을 완료하지 못했고, 결국 교사가 수정을 완료하였다(11). 이처럼 학습자가 스스로의 발화에 문제를 인식하고 수정을 개시하더라도 부족한 한국어 사용 능력으로 인해 정확하게 오류를 수정하는 것이 쉽지 않다. 그래서 학습자 개시-학습자 수정의 양상은 제2언어 교실 대화에서 일상적으로 나타나지 않는다. 이러한 학습자의 언어 수준을 고려하여 교사가 수정의 주체로서 수정을 하는 것이 학습자 개시-교사 수정의 구조이다.

[표 26] 학습자 개시-교사 수정 조직에서의 코드 스위칭

발화 주체	발화 유형	교수 언어	수정
학습자 1	선행 발화	한국어	
학습자 2	학습자 오류(03)	한국어	
학습자 2	학습자 오류(04)	한국어	◀ 학습자 개시
교사	명시적 수정(05-07)	한국어, 중국어	◀ 교사 수정

지금까지 확인한 수정 조직 가운데 코드 스위칭이 포함된 사례는 '교사 개시-교사 수정', '교사 개시-학습자 수정', '학습자 개시-교사 수정'의 세 가지이다. 일반적으로 중국인 한국어 학습자는 한국어 사용 능력이 부족하기

때문에 자신의 오류를 스스로 발견하기 어렵다. 따라서 교사가 주로 오류를 발견하게 되면서 '교사 개시' 형태의 수정 조직이 주로 나타난다. 또한 교사 개시 이후에 수정에 있어서도 학습자가 자가 수정을 하는 양상보다 교사가 수정을 하는 '교사 수정'의 양상이 일반적인 양상으로 나타났다. 이러한 대화 분석 결과는 중국 대학의 한국어 교실에서 수정의 주체로서 교사가 중요한 역할을 담당하고 있음을 의미한다.

수정 조직에서 나타난 또 다른 특징으로는 피드백의 유형에 따라 사용하는 교수 언어가 달라진다는 것이다. 수정 개시 단계에서 교사는 피드백을 통해 발화에 오류가 있음을 나타내는데 이때 암시적 피드백을 사용할 경우 한국어를 사용하여 반복이나 명료화 요구의 형태로 수정을 개시하였다. 그러나 명시적 피드백을 사용할 경우에는 중국어로 코드 스위칭을 하여 메타언어적 피드백이나 명시적 수정 요구를 하였다. 이처럼 교사가 사용하는 피드백의 유형에 따라 교수 언어가 달라진다는 것은 교수 언어가 기능적으로 분배되어 있으며, 이러한 기능에 대한 인식을 바탕으로 교사가 전략적으로 코드 스위칭을 사용한다는 것을 의미한다.

6.5. 소결

지금까지 대화분석을 통해 중국 대학의 한국어 교실 대화를 대상으로 코드 스위칭의 사용 양상을 분석하였다. 교실 대화를 전사한 후에 수업 단계를 기준으로 말차례, 인접쌍, 확장 조직, 수정 조직의 네 가지 분석 도구를 활용하여 구체적인 특성을 기술하였다. 그리고 이때 결과 해석을 위해 통계 분석을 통해 도출한 코드 스위칭의 거시적인 사용 양상과 비교하면서 관계를 확인하였다.

먼저 말차례에서 나타난 코드 스위칭의 특성은 코드 스위칭이 교사 말차례에서 나타난다는 것이다. 학습자 말차례에서 나타나는 코드 스위칭은 교사가 코드 스위칭 사용 권한을 부여한 제시-번역 인접쌍의 단계에서만 제한적으로 나타났다. 이러한 결과는 코드 스위칭의 95.9%가 교사에 의해 수행된다는 통계 분석 결과와 비교를 통해 더욱 명확해진다. 교사 말차례에서 나타나는 코드 스위칭은 구체적으로 문법 제시, 수업 진행, 과제 수행 절차 소개, 숙제 안내 등으로 교사가 전달하고자 하는 의미를 명료화하는 기능을 갖는다. 말차례에서 나타난 두 번째 특성은 코드 스위칭이 말차례 교환의 기폭제로서 기능을 갖는다는 것이다. 다양한 원인으로 말차례 교환이 중단되는 의사소통 문제가 발생했을 때, 교사의 코드 스위칭은 말차례 교환을 촉진하는 역할을 하였다.

다음으로 인접쌍 구조에서 나타는 중국인 교사의 코드 스위칭은 제시-번역, 오류-피드백, 문제 표지-스캐폴딩의 세 가지로 나타났다. 제시-번역 인접쌍은 교사가 제시한 한국어 혹은 중국어 표현을 학습자가 번역을 하면서 코드 스위칭을 사용하는 것이다. 이러한 인접쌍 구조에서 교사는 학습자에게 코드 스위칭 사용 권한을 부여한다. 제시-번역 인접쌍은 어휘 제시, 문법 제시, 본문 해석 단계에서 사용되었다. 오류-피드백 인접쌍은 학습자 오류 직후에 교사가 코드 스위칭을 통해 피드백을 하는 구조로서 피드백 이후에 수정으로 확장되지 않고 피드백만으로 대화가 완결되는 구조이다. 이러한 인접쌍은 오류의 주체가 학습자 전체거나, 오류의 내용이 배우지 않은 범위에서 발생한 경우, 내용 오류일 경우에 나타난다. 오류-피드백의 인접쌍은 교실 의사소통의 전형적인 구조인 I-R-F에 근거한 모형이기 때문에 모든 수업의 국면에서 다양하게 나타났다. 문제 표지-스캐폴딩의 인접쌍은 침묵, 오해 등의 의사소통 문제 표지 직후에 나타나는 교사의 코드 스위칭이 스캐폴딩의 기능을 갖는 구조이다. 학습자의 한국어 능력 부족에서 기인한 의사소통 문제를 해결하기 위하여 교사는 코드 스위칭을 통해 스캐폴딩을 제공하였다.

확장 조직은 세 가지 인접쌍이 확장된 구조를 의미하는 것으로 제시-번역-상세화, 오류-피드백-수정, 문제 표지-스캐폴딩-발화 지속의 세 가지 조직으로 나타났다. 제시-번역-상세화의 확장 조직은 어휘 제시와 문법 제시 단계에서 교사가 상세화를 통해 구체적인 사용 맥락을 제시함으로써 목표 문법과 어휘의 활용성을 높이는 조직이다. 오류-피드백-수정은 피드백 이후에 수정으로 확장되는 조직이다. 이때 교사의 피드백은 유형에 따라 사용 언어가 달라지는 양상이 나타났는데, 반복, 명료화 요구 등의 암시적 피드백을 제공할 때에는 한국어를 사용하였고, 명시적 수정, 메타언어적 피드백 등의 명시적 피드백을 제공할 때에는 코드 스위칭을 통해 중국어를 사용하였다. 이를 통해 오류의 원인과 수정 원리를 명확하게 제시하였다. 상세화와 암시적 피드백 단계에서 나타난 코드 스위칭은 문장 간 코드 스위칭의 비율이 91.6%에 이르는 중국인 교사의 코드 스위칭 양상을 구체적으로 확인할 수 있는 장면이다. 보상 전략으로서 코드 스위칭이 사용될 때에는 단어 차원에서 문장 내 코드 스위칭이 발생하지만, 중국인 교사는 어휘와 문법의 의미 외에도 구체적인 사용 원리를 상세하게 설명하거나, 오류의 원인을 명시적으로 안내하고 수정 방법을 설명할 때에 코드 스위칭을 사용하였다. 이러한 단계에서는 자연스럽게 교사의 설명 화법이 주로 사용되면서 완전한 중국어 문장의 형태로 코드 스위칭이 제공된다. 문제 표지-스캐폴딩-발화 지속의 조직은 스캐폴딩의 결과가 의사소통 문제를 해결하고 발화를 지속시켜 상호작용 활성화에 기여하는 조직이다. 말차례에서 나타난 상호작용의 기폭제로서 코드 스위칭의 역할이 실현되는 구체적인 형태이다.

마지막으로 수정 조직은 수정의 개시자와 수정의 주체에 따라 4가지 유형으로 구분되는데, 중국 대학의 한국어 교실에서는 교사 개시-교사 수정, 교사 개시-학습자 수정, 학습자 개시-교사 수정의 세 가지 유형이 나타났다. 학습자 개시-학습자 수정의 조직은 나타나지 않았는데, 이는 교사 중심의 수업 구조가 수정 조직에도 영향을 미친 것이다.

7. 중국인 교사의 코드 스위칭 맥락 요인

앞 절의 논의를 통해 한국어 교실 대화에서 나타나는 코드 스위칭의 전체적인 양상과 구체적인 실현 양상을 분석하였다. 분석 결과 중국인 교사의 코드 스위칭 사용 양상은 제2언어 교실에서 보편적으로 나타나는 일반적인 특성의 코드 스위칭도 있지만, 중국 대학의 한국어 교실이라는 고유한 맥락에서 발생한 특수한 코드 스위칭도 존재한다. 따라서 이러한 특수성을 고찰하기 위하여 다양한 질적 자료를 분석하여 코드 스위칭 사용에 영향을 미치는 맥락 요인을 분석하는 것이 필요할 것이다. 특히 통계 분석 결과에서 확인하였듯이, 중국인 교사의 코드 스위칭에 영향을 미친 교사 변인은 통계적으로 유의미한 차이를 보이지 않았기 때문에 코드 스위칭 사용에 작용하는 공동체 요인이 교사 개인 변인보다 중요한 영향을 미칠 것이라는 것을 알 수 있다. 이러한 맥락에서 중국인 교사의 코드 스위칭 사용에 영향을 미친 맥락적 요인을 고찰하기 위하여 설문 조사를 통해 중국인 교사의 코드 스위칭에 관한 인식을 조사하였고, 수업 녹음 후에 자극회상기법의 인터뷰를 통해 코드 스위칭 사용에 관한 의도를 확인하였다. 추가적으로 한국어정독 수업과 관련된 다양한 질적 자료-지도안, 수업 PPT, 시험 문제, 교육과정 해설서 등-의 자료를 분석하여 연구 결과의 신뢰도를 높이고자 하였다. 분석 결과 중국인 한국어 교사의 코드 스위칭 사용에 영향을 미치는 맥락적 요인은 사회적 맥락, 상황적 맥락, 참여자 맥락의 세 가지 유형으로 나타났다.

7.1. 코드 스위칭 사용의 사회적 맥락

7.1.1. 외국어 교육 정책과 제도

7.1.1.1. 읽기 교육 중심의 한국어 교육과정

중국 대학의 한국어 교육과정은 읽기 교육을 중심으로 구성된다. 한국어에 관한 지식이 전무한 학습자들에게 읽기 수업을 통해서 한글 자모의 발음, 어휘와 문법 등의 특징을 가르치고 이를 토대로 듣기, 말하기, 읽기, 쓰기 기능을 향상시키는 단계로 나아간다. 따라서 중국의 한국어교육에서 읽기 과목은 단순히 읽기라는 의사소통 기능 중의 한 가지 능력을 향상시키는 과목이 아니라, 기본적인 언어적 지식을 가르쳐 문법적 능력을 향상시키는 임무도 포함한다. 따라서 읽기 과목은 한국어교육 교과 과정의 중심 과목으로 교육의 기초 단계부터 고급 단계까지 연결하여 다른 기능별 교육과 이어주는 몸통의 역할을 한다(교우박, 2011). 읽기 교육 중심의 경향성은 개설된 강좌의 수를 통해서도 확인할 수 있다. 중국한국(조선)어교육연구학회(2009)에서는 중국 대학의 한국어학과에 개설된 과목의 분포를 조사하였는데, 전체 과목의 68%가 읽기 기능을 중심으로 구성된다고 하였다. 이러한 결과를 통해 중국 대학의 한국어 교과 과정은 읽기 교육을 중심으로 진행된다는 것을 알 수 있다. 이처럼 지식 습득의 통로로서 읽기 능력을 강조하고, 교육과정을 읽기 중심으로 설계한 것은 교육부의 교육과정 편성 지침에 근거한 것이다.

한국어 교육과정 편성의 지침이 되는 중국 교육부 <普通高等学校本科专业目录和专业介绍(2012)>에서는 기초 한국어, 고급 한국어, 시청각 한국어, 한중/중한 번역, 한국어 문법, 한국 문학작품 선독, 한반도 사회와 문화, 한국문학사 등 8개 과목을 핵심 과목으로 지정하였다(허세립·이인순, 2013:374-375). 이 가운데 시청각 한국어, 한국어 문법의 두 과목을 제외한 나머지 6과목은 모두 읽기 능력을 기반으로 하여 한국어 관련 지식과 기능으로 확장될 수 있는 과목이다. 이처럼 중국 대학의 한국어 교육과정은 읽기를 중심으로 설계되어 있으며, 읽기는 관련 지식과 기능을 통합시키는 통로의 역할을 한다. 이러한 읽기에 대한 강조는 상대적으로 한국어 사용 능력 신장에 대한 중요성을 감소시켰다. 한국어 의사소통 능력 신장을 강조하는 것 대신에 읽기 교육을 한국어와 관련된 다양한 지식 습득을 강조하는 경향은 교육과정의 운영 주체인 교육기관별 학습 목적에서도 확인할 수 있다. 다음은 <CKT3>이 소속된 학과의 학습 목적이다.

> **朝鲜语专业培养方案**
> **(한국어 전공 육성 방안)**
>
> 一、培养目标(육성 방안)
>
> 本专业培养具有坚实的朝鲜语语言基础和英语基础， 较强的朝鲜语和英语综合运用能力较高的文化素质掌握宽广的人文知识一定的经贸科技等相关专业知识、毕业后能够胜任翻译经贸外事教学旅游管理等工作的复合型人才.
>
> (본 학과는 한국어와 영어의 기초 토대 위에 한국어와 영어의 종합 사용 능력, 높은 문화적 소양, 넓은 인문지식, 일정 수준의 경제무역, 과학기술 등에 관한 전문지식을 갖추고, 졸업 후 통역, 경제무역, 교육, 여행, 관리 등의 업무를 수행할 수 있는 복합적인 인재를 양성한다.)
>
> 二、培养要求(육성 방안)
>
> 毕业生应获得以下几方面的知识和能力：
>
> 1. 了解我国有关方针政策法规；
> 2. 掌握语言学文学及相关人文和科技方面的基础知识；
> 3. 具有扎实的朝鲜语语言基础和熟练的听说读写译等能力；
> 4. 了解我国国情和朝鲜半岛的社会文化；

5. 具有较好的汉语表达能力和基本调研能力；
6. 具有一定的英语实际应用能力；
7. 掌握文献检索、资料查询的基本方法, 具有初步的科学研究和实际应用能力；
8. 能直接使用朝鲜语独立承担外事工作, 开展对外经贸活动, 处理有关涉外业务；
9. 掌握计算机及网络应用技能.

(졸업생은 다음과 같은 여러 방면의 지식과 능력을 얻어야 한다.
1. 우리나라의 관련 지침, 정책, 법규를 이해한다.
2. 언어학, 문학 및 관련 인문 및 과학기술 분야의 기초 지식을 습득한다.
3. 탄탄한 한국어의 기초와 능숙한 듣기, 말하기, 읽기, 쓰기, 번역 등의 능력을 갖추고 있다.
4. 우리나라의 국정과 한반도의 사회 문화를 이해한다.
5. 중국어 구사 능력과 기본 조사 능력이 우수해야 한다.
6. 일정한 영어 실용 능력을 가지고 있다.
7. 문헌검색, 자료조회의 기본적인 방법을 파악하여 기초적인 과학적 연구와 실제 응용 능력을 갖추고 있다.
8. 직접 한국어를 구사하여 독자적으로 관련 업무를 담당할 수 있으며, 대외경제무역 활동을 진행하여 업무를 처리할 수 있다.
9. 컴퓨터 및 인터넷 응용 기술을 파악하고 잘 다룰 수 있다.)

-중략-

이처럼 중국 대학의 한국어학과에서는 한국어 의사소통 능력 신장을 명시적으로 표방하지 않으며, 한국어 능력을 기초로 하여 다양한 분야에서 요구하는 직무를 성공적으로 수행할 수 있는 복합형 인재 양성을 추구한다. 따라서 한국어 의사소통 능력 신장을 위해 한국어 사용을 강조하는 원칙과 규정은 확인할 수 없다. 한국어 의사소통 능력 신장을 위해 한국어 사용을 강조하는 국내 한국어 교육기관과 달리 읽기 능력을 중심으로 다양한 지식의 습득을 추구하는 중국 대학의 한국어교육은 교수 언어 사용에 대해서 다른 기준을 가지고 있는 것이다. 이처럼 제도적으로 형성된 한국어교육에 대한 관점은 한국어 교사의 인식에서도 확인할 수 있다.

> 여기는 한국어 어학당이 아니잖아요. 전공자들이잖아요. 전공자들이 어학당처럼 강의하면 전공 의식이 전공자로서 자부심이 떨어질 수 있거든요. 그래서 저 같은 경우는 문법 수업이나 문법을 강조하기는 해요. 학습자들한테 문법 용어라든가 수업 시작하기 전에 예를 들면 조사를 배운다 뭐를 배운다 그러면 조사라든가 한국어 문형의 특성이라든가, 들어가기 전에 문법 술어에 대한 설명문법 체계에 대한 간단한 특징 먼저 간단하게 설명을 하고 들어가거든요. 강의 도중에서 순간순간 정리를 해주기도 하고요. 전공으로서 한국어를 배우는 거니까 지식적인 것을 강조하는 거죠.
>
> <CKKT1>

<CKKT1>은 한국어 의사소통 능력 신장을 뛰어넘는 한국어 전공자로서 전문 역량을 갖춘 인재 양성이라는 목표를 달성하기 위하여 한국어를 가르치고 있다고 하였다. 그리고 이때 중요한 것은 한국어와 관련된 지식을 제대로 전달하는 것이라고 강조하였다. 따라서 한국어 사용 능력 신장을 명시적인 목표로 추구하지 않으며 전공자로서 갖추어야 할 전문적인 지식의 함양을 추구한다. 이러한 목표 달성을 위해 교사는 한국어를 교수 언어로 사용하는 것이 아니라, 지식 전달에 적합한 언어를 자유롭게 선택해서 사용한다.

국내 대학의 한국어 교육기관에서 한국어 사용을 원칙적으로 표방하는 가장 핵심적인 이유는 교사의 한국어 사용이 학습자의 한국어 사용 능력 신장이라는 교육 목표 달성에 기여하기 때문이다. 그러나 중국 대학은 명시적으로 한국어 의사소통 능력 신장을 표방하고 있지 않으며 읽기 능력을 통한 통합적인 언어 지식과 기능의 신장을 추구한다. 이러한 중국의 한국어 교육과정 체계하에서 교사는 자율적으로 적합한 교수 언어를 선택해서 사용

할 수 있으며 이때 교수 언어로 한국어나 중국어가 모두 사용될 수 있다. 결국 교육과정에 근거한 교수 언어 선택의 자율권이 중국인 교사의 코드 스위칭에 영향을 미친 제도적 요인이다.

7.1.1.2. 번역 중심의 정독 과목 목표와 체계

중국 대학의 한국어교육에서 번역 능력에 대한 강조는 여러 논의에서 제시되었다(추애방, 2017). 번역 능력의 강조는 중국 교육부의 외국어 교육과정의 목표와 한국어 전공자를 위한 한국어 평가의 구체적인 내용에서 모두 학습자의 번역 능력을 강조하였기 때문이다. 중국 대학 한국어 4급 시험 영역별 평가 기준에서는 "번역 이론 지식과 번역 전략을 활용하여 문장 형식으로 되어 있는 한국어를 중국어로 혹은 중국어를 한국어로 정확하고 유창하게 번역할 수 있다"고 제시하고 있다. 또한 한국어 8급 시험 영역별 평가 기준에서도 "한국어로 되어 있는 신문 기사와 문학 작품을 번역할 수 있다"고 명시적으로 제시하고 있다. 이처럼 번역 능력을 강조하는 정부의 외국 교육 정책의 영향으로 한국어교육에서도 자연스럽게 번역 능력을 강조하였다.

'한국어정독' 과목은 수업은 '종합 한국어', '기초 한국어' 등 학교마다 과목 명칭이 다르기는 하지만 중국 대학의 한국어학과 수업에서 가장 중요한 역할을 한다. 1학년 때부터 개설되어 발음과 어휘 문법 등의 전반적인 한국어 지식을 기르는 데에 목적이 있다. 한국어학과의 다른 과목이 주로 한국어 지식에 기초하여 개별적인 능력 향상을 목표로 하지만 정독 과목은 기본적인 언어 지식을 가르치는 목적 외에도 다른 언어 기능을 향상하기 위한 기초 과목으로 성격을 가진다. 한국어정독 과목이 기본적인 언어 지식을 배우는 기초 과목으로서 성격을 가지지만, 과목의 명칭에서 확인할 수 있듯이 본질적으로 읽기 영역에 뿌리를 두고 있다. 이러한 읽기 교육에서 가장 중요한 역할을 담당하는 것이 바로 한국어정독이다.

장광군(2002)은 정독 과목의 목적은 한국어의 어음, 어휘, 문법 등의 전반적인 지식을 가르치는 데 있다고 하였다. 한국어학과의 다른 과목은 주로 한국어 지식에 기초하여 여러 가지 능력의 양성을 목표로 하지만 정독은 주로 한국어에 관한 전반 지식을 가르치고 말하기, 듣기, 읽기, 쓰기 번역 등 모든 면에서의 기초적인 능력을 향상시킨다고 하였다. 엄녀(2009)에서도 정독 과목은 입문부터 시작하는 학습자에게 한국어의 자모, 어휘, 문법을 중심으로 교육함으로써 한국어의 듣기, 말하기, 읽기, 쓰기 번역 능력을 신장하기 위한 기초를 마련하고자 개설한 강좌라고 하였다. 이러한 논의를 통해 한국어정독 과목이 읽기 능력을 토대로 다른 언어 기능을 양성하기 위한 기초 과목으로서 역할을 담당한다는 것을 알 수 있다. 이러한 과목의 성격은 교육과정 해설서에도 명시적으로 나타난다. 먼저 첫 번째 자료는 <CKT 9>가 소속된 학과의 강의 계획서이다.

≪综合朝鲜语≫

本课程是高等院校朝鲜语专业的学科基础必修课程，共开设六个学期，本课程以课文为中心，以语法知识为线索，综合训练听说读写四项语言能力并辅之翻译练习，培养学生综合语言理解和运用能力.

본 과정은 고등대학 조선어학과의 학과 기초 필수과정으로 총 6학기가 개설되어 있다. 본 과정은 본문을 중심으로 문법 지식을 단서로 하여 듣기, 말하기, 읽기, 쓰기 네 가지 언어 능력을 통합 훈련하고 통역 연습을 병행하여 학생들의 종합적인 언어 이해와 운용 능력을 길러 준다.

'종합한국어'라고 불리는 이 과목의 성격에 대한 해설에서 중요시하는 것은 교육 내용으로서 '본문'(课文)이다. 한국어정독 과목이 본질적으로 읽기 교육에서 출발하였기 때문에 본문을 중시하여, 본문의 내용을 바탕으로 문법과 의사소통 기능을 통합적으로 배워 종합적인 언어 이해와 운용 능력을 기르는 것을 목표로 한다. 이때 본문은 교재에서 다루는 핵심 내용으로 대화문으로 구성된 한국어 교재와 달리, 짧은 설명문 형태로 구성되어 있다. 본문의 내용을 중심으로 새로 나온 어휘와 문법을 연습하는 것으로 수업이 구성된다. 이러한 방향은 또다른 사례에서도 확인할 수 있다. 다음 강의계획서는 <CKT 3> 학과의 한국어정독 교육과정 해설서의 일부분이다.

> **综合韩语**
>
> 培养学生具有一定的阅读能力, 一定的听说和翻译能力, 以及初步的写作能力, 使学生能以韩语为工具, 进行日常的交流并摄取专业知识, 并为进一步提高韩语水平打下较好的基础.以短文为主要讲授形式进行词汇教学, 培养学生熟练运用词汇的技巧, 提高学生对词汇的组合分析和灵活性的认识, 增加中级句型和语法500项。对学生进行成段表达(口语和书面语)的训练.
>
> 읽기 능력, 일정한 듣기와 번역 능력, 초보적인 쓰기 능력을 길러서 학생들이 한국어를 도구로 삼아 일상적 커뮤니케이션을 하고 전문 지식을 습득할 수 있도록 하고, 한국어의 수준을 더욱 향상시킬 수 있는 토대를 마련해 준다. 단문을 주요 형식으로 어휘를 가르치고 어휘를 능숙하게 구사하는 기교를 길러 어휘의 조합 분석과 유연성에 대한 인식을 높이고 중급문형과 문법 500개를 추가한다. 학생에게 단락(구어와 문어) 완성 표현 훈련을 진행한다.

‘종합한어’라는 명칭인 정독 과목은 앞선 사례와 마찬가지로 읽기 능력을 중시하며, 단문으로 구성된 본문을 주요한 내용으로 삼아 어휘와 문법을 배운다고 명시되어 있다. 이처럼 한국어정독 과목은 종합적인 한국어 능력 배양을 추구하는 기초 과목이지만 기본적으로 읽기 능력을 중시하며, 가장 핵심적인 교육 내용으로 본문을 사용한다. 따라서 본문을 올바르게 읽고 내용을 정확하게 이해하는 것이 정독 수업이 표방하는 실제적인 목표임을 알 수 있다.

이러한 목표 달성을 위하여 강조하는 번역 활동은 수업 단계뿐만 아니라 수업 이후의 평가 과정에서도 널리 활용된다. 다음은 <CKT 2> 학교의 기말 고사 시험 문제이다. 어휘와 문법을 묻는 문제 외에도 문장을 번역하는 문제가 있는데, 국내 한국어 교육기관의 시험에서는 결코 찾아볼 수 없는 유형의 문제이다. 문법번역식 교수법에 대한 비판으로 이제는 거의 사라진 문제 유형이지만 번역을 강조하는 한국어정독 수업에서는 평가 단계에서도 널리 활용되고 있다.

> II. 다음 내용을 한국어로 번역하시오. (2*15=30점)
> 1) 只要是我们学校学生，无论是谁都可以进去.
> 2) 我大学毕业10年了.
> 3) 那个食堂氛围好是好，但是饭菜价格太贵了.
> 4) 我正在考虑是考研究生还是到公司就业.
> 5) 由于雪下得太大，不知道车会不会按时到达.
> 6) 本人不亲自签名是不可以的.
> 7) 那个人因为交通事故，现在不能走路了.
> 8) 旅行回来马上就打电话给你.
> 9) 学生请老师再说明一次.
> 10) 最近不仅事业顺利，而且孩子们学习也好，所以非常幸福.
> 11) 看他吃的那么急，(看来)可能好久没吃东西了.
> 12) 不知道是不是因为肚子饱了，总是犯困.
> 13) 据说越笑越年轻.
> 14) 因为没有你的消息，还以为你回老家了呢.
> 15) 尽管努力了，还是不行，只好放弃了.

이처럼 번역을 목표로 하는 정독 과목의 성격에 따라 번역 활동은 정독 수업의 다양한 국면에서 나타났다. 특히 제시-번역 구조의 인접쌍과 제시-번역-상세화의 확장 구조는 코드 스위칭을 포함한 수업 대화의 핵심 조직으로서 번역을 강조하는 학습 목표에 부합하는 구조임을 알 수 있다.

7.1.2. 한국어 교육기관의 소통 규범

7.1.2.1. 교수 언어로서 한국어의 사용

중국에서 한국어교육은 학위 과정으로 대학의 학과에서 교육부가 정한 규정에 따라 운영[14]된다. 교육부의 규정은 학과 운영 지침, 교육의 목적 그리고 교육과정의 구성 등 거시적인 측면을 다룬다. 따라서 세부적인 교육 내용의 선정과 방법 등은 교육기관인 학과 단위에서 결정된다. 한국어교육에 관한 교육기관 층위의 규정으로 대표적인 것이 교수 언어 사용에 관한 것이다. 교육부나 각 성의 교육 담당 부서에서는 구체적으로 외국어 수업에서 어떤 언어를 써야 하는지를 규정하지 않는다. 다만 학과 차원에서 의사소통 규범으로 어떠한 언어를 교수 언어로 사용할 것인지를 결정한다.

> 학교에 규정은 없죠. 애들을 잘 어떻게 양성을 해야 한다는 거를. 학교에서는 “그냥 잘 양성하면 된다”까지 하지 어떤 방식으로 어떻게 해라 그런 것은 없어요. “한국어를 잘 구사할 수 있도록 잘 양성해라” 이런 취지만 있지. 알아서 선생님들이 해야 하는 거죠. 그래서 우리 과는 학과 회의 때 (한국어를 주로 사용하기로) 여러 번 이야기했어요. 막 회의 때마다 자꾸 이야기하고. 선생님들마다 일단 조선족 선생님들한테 가서 이렇게 해야 하는 거 아니야 당연히 그렇게 해야지. 같이 목소리를 내서 막 같이 이야기하고 한족 선생님들한테 막 같이 이야기하고 혼자의 생각을 강요한다기보다는

14 중국 교육부의 <普通高等学校本科专业目录和专业介绍(2011)>에서는 졸업 학점, 필수 이수 과목 등의 교육과정 운영에 관한 기본적인 지침을 제공하고 있다.

다 그렇게 생각하고 있다. 라고 해서 서로 의견을 나눴던 것 같아요.

<CKKT4>

한국어학과의 경우에는 원어민 교수도 있잖아요. 평소에 교류도 많이 있고 그래서 한국어과 선생님들은 한국어로 하기로. 그래서 많이 해요. 근데 우리 대학에서 일본어, 독일어, 프랑스어, 영어 그런 선생님들도 있잖아요. 그런 선생님들은 원어민 선생님하고 교류가 그렇게 많지 않아서 다른 선생님들은 중국어로.

<CKKT10>

정해진 규정은 없어요. 자연스럽게 수업 시간에 한국어를 사용하는 것으로 정해진 거 같아요. 중국에서 한국어교육계 전체적으로 한국어로 강의하거나 학술 활동을 진행하는 분위기가 강해요. 그래서 중국에서 학회나 행사 때도 한국어로 하는 경우도 많고. 근데 다른 학과는 한국어과처럼 외국어로 강의하는 비율이 높지 않아요.

<CKT2>

이처럼 대부분의 한국어학과는 교육기관 차원에서 교수 언어로 한국어를 사용할 것을 권고하고 있다. 강제적인 규정이 아니라, 한국어학과라는 교육기관의 정체성에 근거하여 교사들이 자체적으로 정한 의사소통 규범인 셈이다. 따라서 이러한 규범에 근거하여 중국인 교사들은 주로 한국어를 교수 언어로 사용한다. 이러한 한국어 교육기관의 의사소통 규범의 특성은 다른 외국어과의 사례와 비교했을 때 더욱 두드러진다. 한국어과를 제외한 다른 외국어 전공의 학과에서는 중국인 교사가 주로 중국어를 사용한다고 응답하였다(CKKT10, CKT2). 이를 통해 교수 언어로 한국어 사용을 권고하는 것은

교육기관으로서 한국어학과에서 정한 의사소통 규범임을 알 수 있다.

의사소통 규범으로서 한국어 사용에 대한 강조는 교사에 비해 학습자에게 더욱 강력하게 작동한다. 목표어 사용의 강조는 대부분의 외국어 교실에서 공통적으로 나타나는 현상으로 언어 교육기관이 표방하는 언어 사용의 원칙인 경우가 대부분이다. 중국 대학의 한국어 교실 역시 이러한 규범을 적용하여 학습자는 교실에서 한국어만 사용할 것을 강조한다. 이는 한국어학과는 정체성과도 밀접한 관련을 맺고 있는 것으로 한국어를 배우는 전공이기 때문에 한국어 입력 기회를 늘리고 사용 기회를 갖기 위해 결정한 의사소통 규범이다. 제도적인 규약이 아니라, 교실에서 교사와 학습자 사이에 형성된 규범이기 때문에 강한 구속력은 없다. 그러나 교실 대화는 의사소통 규범에 근거하여 체계적으로 구성되기 때문에 이러한 규범을 지키기 않은 경우에는 교사의 수정 요구가 이어진다. 이처럼 교육기관 차원에서 합의한 한국어 사용에 대한 의사소통 규범은 교사보다 학습자에게 더욱 강한 구속력을 지니고, 이러한 규범에 따라 교실 대화가 구성된다. 따라서 3장의 양상 분석에서 실현된 교사 중심의 코드 스위칭은 이러한 의사소통 규범의 영향을 받은 것임을 알 수 있다. 교수 언어 사용이 상대적으로 자유로운 교사는 필요에 따라 코드 스위칭을 통해 중국어를 사용할 수 있지만, 학습자는 한국어만을 사용해야 하고 중국어를 사용할 경우에는 교사의 제지를 받기 때문이다.

7.1.2.2. 교사의 코드 스위칭 통제와 권한 부여

교실 대화는 본질적으로 불균형적인 대화이다. 교실이라는 제도적 공간이 부여한 지식과 권력의 불균형성으로 인해 대화 참여자인 교사와 학습자 사이의 대화는 불균형적인 양상을 나타낸다(진제희, 2006). 한국어 교실의 경우 교실이라는 제도적 환경이 부여한 전문가로서의 권위 외에도 한국어 사용 능력의 차이로 인해 교사는 교실 대화의 지배자이자 통제자로서 역할을 수행한다. 이러한 교사의 권한은 교수 언어의 사용에도 영향을 미친다. 원칙적으로 중국 대학의 한국어 교실에서 교수 언어는 한국어이다. 앞서 살펴보았듯이, 한국어만 사용할 것을 원칙으로 삼고 있지만, 교사는 자유롭게 한국어와 중국어 사이에서 적합한 언어를 선택적으로 사용할 수 있는 권한이 있다. 반면에 학습자는 의사소통 규범에 따라 원칙적으로 한국어만을 사용해야 하며, 교사가 코드 스위칭 사용 권한을 부여할 때에만 중국어를 사용할 수 있다. 이때 교사는 '무슨 뜻이에요?', '어떻게 말해요?'와 같은 표지를 통해 코드 스위칭 사용을 허락하고, 특정 학습자를 지목하여 말차례를 지정할 경우에만 코드 스위칭 사용이 가능하다. 이러한 의사소통 규범은 교실 대화의 주도권을 가진 교사의 권한에서 비롯된 것이다.

이처럼 말차례와 사용 언어 권한이 모두 교사에게 집중된 한국어 교실의 상황은 형태와 정확성을 강조하는 외국어 교실에서 발견할 수 있는 특징이다. 씨드하우스(Seedhouse, 2004)는 대화분석의 관점에서 교실 대화를 분석하였는데, 교육의 목적이나 주된 초점과 상호작용 사이에는 밀접한 관련이 있다는 사실을 발견하였다. '형태와 정확성을 강조하는 맥락'(Form and accuracy context)에서 수업의 목표는 형태 연습 및 습득이며, 교사는 학습자가 목표 문법 연습을 통해 정확성을 기르는 데에 집중한다. 따라서 말차례는 교사에 의해 완전하게 통제되고, 교사가 말차례를 부여한 학습자만 발화 기회를 얻을 수 있다. 중국 대학의 한국어 교실 역시 정확성을 강조하기 때문에 위와 비슷한 맥락을 가진다. 따라서 말차례의 통제와 분배의 주체로서 교사가 모든 권한을 가지고 있으며, 이때 학습자의 언어 또한 교사에 의해 결정된다. 원칙적으로 한국어만을 사용해야 하며, 교사가 코드 스위칭 사용을 허락할 때에만 중국어를 사용할 수 있다. 인접쌍 구조에서 나타난 제시-번역의 인접쌍은 교사가 학습자에게 코드 스위칭 사용 권한을 부여한 대표적인 사례이다. 이때 학습자는 교사가 코드 스위칭 사용 권한을 부여했기 때문에 교사가 제시한 한국어 어휘나 문장을 중국어로 자유롭게 번역할 수 있다. 따라서 학습자의 제한된 언어 사용과 달리 자유로운 교사의 교수 언어 사용 그리고 교사에게 집중된 말차례 분배와 통제 권한은 중국인 교사의 코드 스위칭 사용에 영향을 미치는 맥락적 요인이라고 할 수 있다.

7.2. 코드 스위칭 사용의 상황적 맥락

중국인 교사의 코드 스위칭 사용에 영향을 미치는 두 번째 맥락은 한국어 수업이 이루어지는 물리적 조건으로서 교실 공간과 수업 운영에 직접적으로 관여하는 수업 시수이다. 이러한 물리적 조건은 한국어정독 수업을 둘러싸고 있는 상황적 맥락으로서 한국어 교사의 수업 내용과 방법의 결정에 중요한 영향을 미친다. 김호정·정연희(2016)는 한국어 교사의 수정적 피드백 사용 양상에 대한 연구에서 학습자 중심의 피드백의 유형에 대한 교사의 한계를 보고하였다. 이때 다인수 구성의 학급, 제한된 수업 시수 등의 교육적 환경으로 인해 유도, 반복 등의 피드백을 통해 학습자 주도의 자가 수정이 이루어질 때까지 충분한 시간을 주는 것이 어렵다고 하였다. 이러한 연구 결과를 고려할 때 중국인 한국어 교실을 둘러싸고 있는 상황적 맥락 역시 중국인 교사의 코드 스위칭 사용에 영향을 미칠 것이다.

7.2.1. 물리적 조건으로서의 교실 공간

7.2.1.1. 다인수 학급 구성

중국인 교사의 코드 스위칭 사용에 영향을 미치는 첫 번째 상황적 맥락은 다인수로 구성된 한국어 학급이다. 의사소통 중심 한국어교육을 표방하는 국내 대학 부설 한국어 교육기관은 학급당 학생 수가 15명 이하로 운영된다.[15] 학생 수가 많으면 교사와 학습자 사이에 충분한 상호작용이 이루어지기 어렵기 때문에 학급당 학생 수를 15명 이하로 제한하는 경우가 일반적이다. 이러한 관점에서 중국 교육부 외국어 교육지도위원회에서도 '4년제 대학의 외국어 비통용어계열 전공 규범'(高等學校本科外語非通用語種類專業規範)에서 교수 대 학생의 비율이 1 : 15를 넘어서는 안 된다고 명시되어 있다. 이러한 규정에도 불구하고 중국 대학의 한국어과는 다인수로 학급이 구성되어 있다.

전영근(2010:87)에 따르면 지역별 한국어학과 교수와 학생의 비율이 북경-동북 지역은 1 : 38, 연해 지역은 1 : 40, 화남(광동, 광서) 지역은 1 : 27이며, 일부 대학의 경우 1 : 69에 이른다고 하였다. 이러한 결과는 중국 교육부에서 정한 '전공 규범'의 요구에 미치지 못한 결과로 다인수 학급 구성은 수업의 질을 저하시키고, 교수자가 학술 연구에 참여할 시간과 기회를 줄어들게 만든다고 하였다. 학습자의 경우도 학생 수의 과밀로 수업에 대한 참여도가 낮아지게 된다(허세립·이인순, 2013:368-369). 이처럼 교수 대 학생 비율이 높다는 것은 교수 숫자가 적다는 것과 동시에 학습자 수가 많다는 것을 의미하기도 한다. 런샤오리(2013)는 중국 대학의 4년제 한국어학과 현황을 정리하였는데, 학부 정원이 북경대가 10명으로 가장 적고, 월수외국어대가 280명으로 가장 많았다. 장국강(2009)에서는 대련외국어대 한국어과는 모집 정원이 680명에 이른다고 하였다. 학과의 모집 정원은 국가 정책이나 학교 상황에 따라 매년 달라지기는 하지만 기본적으로 중국 대학의 한국어학과가 다인수로 학급이 구성된다는 것은 널리 알려진 사실이다. 모집 정원을 고려하여 일반적으로 20명에서 30명을 기준으로 분반을 하여 학급을 구성하게 된다. 다시 말해 학생 모집 정원이 120명인 경우 20명씩 6개 반으로 나누거나, 30명씩

15 연세대학교 한국어학당은 한 반에 13명 내외, 경희대학교 국제교육원은 15명 내외로 반을 편성한다고 홈페이지에 공지하고 있다.

4개로 분반을 하는 경우가 일반적이다. 분반을 하더라도 학급당 학생 수가 적게는 20명에서 많게는 30명에 이르기 때문에 의사소통 중심의 수업을 진행하기에는 무리가 따른다.

> 2008년이 계기가 돼서, 어 그 중국 한국어교사 연수 프로그램이라는 게 있었어요. 한 번 있었어요. ○○대에 가서. 한 열흘 정도 하는 지금은 없어졌나봐요. 그때 기회가 돼서 갔는데. 어학당 수업을 참관하게 됐어요. 근데 학생이 몇 명 없는 거에 놀랬고, 저희는 서른 몇 명 이렇게 되니까
>
> <CKKT4>

> 교수가 된 후에 0대에서 중국인 교수들 초청해서 2주인가 연수했어요. 그때 0대 어학원에서 수업하는 거 보고 그랬어요. 그리고 세종학당에서 교사 연수도 참가했어요. 근데 거기서 보고 배운 거 별로 쓰지 못해요. 왜냐하면 중국하고 많이 달라요. 학생 수도 많고 전공이니까 진도도 나가야 하고 그래서 재미있고, 좋아 보여도 활용할 수는 없어요.
>
> <CKT7>

> (국내 연수의 효과) 근데 그 방법이 좋기는 하지만 제가 보기에는 학생 수가 적잖아요. 근데 우리 중국 같은 경우는 수가 너무 많아서 그런 방법을 하려고 해도 안 돼요. 우리 한 수업에서 강의해야 할 내용도 많고요.
>
> <CKKT10>

이 사례는 교사 재교육 단계에서 국내 교육기관의 초청으로 수업 참관을 실시하였지만, 국내 한국어 교실의 학생 수와 교육 환경이 중국과는 매우 다르다는 것을 깨닫고, 연수 내용을 그대로 적용하는 것이 어렵다고 보고하

는 인터뷰이다. 이처럼 의사소통 중심 수업이 이루어지는 국내 한국어 교실에 비해 두 배 가량 많은 학습자로 구성된 중국 대학의 한국어 교실은 물리적 조건으로 인해 교사 설명 중심의 수업 모형을 선택할 수밖에 없다. 이처럼 다인수 학급 구성에서 영향을 받은 수업 모형은 교수 언어 사용에도 영향을 미치게 되는데, 의사소통 중심 수업에서는 한국어 입력과 상호작용을 강조하며, 한국어를 주로 사용한다. 그러나 설명 중심의 수업에서는 교사의 메타언어 사용이 늘어나기 때문에 자연스럽게 코드 스위칭의 비율이 증가하게 된다. 따라서 코드 스위칭 사용 맥락으로서 중국 대학의 다인수 학급 구성은 교사의 코드 스위칭 사용에 영향을 미치는 상황적 요인임을 알 수 있다.

7.2.1.2. 일방향 소통 지향의 공간 구조

중국인 교사의 코드 스위칭 사용에 영향을 미치는 두 번째 상황적 맥락은 일방향 소통 구조를 지향하는 교실 좌석 배치이다. 15명 안팎으로 구성된 국내 대학의 한국어 교실은 의사소통 중심 수업을 위해 U자형 혹은 3~4명 정도 그룹으로 좌석을 배치한다. 이러한 좌석 배치는 교사와 학습자 사이에 상호작용은 물론 학습자와 학습자 사이의 상호작용이 활발하게 일어날 수 있도록 의도한 자리 배치이다. 그러나 중국 대학은 앞서 확인하였듯이, 다인수로 학급이 구성되기 때문에 칠판을 중심으로 일방향적인 좌석 배치가 이루어졌다. 중국 대학의 일반적인 한국어 교실 구조는 [그림 5]와 같다.

아래의 구조는 국내 대학의 좌석 배치와 큰 차이를 보인다. 모든 학생들이 교사를 바라보는 형태로 좌석이 배치되어 있기 때문에 소통의 방향 자체가 일방향적으로 형성된다. 그리고 이러한 공간 구조에서 교사는 일방적으로 학습자들에게 지식을 전달하는 역할을 할 수밖에 없으며, 교사와 학습자 사이의 상호작용은 물론 학습자와 학습자 사이의 활발한 상호작용 또한 기대

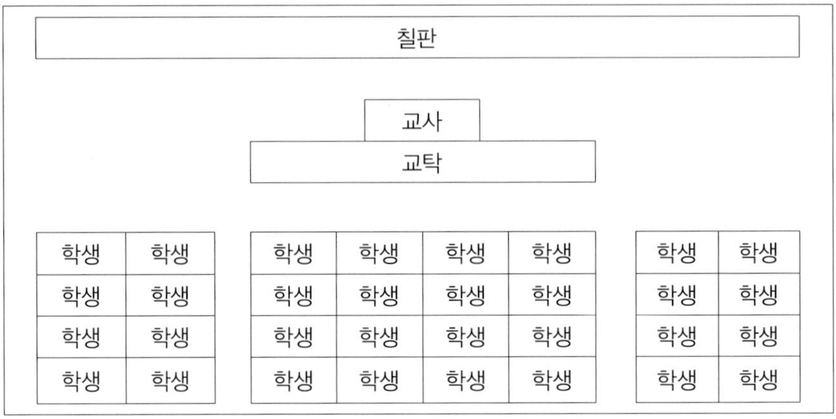

[그림 5] 중국 대학의 일반적인 한국어 강의실 자리 배치도

하기 어렵다. 결국 교실이라는 제한된 공간 안에 다인수의 학습자로 학급이 구성되면서 교실 좌석 배치는 일방향적인 구조를 취하게 되었고, 이러한 물리적인 조건은 수업 내용과 방법에도 영향을 미쳤다. 이러한 차이로 인해 교사 설명 중심의 일방향적인 수업 모형이 사용된 한국어 교실에서 교사는 코드 스위칭을 통해 교사 발화 중심의 수업을 구성하게 되었다.

7.2.2. 물리적 조건으로서의 시간 제약

7.2.2.1. 제한된 수업 시간

교육과정의 운영 지침에서는 과목별 이수 시간을 규정하고 있다. 다음은 북경대학교 한국어과의 전공 필수 과목의 교육과정 체계이다. 과목의 명칭과 학점 그리고 주당 시수가 표기되어 있다.

[표 27] 북경대학교 한국어과 전공 필수 과목

과목명	주당 시수	학점
한국(조선)어(1)	10	8
한국(조선)어(2)	10	8
한국(조선)어 시청각(상)	2	1
한국(조선)어 시청각(하)	2	1
한국(조선)어(3)	10	8
한국(조선)어(4)	10	8
한국(조선)어 명저 선독(상)	4	2
한국(조선)어 명저 선독(하)	4	2
한국(조선)어 회화(1)	4	2
한국(조선)어 회화(2)	4	2
한국(조선)어 회화(3)	4	2
한국(조선)어(5)	10	6
한국(조선)어(6)	10	6

교육과정 편제에서 확인할 수 있듯이 한국어정독 과목은 전공 필수 과목 중에서 가장 많은 주당 10시수를 할애한다. 수업 시수가 많다는 것은 해당 과목이 중요하다는 것과 동시에 배울 내용이 많다는 것을 의미한다. 앞서 확인하였듯이, 한국어정독 과목은 한국어과 교육과정에서 가장 중핵적인 역할을 하는 핵심 과목으로서 읽기뿐만 아니라 한국어 발음과 어휘, 문법 그리고 의사소통 기능에 이르기까지 한국어 지식과 기능을 통합적으로 배우는 종합 교과이다. 따라서 주당 10시간을 할애하여 정독 과목에 집중할 수 있도록 교육과정을 편성한 것이다. 그러나 다른 과목에 비해 상대적으로 많은 10시간을 편성하였지만, 필수적으로 학습해야 할 분량이 많기 때문에 10시간은 매우 제한적이다. 따라서 중국인 교사는 제한된 시간 동안 최대한 많은 내용을 가르치기 위하여 다양한 시간 관리 전략을 사용하게 되는데, 그때

널리 통용되는 교수 전략이 바로 중국어로 코드 스위칭을 하는 것이다(Cook, 2001).

> 왜냐하면 제가 처음에는 한국어로 강의를 해 본 적도 있었어요. 근데 속도가 너무 느려요. 우리 쓰는 정독 교재가 ○○대 출판된 교재 ○○출판사, 분량이 되게 많아요. 만약에 회화 수업, 듣기 수업 내용이 그리 많지 않은 경우는 한국어로 차근차근하게 해도. 분량이 너무 많은 경우라서 한국어로 진행하면 진도가 잘 끝나지 못해서.
>
> <CKT2>

> 그 시간 안에 완성해야 할 목표를 완성할 수 없거든요. 시간이 너무 걸려서 시간 제한이 없으면 괜찮을 거 같아요. 언어 수준도 제고하고 듣기 이런 것도 제고하고 50분이라는 시간 안에 반드시 해야 하니까
>
> <CKKT5>

> 한국어로만 설명하려면 시간이 더 오래 걸려요. 학생들이 이해할 수 있는 쉬운 말로 반복해서. 이해 못하면 다시 바꿔서 아니면 더 쉬운 말로 바꿔서 설명해야 하니까 한국말로만 하면 더 오래 걸릴 수가 있다고 생각해요.
>
> <CKT3>

이처럼 제한된 시간 동안 정해진 분량의 진도를 모두 마쳐야 한다는 교실 수업의 본질적인 특성을 고려하여 중국인 한국어 교사는 시간 관리 전략으로 코드 스위칭을 사용하였다. 이처럼 코드 스위칭을 통해 효율적인 시간 관리가 필요한 것은 중국의 교육 문화의 영향이다. 중국 대학의 경우 제한된 수업 시간 동안 반드시 목표한 분량의 진도를 끝마쳐야 한다. 그리고 이러한

목표를 달성하지 못한 경우를 '교학사고'(教學事故)라고 지칭할 만큼 정해진 시간에 분량을 마치는 것을 강조한다. 그러나 정독 수업의 경우 학습 내용이 많기 때문에 한국어만을 사용해서 정해진 시간 내에 진도를 마무리하는 것이 쉽지 않다. 따라서 중국인 교사들은 정해진 수업 분량을 끝마치고, 효율적으로 수업을 운영하기 위하여 코드 스위칭을 활용한다고 하였다. 이처럼 제한된 시간 동안 많은 양의 교육 내용을 포함하고 있는 정독 과목을 교수하기 위해서 코드 스위칭을 활용한 시간 관리 전략이 교육의 장에서 실현되었다.

7.2.2.2. 학습량이 많은 한국어 교재

한국어 수업은 교재를 중심으로 구성된다. 따라서 교재는 수업의 주제이자 대화의 화제로서 중요한 역할을 한다. 분석 대상인 한국어정독 수업의 교재 역시 교실 대화의 성격을 결정한다는 점에서 의의가 있다. 한국어정독 교재는 과목의 성격에서 확인하였듯이, 한국어학과에서 필수 과목으로서 많은 수의 교재가 출간되었다. 출간된 교재는 크게 중국 내에서 출간된 교재와 한국에서 출간된 교재의 중국어 번역본으로 구분된다. 한국에서 출간된 교재의 중국어 번역본은 국내 대학 부설 기관에서 사용하는 통합 교재의 중국어 번역본이기 때문에 내용과 구성에 대해서 널리 알려져 있다. 따라서 중국에서 출간된 정독 교재를 중심으로 교재의 특성을 살펴보고자 한다.

한국어정독 교재에서 나타나는 가장 큰 특징은 본문이 설명문으로 제시된다는 점이다. 국내 한국어 교재는 본문이 대화문으로서 구성되어 있지만, 중국에서 출간된 정독 교재는 설명문으로 이루어져 있다. 북경대 교재나 산동대 교재의 경우 설명문이 먼저 제시되고 이후에 대화문이 추가적으로 나타나지만 연변대, 상해교통대 교재 등 주요 교재들이 대부분 설명문이나 문학 작품을 본문으로 삼는다. 이처럼 본문의 유형이 설명문으로 설정된 것은 한국어정독 과목이 본질적으로 읽기 과목이기 때문이다. 교육과정 해설서에서 확인할 수 있듯이 읽기 능력을 중심으로 어휘와 문법을 배우는 기초 과목이기 때문에 능력 향상을 위해 본문을 설명문으로 제시하였다. 다음은 민족출판사에서 출간된 한국어정독 교재인 '한국어 2'의 일부분이다(이선한 외, 2010:45, 51).

(3)

정보화 시대가 되었습니다. 컴퓨터와 인터넷이 발달하여 생활의 많은 부분이 편리해졌습니다. 사람들은 컴퓨터를 이용해서 문서를 만들고, 어려운 계산도 빠른 시간 안에 쉽게 할 수 있습니다. 컴퓨터에 많은 자료를 저장하기도 하고, 재미있는 게임도 합니다. 게다가 컴퓨터로 음악을 듣기도 하고, 영화를 보기도 합니다.

인터넷이 발달하여 컴퓨터로 더 많은 일을 할 수 있게 되었습니다. 멀리 떨어진 곳에도 인터넷을 이용해서 쉽게 편지를 보낼 수 있습니다. 물건을 살 때에도 인터넷을 이용하면 편리합니다. 매장에 나가서 돌아다니지 않아도 좋은 물건을 싸게 살 수 있습니다. 시간과 돈을 절약할 수 있습니다.

그러나 인터넷이 장점만을 가지고 있는 것은 아닙니다. 나에 대한 정보를 다른 사람들이 악용할 수 있습니다. 인터넷을 너무 열심히 해서 다른 일을 할 시간을 빼앗기기도 합니다. 또한 어린이들에게 좋지 않은 내용을 담은 사이트도 많습니다.

편리한 인터넷이 사람들에게 해를 끼치지 않도록 우리 모두 노력해야 합니다.

课文生词

정보화[名] 信息化	바다[名] 大海
시대[名] 时代	엄청나다[形] 非常，很，特别，格外
모으다[他] 收集，攒，积，聚拢	이걸："이것을"的缩略形
워드[名] 文字(word)	문맹[名] 文盲
작업[名] 工作，操作，作业	정확하다[形] 正确，准确
검색[名] 检索	능력[名] 能力，才干
수정하다[他] 修改，更正	중요하다[形] 重要，主要
보다[辅动] 表示尝试、试图	부문[名] 部分
주문하다[他] 订货，预订	문서[名] 文件
항공권[名] 机票	계산[名] 计算，核算
종이[名] 纸	자료[名] 资料，材料

2. 终结语尾 -고요

接在用言或"-았-/-었-/-였-，-겠-，-시-/-으시-，-이다"后面，表示除已叙述的内容之外还有其他内容，多用于口语中。

例
- 전 인터넷 검색을 많이 해요. 가끔 게임도 하고요.
  我经常进行互联网检索，偶尔也玩一玩游戏。
- 양리 씨는 한국어를 참 잘해요. 영어도 잘하고요.
  杨莉韩国语真好，英语也不错。
- 집이 참 넓네요. 전망도 좋고요.
  房子真大，视野也好。
- 오늘 행사는 재미있었어요?
  今天的活动有意思吗?
  재미있었어요. 사람도 많이 왔고요.
  挺有意思的，人也来了不少。

3. 连结语尾 -지만

接在用言或"-았-/-었-/-였-，-겠-，-시-/-으시，이다"后面，表示转折，相当于汉语的"虽然……但是"。

例
- 어려웠지만 참 재미있었어요.
  虽然有些难，但挺有意思的。
- 할머니는 연세가 많으시지만 마음은 아직 젊으시다.
  奶奶虽然年岁大，但心态还很年轻。
- 그는 이제 초등학생이지만 제법 철이 들었다.
  他虽然只是一个小学生，但挺懂事。
- 일요일에는 시간이 있지만, 오늘은 시간이 없습니다.
  星期天有时间，今天没时间。

4. 惯用型 건가요

"건가요"是由依存名词"것"与"이다"及终结语尾"-ㄴ가"、补助词"요"构成的"것인가요"的缩略形式，接在名词或冠形词形语尾后面，表示疑问，多用于口语中。

[그림 6] '한국어 2' 교재의 본문과 문법

국내에서 출간된 교재와 달리 본문이 설명문으로 구성되어 있으며 많은 어휘가 제시되어 있음을 확인할 수 있다. 또한 문법 제시 역시 중국어로 의미가 제시되어 있고, 예문도 중국어로 번역되어 있다. 이처럼 중국에서 출간된 정독 교재는 본문 구성과 제시 방법에서 국내 교재와 차이를 보인다.

읽기 교육을 중시하는 중국 대학의 한국어교육의 경향에 근거하여 정독 교재에서 발견할 수 있는 두 번째 특징은 어휘량이 많다는 것이다. 고천(2016)은 5개 정독 교재의 어휘량을 분석하였는데, 국내에서 출판된 '연세한국어 3-4'에 소개된 어휘가 608개인 것에 반해, 북경대 교재는 3,915개, 연변대 2,786개, 산동대 2,348개로 중국에서 출판된 교재가 한국에서 출판된 교재에 비해 어휘량이 4~6배 정도 많다고 하였다. 이처럼 중국 교재의 어휘량이 많은 것은 중국 내 한국어교육이 단어에 대한 교육을 중시하기 때문이라고 하였다. 중국 내 한국어교육이 단어 교육에 초점을 맞추는 이유는 정독 수업 자체가 본질적으로 읽기 교육이기 때문에 본문을 읽고, 번역하는 것을 목표로 하기 때문이다. 따라서 번역을 위해 필요한 어휘 교육을 강조한다. 중국에서 출판된 정독 교재의 마지막 특성은 연습 단계에서 번역 활동을 중시한다는 것이다. 중국에서 출판된 정독 교재는 연습 단계에서 모두 번역 활동을 포함하고 있다. '아래 단문을 중국어로 번역하시오', '대화 단문을 한국어로 번역하시오' 등의 유형으로 연습 단계에서 번역 활동을 강조하였다. 이러한 연습 유형은 국내 교재에서는 찾아볼 수 없는 유형으로 번역을 강조하는 중국 대학의 한국어교육에 대한 관점을 확인할 수 있다.

이상 세 가지 특성은 한국어정독 과목이 가진 특성과 밀접한 관련을 맺고 있다. 한국어정독 과목은 읽기 교육이기 때문에 본문이 설명문으로 제시되고, 본문에 소개된 많은 어휘를 공부해야 하기 때문에 어휘량이 많다. 또한 번역 활동을 강조하는 과목의 특성을 반영하여 연습 단계에서 한-중 번역을 중요한 유형으로 제시하였다. 따라서 이러한 교재를 사용하는 중국인 교사는 어휘와 문법의 제시, 읽기 단계 등의 다양한 수업 국면에서 코드 스위칭을 사용하였다.

7.3. 코드 스위칭 사용의 참여자 맥락

중국인 교사의 코드 스위칭 사용에 영향을 미친 세 번째 맥락은 대화 참여자인 교사와 학습자이다. 교육의 주체이자 교실 대화의 참여자인 교사와 학습자는 교실에서 언어 사용에 큰 영향을 미쳤다. 먼저 참여자로서 교사는 한국인 원어민 교사와 구별되는 고유한 역할 수행과 비원어민으로서 한국어 지식과 사용 능력이 영향을 미쳤다. 학습자는 수동적인 참여도와 수업 태도 그리고 부족한 한국어 사용 능력이 코드 스위칭에 영향을 미쳤다.

7.3.1. 참여자로서의 교사

7.3.1.1. 비원어민 교사로서의 역할

중국 대학의 한국어교육 현장에서 발견할 수 있는 가장 큰 특징은 한국어 교사 집단이 한국인, 조선족, 한족으로 삼분화(三分化)되어 있다는 것이다(조항록, 2004; 왕단, 2009; 김가람, 2015a). 이는 중국에서만 확인할 수 있는 매우 독특한 현상으로, 미국의 경우 한국인 원어민 교사를 통한 교육이 활발하게 이루어지고 있으며, CIS 지역은 재외 동포인 고려인 한국어 교사의 비중이 높다. 그러나 중국의 경우 초창기 조선족 중심으로 이루어지던 한국어교육이 1992년 한중 수교 이후 한족 교사를 중심으로 활발한 교육이 이루어지고 있으며, 지리적인 근접성으로 인해 많은 수의 한국인 교사도 한국어를 가르치고 있다. 이처럼 한국어 교사의 언어적 배경이 세 집단으로 구분되는 독특한 현상은 다른 나라에서는 쉽게 찾아볼 수 없는 사례이다.[16] 이처럼 다양한

16 김가람(2015b)은 중국에서 한국어를 가르치는 각각의 교사 집단에 대해서 상세하게 다루고 있다.

교사 구성은 각각의 교사 집단이 담당해야 할 역할의 구분으로 이어졌다.

음, 번역을 많이 해요. 문장 같은 게 예문이 나올 때 교과서에도 문법 설명이 따로 있어요. 문법 설명이라는 게 있는데, 여기에 예문들을 이거 일단 가리고 한 번씩 번역해 보기로 많이 나가요. 제대로 이해했는지 확인하는 차원에서. 번역할 때 당연히 중국어로 하고. 본문도 한 번씩 중국어로 해석을 할 때는 중국어로 해석을 할 때가 있어요. 이게 어떤 뜻이다. 번역을 해 주는 과정이 원어민 선생님들이 하는 강의랑 아주 다른 근본적으로 다른 것 같아요.

<CKKT4>

중국인 선생님이 아무래도 원어민 선생님만 못한 과목이 있습니다. 특히 저희들은 작문, 신문 독해 등 수업은 원어민 선생님들에게 맡깁니다. 그래도 우리가 중국어를 하기 때문에 이런 한계를 어느 정도 극복할 수 있습니다. 그래서 역할 분담을 잘 하는 것이 중요합니다.

<CKT8>

서로 자신들이 잘하는 부분을 맡아서 하면 효과가 더 좋죠. 중국인 선생님들은 한국어를 배운 경험이 있기 때문에 문법 해석이 강점이에요. 배운 경험이 있으니까 학생들에게 알맞게 설명을 해줄 수 있죠. 그리고 학생들과 소통도 장점이라고 할 수 있죠. 중국어를 할 수 있다는 거, 한국어 문법 지식이 두 가지가 제일 장점인 거 같아요. 중국인 선생님들도 이걸 알고 문법을 가르칠 때 중국어를 사용하죠. 원어민 선생님과 비교했을 때 강점이니까.

<CKKT6>

이러한 중국인 교사의 인식은 한국인 원어민 교사와 중국인 교사가 담당해야 할 과목과 역할이 구분되어 있음을 명확하게 드러낸다. 다시 말해 두 교사 집단이 가지고 있는 언어적, 문화적 특성에 근거하여 담당 과목을 배정하고, 자신의 장점을 극대화할 수 있는 수업 방법으로 상호보완하는 것이 바람직하다는 것이다. 다시 말해 원어민 화자에 비해 한국어 능력이 부족한 중국인 교사는 한국어 입력과 상호작용이 이루어지는 과목 대신에 중국어 사용이 효과를 낼 수 있는 과목을 담당하는 것으로 역할을 분배하는 것이다. 이러한 역할 구분은 두 교사 집단이 가진 본질적인 특성에 근거한 것이다.

제2언어 교실에서 원어민 교사의 역할은 '언어 모델'(Language model)이며, 비원어민 교사의 역할은 '학습자 모델'(Learner model)이다. 언어 모델로서 원어민 교사는 학습자들에게 정확하고 풍부한 언어적 입력을 제공하는 것을 가장 기본적인 역할로 인식한다. 반면에 학습자 모델로서 비원어민 교사는 스스로의 학습 경험에 근거하여 학습 과정에 대한 이해와 학습 전략 제공에서 긍정적인 역할을 담당한다. 따라서 각 교사 집단의 특성을 고려하여 언어 모델로서 한국인 교사는 한국어 회화, 한국어 발음 등의 과목을 담당하고, 중국인 교사는 한국어정독, 한국어 문법 등의 과목을 담당한다. 앞서 확인하였듯이, 한국어정독 과목은 통합 교과로서 읽기 교육을 중심으로 번역, 문법, 어휘 등을 단기간에 종합적으로 가르쳐야 하기 때문에 중국인 교사는 코드 스위칭을 사용하여 비원어민 교사로서의 역할을 수행하고자 하였다.

결국 원어민 교사와 비원어민 교사의 역할 분담 그리고 성공적인 역할 수행을 위한 중국인 교사의 코드 스위칭이 이루어지기 위해서는 무엇보다 한국인 교사가 중국인 교사와 공존해야 한다. 이러한 상황에서 중국은 다른 국가에 비해 유리한 조건을 갖추고 있다. 지리적으로 한국과 가까울 뿐 아니라, 많은 기업이 진출해 있고, 한국인 유학생이나 거주하는 한국인이 많아서 한국인 교사를 구하는 것이 어렵지 않다. 또한 국내 대학과 중국 대학 사이의 교류를 통한 교사 파견, 세종학당을 포함한 국가 기관의 파견까지 포함하면 대부분의 학교는 한국인 교사를 확보하고 있다(노금송, 2009; 김가람, 2015a). 이처럼 원어민 교사와의 역할 분담이 상대적으로 수월하다는 장점이 있기 때문에 중국인 한국어 교사는 이러한 장점을 활용하여 한국어 사용에 대한 부담감을 내려놓고, 코드 스위칭을 사용하여 비원어민 교사로서 역할에 충실할 수 있다.

7.3.1.2. 교사의 한국어 지식 및 사용 능력

비원어민 한국어 교사로서 중국인 한국어 교사가 갖는 가장 큰 한계는 한국어 사용 능력이다. 메이지(Medgyes, 1994:58-59)는 비원어민 영어 교사의 장점과 단점을 분석하였는데, 비원어민 교사는 '말하기를 잘 하지 못하고', '학문적 언어를 사용'하며, '덜 자신감 있게 언어를 사용'한다고 하였다. 제한된 목표어 사용 능력에 관한 비원어민 교사의 한계는 한국어교육학 논의에서도 확인할 수 있다.

방성원 외(2015:57)에서는 국외 한국어 교사들이 한국어 교실에서 가장 어렵다고 인식하는 부분에 대해 원어민 교사와 비원어민 교사가 유의미한 차이가 있음을 보여주었다. 한국어 원어민 교사는 '학습자들과의 의사소통 문제', '현지 문화 및 학습자 특성 이해 부족'에 대해 어려움을 느낀 반면, 비원어민 교사는 '한국어 지식 부족', '한국 문화에 대한 지식 부족'에 대해 어려움을 느끼는 것으로 나타났다. 이러한 현상은 인식뿐만 아니라 실제 수업 분석의 사례에서도 드러난다. 한상미(2012)는 비원어민 한국어 예비 교사의 모의 수업을 대상으로 교사 발화에서 나타난 오류를 분석하였다. 분석 결과 총 498건의 언어적 오류 중 발음 오류가 약 80%로 가장 높은 비중을 차지했고, 문법 16%, 어휘 및 표현 오류가 2.2%로 뒤를 이었다. 언어적 오류가 한국인 원어민 교사에게서도 나타날 수 있지만, 원어민 교사에게서 나타나는 오류는 한국어 능력에서 기인한 것이라기보다는 개인적인 습관이나 방언에서 비롯된 것이다. 그러나 비원어민 교사의 경우 한국어 사용 능력이 원인이 되어 의사소통을 방해하고, 학습자들에게 잘못된 입력을 제공할 수 있는 오류가 생산된다. 비원어민 화자인 중국인 한국어 교사는 한국어를 외국어나 제2언어 혹은 상속어(조선족)로 배웠다. 자신의 모어(L1)인 중국어가 존재하는 상황에서 추가적으로 새로운 언어를 배운 것이기 때문에 원어민 화자에 비해 한국어 능력이 부족하다는 것은 쉽게 예측할 수 있다. 그리고 이러한 한국어 사용 능력의 제한으로 인해 실제 한국어 수업에서 코드 스위칭을 사용하게 된다.

이렇게 사실 제가 고민을 해 본 적이 있었어요. 한국어로 해야 하는지, 중국어로 해야 하는지 그거는 학생들이 2학년으로 들어갈 때. 근데 제가 한족이잖아요. 그래서 제가 한국인 원어민 화자처럼 자연스럽게, 정확하게 하는 것이 저한테 어려운 점이고요. 만약에 학생들에게 잘못된 입력을 주면 좋지 않다고 생각해서 그래서 계속 중국어로 강의를 하게 됐어요.

<CKT2>

모국어가 아닌 이상 제한이 있어요. 완벽하기까지는 계속 고민해요. 완벽함이라는 거 없어요. 그래서 그거 때문에 고민을 많이 하고.

<CKT3>

사실은 제가 한국 사람 아니잖아요. 한국에서도 이렇게 많이 있는 것도 아니고, 어떤 말은 많이 어려워요. 제가 한국어로 하는 게 부담스러워서. 그런 경우도 많아요.

<CKT9>

비원어민 화자로서 한국어 사용 능력의 한계에 대한 중국인 교사의 자각은 외국어로서 한국어를 배운 한족 교사뿐만 아니라, 상속어로서 한국어를 배운 조선족 교사에게서도 동일하게 나타났다. 신은경(2014)은 중국인 한국어 교사의 교수학적 내용지식(PCK)을 연구하였는데, 연구 참여자인 조선족 교사는 언어 사용 지식에 관한 인터뷰에서 다음과 같이 응답하였다.

> "저는 (조선족이지만) 어릴 때부터 중국인 학교에 다녔기 때문에 한국어를 따로 배운 적은 없어요. 한국어에 대한 부담감도 없구요. 하지만 제가 사용하는 어휘나 억양이 한국 사람들하고 좀 다른 건 있어요."
>
> 신은경(2014:73)

결국 조선족 교사도 자신이 구사하는 한국어에 포함되어 있는 조선족 특유의 억양이나 어투가 표준 한국어와 차이가 있다는 것을 인식하고 있었다. 이러한 언어상의 차이에 대한 자각은 교사의 한국어 사용에 대한 불안감으로 확장되었다.

> 약간 연변식 표준어, 서면어 같은. 그래서 한국 티브이랑 보면 그게 차이가 느껴지잖아요. 한국말은 저렇게 하고 있는데 나는 이렇게 하고 있구나. 한국말을 쓸 때 저런 단어를 쓰는데 나는 같은 뜻의 다른 단어를 쓰는구나. 그런 차이를 계속 느껴왔죠. 한국어를 한국인답게 해야 한국어를 가르치지 그렇지 않으면 연변식 한국어를 가르치지 않을까 그런 걱정을 해왔죠.
>
> <CKKT 4>

연변식 한국어에 대한 불안감 외에도 조선족 교사라고 해서 무조건 한국어 능력이 뛰어난 것은 아니다. 조선족 교사 역시 어린 시절부터 조선족 자치주에서 성장하면서 민족학교를 다닌 교사가 있는 반면 대도시에서 성장해서 조선어가 익숙하지 않은 조선족 교사도 있다. 또한 조선족 공동체를 떠나 대도시에서 중국어를 사용하면서 오랫동안 거주하였기 때문에 일상 언어로 중국어가 더 편해진 경우도 존재한다.

> 제가 조선족임에도 불구하고 중국에 와서 유학하고 온 지도 10년이 넘었잖아요. 일상 언어로 중국어가 편해진 거예요. 중국어가 편해지면서 수업 언어에도 반영이 된 거죠.
>
> <CKKT1>

조선족 한국어 교사인 CKKT1의 경우 조선족 공동체에서 성장하였고, 민족학교를 졸업한 후 한국어 교사가 되었다. 한국어 실력이 매우 뛰어나지만 실제 수업 시간에는 중국어를 주로 사용하였는데, 이러한 교수 언어 사용에 대한 교사의 인식은 예상과는 달랐다. 즉 조선족 교사로서 한국어 실력이 우수하기 때문에 수업 시간에 한국어를 주로 사용할 것으로 보이지만 대도시의 학교에서 근무하면서 일상생활에서 중국어를 주로 사용하였고, 이러한 기간이 길어지면서 생활 언어로서 중국어가 더욱 편해진 것이다.

이상의 논의를 종합했을 때, 중국인 한국어 교사는 비원어민 화자로서 한국어 사용 능력에 제한이 있음을 명확하게 인식하고 있었다. 이러한 인식은 양상의 차이만 있을 뿐 한족 교사와 조선족 교사 모두 동일하게 가지고 있었다. 따라서 중국인 한국어 교사의 한국어 사용 능력은 교실에서 중국어로의 코드 스위칭에 영향을 미친 주요한 교사 요인이라는 것을 알 수 있다.

7.3.2. 참여자로서의 학습자

일반적인 외국어 혹은 제2언어 교수학습 상황에서 교사가 학습자 모어를 사용하기를 원하더라도 학습자의 언어적 배경이 다양하다면 목표어 이외의 특정 언어를 사용하는 것이 쉽지 않다. 국내 한국어 교육기관에서 학습자 모어 사용이 어려운 이유를 조사한 최권진(2009)의 연구에서 "학습자의 모어 배경이 다양하기 때문에"가 교실에서 학습자 모어 사용을 금지하거나 그 사용을 최소화하는 이유라고 응답하였다. 학습자의 언어적 배경이 다양한 국내와는 달리 국외 한국어 교육 현장은 동일한 모어를 공유하는 단일어권 학습자로 구성된 경우가 대부분이다. 따라서 교사의 의지에 따라 학습자 모어가 매개어로 사용될 수 있다.

이처럼 실제 한국어 교수학습에 있어서 학습자 모어 사용은 학습자 구성이 중요한 변인이 된다. 학습자 구성에 있어서 모어의 다양성과 동일성은 '제2언어로서 한국어교육' 환경과 '외국어로서 한국어교육' 환경에서 일반적으로 나타나는 현상이다. 중국 대학의 한국어 교육 현장은 이러한 보편적인 학습자 특성 외에도 중국의 고유한 문화적, 상황적 맥락 요인의 영향을 받은 학습자 특성이 교사의 코드 스위칭 사용에 중요한 영향을 미친다.

7.3.2.1. 학습자의 참여 태도 및 역할

중국의 교육 문화는 전통적으로 교사 중심적이다. 따라서 교사 중심의 주입식 교수법이 주요한 수업 방법이며, 중국인 학습자들은 이러한 교육 문화에 길들여져 12년 동안 교육을 받고 대학에 입학했다. 결국 중국인 학습자에게 대학은 초, 중, 고의 연장선에서 교사의 수업을 들으면서 지식을 배우는 곳이다. 그러나 외국어 수업은 교사와의 풍부한 상호작용과 학습자의 적극적인 참여를 중심으로 한 의미협상이 일어났을 때 성공적인 학습이 가능하다. 하지만 중국인 학습자는 적극적으로 수업에 참여하기보다는 중국 특유의 교육 문화의 영향을 반영하여 수동적인 학습자로서 역할을 수행한다.

이러한 수동적인 학습자의 역할은 교수법과도 밀접한 관련을 맺는다. 중국에서 한국어교육은 문법번역식 교수법과 청각구두식 교수법을 중심으로 한국어교육이 진행된다(강보유, 2002; 김판준, 2017). 조천·박지현(2015)에서는 중국 대학생들이 인식하는 한국인 한국어 강사와 중국인 한국어 교사에 대한 차이를 조사하였는데, 교사의 교수법에 대한 인식에서 중국인 교사는 한국인 교사에 비해 번역을 많이 시키고, 교과서 중심으로 수업을 진행하며, 학습자의 수준에 맞게 수업을 진행한다고 하였다. 이러한 결과는 중국 대학의 한국어 수업이 한국어 의사소통 사용 능력 신장을 위한 상호작용 중심의 교육보다는 교사 중심의 일방적인 소통 구조로 지식 전달 중심의 수업이 이루어지고 있음을 의미한다. 이러한 상황에서 교사와 학습자 사이의 능동적인 의미 협상을 통한 상호작용을 기대할 수 없으며, 과제중심 접근법에 근거한 학습자 참여 중심의 한국어 수업을 기대할 수 없다. 따라서 중국인 학습자는 수업의 주체라기보다는 수동적인 참여자로서 교사의 설명을 듣고, 한국어에 관한 지식을 수용하는 존재가 된다.

> 처음에는 아까도 말씀드린 주입식 교육 이런 방식으로 많이 해서 좀 애들이 수업에 동참을 하는 거를 많이 못 했던 것 같아요. 처음에는 "정말 나는 못하고 있다"라고 생각했어요. 그런데 처음에는 "이게 못하고 있지만 이게 정확하다"라는 생각을 먼저 했어요. 왜냐하면 그런 교육을 많이 받았기 때문에 그게 스며 있었던 거 같아요. 베어 있었던 거 같아요.
>
> <CKKT4>

이처럼 수동적인 참여자로서 학습자의 역할이 제한된 상황에서 나타나는 특징은 교사에 비해 발화량이 절대적으로 적다는 것이다. 5.3절의 기술 통계에서 확인하였듯이, 중국 대학의 한국어 교실에서 나타난 교사와 학습자의 발화량 차이는 다른 외국어 교실에 비해 훨씬 더 차이가 크다. 학습자의 발화량이 적다는 것은 수동적인 지식 수용자의 역할을 담당해야 하는 학습자가 충분히 발화할 기회를 얻지 못했다는 것을 의미한다. 자연스럽게 교사 설명 중심의 수업 구조에서 교사 발화량은 많은 비중을 차지하였고, 교사 발화의 많은 부분이 중국어로 코드 스위칭이 되었다.

수업 모형과 코드 스위칭 사이의 관계는 신현단(2012)의 연구를 통해 확인할 수 있다. 한국어 교사의 영어 코드 스위칭 연구에서 교사가 귀납적으로 문법에 접근할 때는 학습자의 추측이 주요한 수업 진행의 도구이기 때문에 영어로의 코드 스위칭이 거의 발생하지 않지만, 연역적으로 교사가 문법을 설명할 때에는 영어 코드 스위칭이 활발하게 나타난다고 하였다. 결국 다양한 문화적, 상황적 맥락 요인의 영향으로 중국 대학의 한국어 교실은 학습자의 적극적인 참여를 기대하기 어려운 수업 구조가 형성되었고, 이러한 교사 중심의 한국어 수업은 코드 스위칭으로 이어졌다.

7.3.2.2. 학습자의 한국어 지식 및 사용 능력

교사의 학습자 모어 사용이 목표어 수준이 낮은 학습자들에게 더욱 유용하다는 것은 널리 알려진 사실이다. 스웨인과 랩킨(Swain & Lapkin, 2013)은 학습자 모어가 초급이나 중급 단계의 학습자들의 집중과 사고의 조직 그리고 의미의 내재화를 견인하는 데에 주요한 역할을 한다고 하였다. 이러한 결과는 한국어교육학 연구에서도 확인할 수 있다. 니콜라(2010)는 학습자의 학습 기간이 교사 선호도에 미친 영향을 조사하였는데, 학습 기간이 짧고 한국어 수준이 낮은 단계의 학습자에게는 모어를 사용할 수 있는 비원어민 교사가 적합하고, 목표어 사용이 익숙한 고급 단계의 학습자들에게는 원어민 교사가 더 적합하다는 결과가 제시되었다. 이러한 결과는 본 연구에 대입시켜 본다면 한국어 수준이 낮은 중국인 학습자들은 학습자 모어를 사용할 수 있는 중국인 한국어 교사를 선호한다는 것을 의미한다. 이처럼 초급 학습자들이 중국인 한국어 교사를 선호할 것이라는 예상은 교사의 학습자 모어 사용에 관한 인식에서도 확인할 수 있다. 본 연구에 참여한 중국인 한국어 교사들 역시 1학년 수업에서는 적극적으로 학습자 모어가 활용된다고 응답하였다.

제가 보기에는 초급 단계에서는 학생들이 그 아는 그런 한국어가 많지 않잖아요. 그때는 중국어로 하는 게 더 좋을 것 같아요.

<CKT7>

1학년은 80~90% 사이로 중국어를 많이 사용합니다. 어휘, 문법 해석은 다 중국으로 진행하는 편입니다. 문법은 한국어 설명이 어렵고 학생들이 잘 알아듣지도 못하며 중국어로 설명하면 학습 시간도 많이 줄일 수 있습니다.

<CKT8>

1학년 학생 가르치니까 거의 다 중국말로 쓰잖아요. 특히 아예 기초가 없는 아예 배우지 않는 (학생에게는) 그거 필수인 거 같아요. 발음부터 자모부터 배웠잖아요.

<CKT2>

결국 초급 단계의 학습자들은 학습자 모어를 사용할 수 있는 비원어민 교사를 선호하게 되고, 교사는 이러한 학습자의 수준과 기대를 고려하여 학습자 모어를 사용하게 된다는 것을 알 수 있다. 따라서 중국인 한국어 교사는 학습자 모어를 활용하여 복잡한 문법 규칙을 설명하고, 어휘의 의미

를 제시하고, 학습자의 오류를 정확하게 피드백한다.

그러나 학습자의 목표어 수준이 코드 스위칭의 사용을 추동하는 유일한 학습자 요인은 아니다. 학습 기간이 짧은 초급 단계의 학습자들이 원어민 교사를 선호하고, 학습 기간이 긴 고급 단계의 학습자들은 반대로 비원어민 교사를 선호한다는 결과도 존재하기 때문이다(Braine & Moussu, 2006; Cheung & Braine, 2007). 이러한 결과는 앞서 살펴본 선생 연구와는 다른 결과로 학습 기간이 길어질수록 배우는 지식의 양이 늘어나고, 이해하기 어려운 복잡한 개념과 내용이 많아지기 때문에 고급 학습자들은 모어 사용의 필요성을 강하게 느낀다고 하였다. 그리고 이러한 요구는 학습자 모어를 사용할 수 있는 비원어민 교사에 대한 선호도로 이어진다.

이러한 결과는 중국인 한국어 교사에 대한 학습자 인식을 연구한 호욱문·김영주(2013)의 연구에서도 확인할 수 있는데, 중국인 고급 학습자는 수업 시간에 모어 사용의 필요성을 40%이라고 응답하였다. 반면에 초, 중급 학습자는 30-40%라고 하였다. 이때 고급 학습자는 수업 내용이 어려워지기 때문에 중국어 사용이 필요하다고 하였다. 특히 고급 번역이나 통역 교육을 통해 목표어와 모어의 이중언어 능력을 갖추기를 원하기 때문에 수업에서 적절한 모어 사용이 필요하다고 생각하였다. 따라서 학습자의 한국어 수준이 교사의 학습자 모어 사용을 이끄는 절대적인 요인이 아니라, 과목의 성격이나 교육과정의 특성이 학습자의 언어 능력과 복합적으로 작용한다. 특히 한국학 전공 수업의 경우 학습자들에게 요구하는 지식의 양이 많아지고, 수준이 점점 더 높아진다. 초, 중급 단계에서 배운 언어 능력을 바탕으로 통, 번역과 같은 전문적인 언어 능력을 향상해야 하거나, 한국어와 한국 문화를 뛰어넘어 정치, 경제, 사회, 예술에 대한 다양한 전문 지식을 함양해야 하는 단계에서는 학습자 모어를 사용한 전공 지식 전달의 비중이 커질 수밖에 없다. 이러한 경우 고급 학습자라고 하더라도 교사의 코드 스위칭 사용을 기대할 수밖에 없고, 교사는 학습자의 이러한 요구에 부응하게 된다. 이러한 관점에서 학습자의 한국어 지식과 사용 능력의 수준이 교사의 코드 스위칭에 영향을 미치는 주요한 학습자 요인이기는 하지만 이러한 요인은 교육과정과 교육내용의 영향을 받아 복합적으로 작용한다는 것을 알 수 있다.

8. 결론

지금까지 중국 대학에서 한국어를 가르치는 중국인 한국어 교사의 코드 스위칭 사용 양상과 코드 스위칭에 영향을 미치는 맥락적 요인을 살펴보았다. 먼저 계량적 분석을 통해 주체별 발화량과 코드 스위칭의 사용 빈도, 코드 스위칭의 형식을 분석하여 코드 스위칭이 사용되는 교실 대화의 거시적인 양상을 탐색하였다. 나아가 대화분석적 접근을 통해 구체적인 코드 스위칭의 사용 시기와 기능, 결합 구조를 분석하여 코드 스위칭 사용의 미시적인 양상을 분석하였다. 마지막으로 코드 스위칭 사용에 관여하는 맥락 요인을 사회적 맥락, 상황적 맥락, 참여자 맥락으로 범주화하여 각각의 요인들이 코드 스위칭 사용에 어떠한 영향을 미쳤는지 확인하였다.

이러한 결과는 중국 대학의 한국어 교실에서 나타나는 코드 스위칭의 양상을 통합적으로 체계화함으로써 코드 스위칭이라는 언어적 현상이 한국어 교실에서 어떻게 작동하는지 올바르게 이해하는 데에 도움을 주었다. 다시 말해 교실 대화에서 나타나는 코드 스위칭의 95.9%가 교사에 의해 사용되었다는 기술 통계의 결과는 대화분석을 통해 의미가 명확해진다. 말차례 분석을 통해 교사 말차례에서 코드 스위칭이 주로 나타났으며, 학습자 말차례에서 나타난 코드 스위칭은 교사가 코드 스위칭 사용 권한을 부여한 제시-번역 인접쌍에서만 나타났다. 이러한 사용 양상의 원인은 중국 대학의 한국어 교실에서 작동하는 의사소통 규범의 영향을 받은 것인데, 의사소통 규범에 따르면 교수 언어로 한국어를 사용하고, 교사는 코드 스위칭의 통제자로서 사용 권한을 가지고 있다. 따라서 교사 코드 스위칭의 비중이 절대적으로 높은 수치를 나타낸 것이다. 이처럼 대화분석을 중심으로 하여 구체적인 사용 양상을 밝히고, 기술 통계 자료와 맥락 요인에 대한 질적 자료를 활용한 추가 분석은 중국인 교사의 코드 스위칭을 다양한 관점에서 분석하고, 의미를 해석할 수 있도록 하였다.

이상의 연구 결과를 통해 중국 대학에서 한국어를 가르치는 중국인 교사의 교수 언어 사용 양상은 국내 한국어 교육기관에서 한국어를 가르치는 한국인 교사와 많은 차이가 있음을 확인하였다. 그리고 이러한 차이는 국내 한국어 교육기관과 구별되는 고유한 교수 맥락과의 상호작용에서 비롯된 것임을 알 수 있었다. 중국 대학의 한국어 교실이 놓인 맥락적 조건에 따라 중국인 교사는 한국어와 중국어를 선택적으로 사용하였다. 따라서 중국 대학의 한국어 교실에서 사용되는 교수 언어를 국내 한국어 교육기관의 교수 언어 사용의 관점에서 평가하기보다는 교수 맥락의 고유성을 인정하는 관점에서 바라보는 태도가 필요하다. 특히 전통적인 관점에서 한국어 사용만을 강조하는 보편적인 교수 언어 사용 원리를 강조하기보다는 한국어 교실이 지닌 맥락지향성을 고려하여 모든 교수·학습 상황에 동일한 언어 사용 원리가 적용될 수 없다는 열린 태도가 필요할 것이다.

이 연구는 코드 스위칭 효과를 강조하며 중국인 교사의 코드 스위칭 사용을 옹호하거나 적극적으로 독려하는 논의가 아니다. 다만 교수 맥락의 특수성을 간과한 채 한국어 중심의 의사소통 교육만을 강조하는 교육 현장에 코드 스위칭 사용에 대한 새로운 관점을 제시하고자 하는 것이다. 여러 연구를 통해 확인되었듯이, 학습자 모어는 인지적 도구이자 의사소통의 통로이며, 정서적인 교감을 촉진하는 장치가 된다. 그럼에도 불구하고 코드 스위칭의 부정적인 측면만이 부각되어, 그 효용이 부정되거나 논의에서 배제되어 온 것이 현실이다(류혜진, 2015:71). 이러한 상황에서 중국 대학의 한국어 교실이라는 고유한 교육 현장에서 수행되는 한국어교육은 국내 한국어 교실과는 다른 양상으로 교수 언어가 사용되고, 교실 대화가 구성된다는 것을 확인하였다. 이러한 연구 결과를 토대로 한국어교육학 연구에서 간과하였던 교실 대화의 다양한 맥락적 특성과 교사의 코드 스위칭에 대한 교육적 함의를 발견하려는 노력이 필요할 것이다.

코드 스위칭 사용에 대한 열린 태도의 출발은 맥락적 조건을 고려한 교수 언어 사용에 대한 평가이다. 한국어교육은 본질적으로 언어 교육이며, 한국어 교사는 '한국어'를 가르치는 교육자이다. 따라서 교육의 핵심인 '한국어'의 중요성을 인식하고, 교수 언어를 사용하는 태도가 전제되어야 한다. 이러한 태도를 전제로 하여, 한국어 교실에서 교수 언어는 기본적으로 한국어로 설정되어야 한다. 그러나 교육 제도와 의사소통 규범, 교실 상황의 물리적 조건, 교육 주체로서의 역할 등의 요인에 따라 한국어에서 다른 언어로 코드 스위칭이 될 수 있음을 인정해야 한다. 중국 대학의 한국어 교육과정은 읽기 교육을 중심으로 번역과 지식 전달을 강조한다. 따라서 교육과정의 체계와 목적에서 한국어 의사소통 능력 신장을 명시적으로 강조하지 않는다. 또한 다인수로 학급이 구성되어 있으며, 제한된 시간 동안 교육해야 할 학습량이 많은 교재를 사용하고 있다. 교사 구성에 있어서도 한국인 원어민 교사와 중국인 교사의 역할이 구분되어 있어 원어민 화자로서 한국인 교사는 한국어 의사소통 능력 신장에 도움을 줄 수 있는 과목을 담당하고, 중국인 교사는 지식 교과나 통번역 과목을 주로 가르친다. 이러한 역할 분담, 지리적인 인접성으로 인해 많은 수의 한국인 교사가 한국어를 가르치고 있기 때문에 가능하다. 따라서 중국인 교사에게 부여된 지식 교과 교수라는 역할 수행을 위해서는 교수 언어로 중국어가 사용될 수도 있다. 그러나 원어민 교사가 충분하지 않은 국외 한국어 교육 현장에서는 비원어민 교사가 원어민 교사의 역할까지 모두 담당해야 하기 때문에 풍부한 한국어 입력 환경 조성의 관점에서 교수 언어로서 한국어의 중요성이 더욱 커질 것이다. 한국어 교육기관 역시 한국어 의사소통 능력 신장을 목표로 하는 교육기관에서는 교수 언어로 한국어를 사용해서 학습자들이 한국어에 노출되고, 교사와의 상호작용 기회를 통해 한국어 사용 능력이 신장될 수 있도록 해야 한다. 따라서 국외 한국어 교육 현장의 교수 언어 사용에 대한 평가는 이러한 맥락적 조건을 고려한 다면적인 접근이어야 한다.

이처럼 한국어 이외의 교수 언어가 지닌 가치를 인정하고, 교수 맥락에 따라 적절하게 코드 스위칭을 사용해야 한다는 관점에서 필요한 추가적인 논의는 구체적인 코드 스위칭 사용 방법이다. 코드 스위칭에 관한 연구는 다양한 교수 맥락에서 사용 시기와 방법을 분류하고, 효과를 검증하는 구체적인 논의가 이루어지고 있지만 "교수 맥락에 따라서 목표어와 적절하게 사용되어야 한다"는 열린 결말로 끝을 맺고 있다. 이러한 연구 경향성에 대해 리틀우드와 유(Littlewood & Yu, 2011)는 학습자 모어 연구에서 나타나는 '체계적'(Systematic), '선택적'(Selective), '신중한'(Judicious) 사용이라는 개념이 의미하는 바를 세밀하게 탐색해야 한다고 하였다. 이러한 관점에서 한국어교육 연구에서도 한국어 교수·학습 맥락에 대한 고찰을 근거로 각각의 상황에 적합한 교수 언어 사용 방법을 탐구해야 한다. 코드 스위칭 발화량, 코드 스위칭의 사용 시기 등은 교수 맥락에 따라 다르게 나타난다는 것을 확인하였다. 따라서 교수 맥락에 대한 고찰을 통해 구체적인 사용 조건과 방법에 대한 실증적인 탐구가 필요할 것이다.

두 번째로 연구 참여자로 학습자를 포함하여 교수 언어 사용에 대한 학습자의 인식과 효과를 확인하는 연구가 필요하다. 한국어 교실은 교사 발화가 많은 양을 차지하기는 하지만 기본적으로 교사와 학습자 사이의 상호작용을 기반으로 이루어진다. 따라서 교수 언어 사용에 대한 학습자의 인식과 실제 교수 언어 사용에 따른 학습자의 반응, 성취도 등을 체계적으로 조사하는 것은 교수 언어 연구에 유의미한 결과를 제공할 것이다. 상술하였듯이, 교수 언어에 대한 학습자의 반응은 교수 맥락에 따라 차이를 보일 것이다. 각각의 한국어 교실이 가진 고유한 교육 문화에서 학습자의 역할, 교육 제도로서 한국어교육의 위상 등이 다르기 때문이다. 따라서 교수 언어 사용과 교수 맥락 사이의 관계에 대한 연구에서 학습자를 포함하여 심도 깊은 논의가 이루어진다면 교수 맥락의 고유성에 대하여 더욱 풍성한 연구가 가능할 것이다.

제5장

중국인 한국어 교사의 교수 언어 결정 과정

1. 연구 목적

이 글의 목적은 근거이론 연구방법론(Grounded theory)을 통해 중국인 한국어 교사의 교수 언어 결정 과정을 탐색하고, 교수 언어로서 학습자 모어(L1)의 선택과 사용 과정을 이론화하는 것이다. 교사는 매일 수많은 의사 결정(Decision making)을 한다. 수업 계획 단계(Planning decision), 실제 수업 단계(Interactive decision) 그리고 수업이 끝난 후 수업 평가 단계(Evaluate decision)에서도 끊임없이 판단하고 의사 결정을 한다. 이러한 교사의 의사 결정에 대하여 쉐벌슨(Shavelson, 1973:144)은 "모든 교수 행위는 복잡한 인지 과정을 거친 뒤에 내리는 의사 결정의 결과이다"라고 정의하며 의사 결정이 교수의 기본적인 기술이라고 하였다. 교사의 이러한 결정은 수업 목표와 내용, 방법을 결정하는 거시적인 것에서부터 구체적인 수업 장면에서 활동과 과제를 정하는 미시적인 것을 모두 포함한다.

교사의 다양한 의사 결정 가운데 외국어 교육에서는 교수 언어를 결정하는 것이 매우 중요하다. 다른 교과와 달리 교사의 언어가 교육 내용을 전달하는 도구이자 학습자들이 도달해야 하는 지향점이 되기 때문에 외국어 교사는 교수 언어로 목표어(Target language, L2)를 사용할 것인지, 학습자 모어(Mother tongue, L1)를 사용할 것인지를 결정해야 한다. 교수 언어 선택이 교사의 교수 결정에 의해서만 이루어지는 것은 아니다. 국가의 정책이나 교육기관의 방침으로 인해 특정 언어만을 사용해야 할 경우도 존재하기 때문이다.

현재 많은 수의 외국어 교육 현장에서는 교수 언어로 목표어만 사용할 것을 원칙으로 삼고 있는데, 이는 직접 교수법(Direct method)의 등장 이후, 교수 언어로서 목표어 사용이 보편화되었기 때문이다. 나아가 크래션(Krashen, 1985)의 입력 가설(Input hypothesis)을 계기로 "목표어 전용 수업(Exclusive target language use)은 믿음(Belief) 이상의 가상 지위(Virtual position)를 획득하는 동시에 헤게모니적 위상"(Hegemonic status)을 지니게 되었고(Turnbull & Dailey-O'Cain, 2009:4), 대부분의 교육기관 역시 목표어를 사용해서 가르치는 것을 교육 철학으로 표방하였다. 한국어 교육기관 역시 이러한 목표어 중심의 헤게모니를 따르고 있다. 제2언어 습득론에 근거한 교육 철학 외에도 학습자 모어가 다양하기 때문에 한국어 이외의 다른 교수 언어를 사용하기 어렵다는 상황적 요인이 더해지면서 한국어 교실에서 교수 언어로서 한국어의 위상은 더욱 공고해졌다(최권진, 2009).

그러나 국외 한국어교육 현장은 국내 한국어 교육기관과 달리 교수 언어 결정 권한을 교사가 가지고 있는 경우가 많다. 대학 부설 기관 중심의 국내 한국어교육 상황과 달리 대학의 전공 과정에서 교육이 이루어지기 때문에 교수 언어 선택 권한이 담당 교사에게 있으며, 학습자 모어가 동일하기 때문에 학습자 모어를 교수 언어로 사용할 수 있는 조건을 갖추고 있다. 따라서 학습자들의 한국어 수준이나 교육 내용의 난이도, 학습자 요구를 고려하여 교사는 교수 맥락에 적합한 교수 언어를 선택할 수 있다. 이러한 관점에서 이 글에서는 중국 대학의 한국어 교사를 대상으로 교수 언어로서 목표어인 한국어와 학습자 모어인 중국어 사이의 결정 과정을 탐색하고, 교수 언어로서 학습자 모어인 중국어 사용을 추동하는 요인이 무엇인지 고찰하고자 한다. 이미 많은 연구를 통해 중국의 한국어교육 현장에서는 교수 언어로서 학습자 모어인 중국어가 널리 활용된다는 점이 밝혀졌다(축문영, 2012; 신은경, 2014; 호욱문, 2014; 김가람, 2019; 김가람; 2020). 따라서 교수 언어로서 중국어를 선택한 한국어 교사를 대상으로 교수 언어 결정 과정을 탐색하고, 이러한 분석 결과를 통해 중국인 한국어 교사의 중국어 결정 과정을 이론화하고자 한다.

2. 연구 대상 및 방법

2.1. 근거이론

근거이론(Grounded theory)은 '현실에 기반한 자료(Data)에 근거(Grounded)'하여 귀납적인 접근을 통해 이론 도출을 목적으로 하는 '질적연구의 방법론적 전통'을 의미할 뿐 아니라, 그렇게 '도출된 이론 그 자체'를 의미하는 개념이다(Glaser & Strauss, 1965; Strauss & Corbin, 1998). 근거이론은 수집한 자료를 코딩(Coding)이라는 귀납적-질적 방법론을 통해 구조적 완결성을 갖춘 이론의 형태로 만들어내는 것을 근본 목적으로 한다는 점에서 '심층적 기술'(Thick description)을 강조하는 다른 질적 방법론들과 구분된다. 근거이론의 본질은 인간이 직면하는 문제 상황에 대한 해결 과정을 탐색함으로써 그러한 과정을 이론화하는 것이다. 이때 "시간에 따라 발생하는 명백한 단계 혹은 국면을 갖는 과정 혹은 행동"(Strauss & Corbin, 1998:107)을 대상으로 삼기 때문에 본 연구에서 주목하는 '중국인 한국어 교사가 직면한 교수 언어 결정이라는 문제 상황을 해결하는 과정'은 근거이론에 부합하는 연구 문제라고 할 수 있다.

본 연구에서는 근거이론 방법론의 다양한 분기 중 패러다임 모형을 중심으로 한 스트라우스와 코빈(Strauss & Corbin, 1998)의 방법론을 선택하였다. 패러다임 모형은 핵심 범주를 발견하기 위하여 절차와 기법을 강조하고,

축 코딩을 통해 연구 대상을 둘러싼 복잡성과 움직임을 포착하게 함으로써 현상이 어떻게, 왜 일어났는지를 보여주기에 적합하다는 장점을 지닌다. 이 연구에서 탐색하고자 하는 중국인 교사의 교수 언어 결정과 교수 언어로서 학습자 모어 사용에 영향을 미친 조건과 학습자 모어 사용의 결과를 종합적으로 고찰하는 것을 추구하기 때문에 패러다임 모형이 적합하다고 보았다.

2.2. 연구 대상 및 절차

본 연구의 대상은 중국에서 한국어를 가르치는 한족 교사 5명이다. 연구 참여자의 모집은 '눈덩이 표집'(Snowball sampling)의 방법을 활용하였는데, 중국은 '꽌시'(關係) 문화로 인해 연구자와 밀접한 관련을 맺지 않은 참여자를 연구 대상으로 선정하는 것이 쉽지 않다. 따라서 눈덩이 표집의 방법을 통해 연구자와 친밀한 관계를 맺고 있는 1차 참여자가 새로운 참여자를 추천하는 방식으로 대상을 선정하였다. 이러한 방법을 통해 중국인 한국어 교사 5명을 연구 대상으로 선정하였다. 5명은 모두 한족으로서 중국 대학의 한국어과에서 한국어를 가르치고 있다. 교수 언어 사용에 있어서 학습자 수준과 과목은 중요한 변수이기 때문에 모두 2학년 학생을 대상으로 '한국어정독' 과목을 강의하는 교사로 대상을 제한하였다. 이들을 대상으로 인터뷰를 실시하였고, 수업 관찰에 기반한 필드 노트를 작성하였다. 추가적으로 시험지, 교육과정 해설서 등의 관련 수업 자료를 수집하였다.

근거이론 연구에서 가장 핵심이 되는 인터뷰 자료는 초기 인터뷰에서는 연구 주제에 대한 포괄적인 내용들이 질문으로 사용되었지만, 관련 개념들이 드러나면서 점점 개념 사이의 관계를 묻는 구조화된 형식으로 변화되었다. 1인당 평균 2시간 정도의 1차 인터뷰를 실시하였는데, 1차 인터뷰에서는 교수 언어 사용에 대한 중국인 한국어 교사의 기본적인 인식과 사용 경험,

교수·학습 환경 등에 대해 질문을 하였다. 이후 인터뷰 결과를 분석하면서 이메일, SNS를 활용한 후속 인터뷰가 지속적으로 이루어졌는데, 이때는 1차 인터뷰를 통해 발견한 교수 언어 사용에 대한 인식과 인식에 영향을 미친 맥락 요인, 교수맥락으로서 학과 특성과 사회문화적 요인 등에 대한 개념들을 심층적으로 다루었다.

근거이론 연구방법론은 이론적 포화(Theoretical saturation)에 이를 때까지 자료 수집과 분석을 병행해야 하기 때문에 본 연구에서도 분석과 자료 수집을 병행하였다. 이러한 분석 과정에서 중요한 역할을 하는 것이 연구자의 '이론적 민감성'(Theoretical sensitivity)이다. 이론적 민감성은 신속하고 성공적인 연구를 수행하기 위해 연구자가 갖추어야 할 자질을 의미하는 것으로 본 연구를 수행하는 전체 과정에서 중요한 역할을 하였다. 이론적 민감성에 근거한 수행한 자료 수집과 분석의 전체 과정은 다음과 같다.

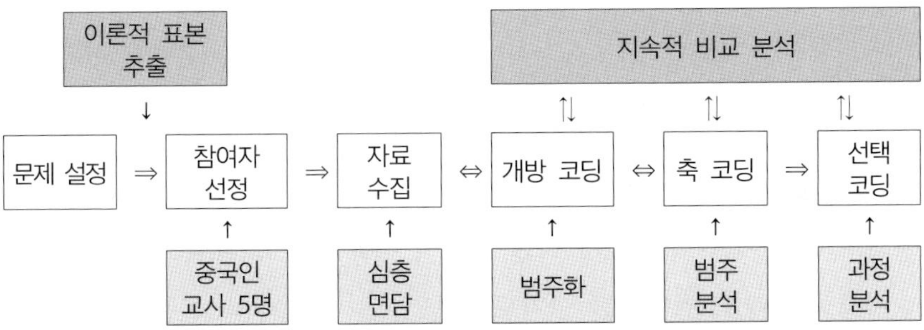

[그림 1] 자료 수집 및 자료 분석 과정

3. 한국어 교사의 교수 언어 결정과 사용 과정 분석

3.1. 한국어 교사의 중국어 사용의 범주화

중국에서 한국어를 가르치는 중국인 교사가 교수 언어로서 학습자 모어인 중국어 결정과 관련된 개념과 범주를 확인하기 위하여 개방 코딩(Open coding)을 실시하였다. 개방 코딩은 자료를 펼쳐 개념들을 발견하고 유사한 개념을 묶어 범주화하면서 각 범주의 속성과 차원을 밝히는 분석의 과정이다. 이때 개념은 면담이나 관찰을 통해 수집한 자료 중에서 개별 사건들과 그 밖에 현상들에 붙여진 개념적 호칭을 의미하고, 범주는 현상(Phenomena)을 대표하는 개념을 의미한다(Strauss & Corbin, 1998:91). 개방 코딩의 과정은 먼저 개념 중에서 유사한 의미나 관련성이 있는 것들을 묶어 하위 범주를 구성하고, 구성된 하위 범주를 다시 묶어서 상위 개념인 범주로 구성한다. 이러한 개방 코딩의 과정을 통해 중국인 한국어 교사가 가지고 있는 교수 언어 사용에 대한 일반적인 인식을 확인하고, 이러한 인식이 교수 언어 결정에 어떠한 영향을 미치는지, 실제 교수·학습에서 어떻게 실현되는지를 확인하였다. 나아가 교수 언어 결정과 사용에 영향을 미친 다양한 개인적, 맥락적 요소를 확인하고, 교수 언어로서 학습자 모어 사용 결과를 탐색하고자 하였다.

이를 위해 인터뷰 자료를 근거로 지속적으로 질문과 비교 분석의 탐구를 통해 개념을 확인하였고, 발견한 개념을 비슷한 개념으로 묶어 범주화시키고, 범주의 속성과 차원을 발전시켰다. 범주화 과정에서 개념들을 포괄할 수 있는 상위 개념인 범주를 설정하고 인터뷰 자료의 의미를 명확하게 드러낼 수 있는 표현을 사용하고자 노력하였다. 그 결과 중국인 한국어 교사의 학습자 모어 사용과 관련하여 79개의 개념으로부터 33개의 하위 범주와 17개의 범주를 탐색할 수 있었다.

[표 28] 학습자 모어 사용 과정에 대한 개방 코딩 결과

개념	하위 범주	범주
-성실한 수업 준비 -학습자 참여를 위한 노력	수업 잘하는 교사를 원함	좋은 교사가 되기를 희망
-학습자에 대한 관심과 애정 -친구 같은 교사가 되고자 함	학습자와 좋은 관계를 희망	
-연구자보다 교육자 취향 -논문 중심 교사 평가 비판	한국어 연구보다 교육 선호	한국어교육에 대한 열정
-학습자 수준을 고려한 교수 언어 사용 -과목의 성격을 고려한 교수 언어 사용	언어 학습에 대한 신념	
-비원어민으로서 한계 -외국어와 상속어의 위상 -한국에서 유학 경험의 영향	한국어 능력의 제한	교사의 한국어 사용 능력
-교사 중심의 교육 문화 -중국인 교사에 대한 선호도	학습자 기대	학습자 반응
-무응답 -난해한 표정	학습자 반응	
-중국어 설명 요구 -개별 상담시 확인	학습자 요구	
-내용학 전공 -원어민 교사 중심 교육 -국외 한국어교육 맥락 간과	예비 교사 교육	교사 교육의 부재
-학교 차원의 일반 연수 -학과 차원의 안내 부족	신입 교사 교육	
-교수 언어의 전환 -교수 언어 사용의 혼란 -통제된 언어 사용 필요성 자각	교사의 언어에 대한 반성적 사고	교수 언어 사용의 어려움
-한국어학과의 정체성 -전공자로서 자부심	학과 정체성에 대한 자각	학과 정체성
-많은 학습자 수 -학습자들의 한국어 수준 -제한된 시간과 학업량	교수 맥락에 대한 인식	교수 경험
-원어민 교사의 존재	원어민 교사의 존재	동료 교사의

개념	하위 범주	범주
- 원어민 교사의 전문성 - 한족, 조선족 교사로 구성		다양성
- 학습자 모어의 중요성 인식 - 중국인 교사로서 정체성 자각	교사의 역할에 대한 반성적 사고	교수 맥락 안에서 정체성 자각하기
- 교과목 구분 - 행정 역할 구분 - 교사 집단의 장단점 반영	원어민과 비원어민 교사의 구분	원어민 교사와 역할 분담하기
- 대조언어학 - 상호문화 교육 - 중국어를 인지적 도구로 활용	중국어와 비교 대조	학습과 관련 있는 풍부한 정보 제공하기
- 한국어 학습 경험 활용 설명 - 학습 전략 제시 - 학습자의 학습 과정 이해	한국어 학습 경험의 공유	
- 다양한 배경 지식 제공 - 의사소통 능력 이상의 지식 제공	관련 지식 추가 제공	
- 한국어 사용 불안감 감소 - 한국어 흥미 유발 - 교사에 대한 신뢰감 형성	정의적 요소	초급 학습자 대상 한국어 기초 형성하기
- 한국어의 기초 형성 - 한국어 학습 원리 안내	인지적 요소	
- 진로 및 진학 지도 - 개인적인 인생사 상담 - 한국어 관련 분야에 대한 소개	인생의 다양한 문제에 대한 조언	학습과 관련 없는 인생 문제 상담하기
- 풍부한 학습자 사례 제시 - 한국 생활 경험 활용	다양한 경험을 제시하여 학습 동기화	
- 수업 시간 외 개인적 소통 - 매체를 활용한 학교 밖 교류 - 다양한 주제에 대한 대화	사제 관계의 유대감 형성	
- 학습자 이해에 도움 - 의미 강조 - 교실 관리	명확한 의미 전달	성공적인 교수·학습
- 교학사고 예방 - 시간 단축	효율적인 시간 관리	

개념	하위 범주	범주
- 의사소통의 지속 - 한국어 사용 시도 증가	상호작용 활성화	
- 긍정적 피드백 - 성실한 수업 준비 - 적극적인 수업 참여	학습자의 긍정적 평가	친밀한 관계 형성
- 졸업생들의 연락 - 한국에서 연락	지속적인 관계 유지	
- 장점 극대화 - 단점 최소화 - 고유성 확인	교사의 역할에 따른 상호보완	중국인 교사로서 자존감 획득

3.2. 패러다임 모형을 활용한 중국어 사용의 범주 분석

중국인 한국어 교사의 교수 언어 결정 과정을 구조화하기 위하여 축 코딩(Axial coding)을 실시하였다. 축 코딩은 개방 코딩을 통해 발견된 범주들 중에서 중심 현상을 파악하고, 범주들 사이의 관계를 밝히는 것이다. 다시 말해, 축 코딩은 개방 코딩을 통해 해체된 자료 및 범주들을 관련 있는 형태로 재조합하는 과정이며, 이때 패러다임 모형을 활용한다. 패러다임 모형의 구체적인 하위 범주를 살펴보면, 먼저 인과 조건은 중심 현상의 원인이 되는 요인을 뜻하며, 중재 조건은 중심 현상에 영향을 미치는 구체적인 상황적 요인을 의미한다. 전략은 중심 현상에 대한 반응으로 취하는 구체적인 행동을 의미하고, 결과는 전략을 활용해서 나타난 결과이다. 중심 현상을 둘러싼 이러한 범주들은 코딩 패러다임 모형에 근거하여 연구 주제별로 도식화의 과정을 거친다.

축 코딩 결과를 패러다임 모형에 따라 구조화하면, 중심 현상은 '목표어와 학습자 모어 사이에서 교수 언어 결정의 어려움'이다. 다시 말해 중국인 한국어 교사는 '한국어 교사로서 한국어를 사용해야 한다'는 관점과 '중국에서 한국어교육의 특수성을 고려해서 중국어를 사용해도 괜찮다'는 관점 사이에서 교수 언어 결정의 어려움을 겪는다. 이러한 중심 현상의 원인이 되는 인과 조건은 '좋은 교사 되기를 희망', '한국어교육에 대한 열정' 두 가지로 나타났고, 중심 현상이 놓여 있는 위치를 의미하는 맥락적 조건으로는 '교사의 한국어 사용 능력'과 '학습자 반응', '교사 교육과정'이다. 즉 중국인 한국어 교사는 좋은 교사가 되기를 바라며, 한국어교육에 대한 열정이 있기 때문에 초반에는 한국어를 교수 언어로 결정하고자 한다.

> 못 알아듣기는 하지만 한국어를 말하고 중국어를 말하더라도 **한국어 언어 환경을 마련해 주는 것**이 외국어 학습에서 도움이 된다고 생각하거든요.
>
> <연구 참여자 5>

> 사실 난 그렇게 처음에는 갓 교직 생활을 시작할 때 한국어를 지금만큼 잘하지 못했어요. 맨 처음에. 석사 끝나고 석사 바로 마치고. 그래도 한국어를 쓰도록 노력했어요. 그때 사실 이 교사라는 직업에 대한 이해도 수업, 강의에 대한 이해도 높지 않았던 거 같아요. 그저 깊이 잘 몰라요. **한국어 선생님이니까 한국어를 써야지**라는 생각만 하고 열심히 하도록 했어요.
>
> <연구 참여자 2>

이처럼 중국인 한국어 교사는 한국어를 사용해서 수업을 하는 것이 필요하다는 인식을 바탕으로 한국어를 사용한 한국어 수업에 대한 열정을 가지고 있다. 그러나 이러한 교사의 가치관은 비원어민으로서 교사의 한국어 사용 능력, 학습자의 한국어 수준 그리고 교사 교육의 부재 등으로 인해 중국어 사용을 확대하는 방향으로 변화된다.

제가 처음 가르칠 때는 한국어를 많이 사용했어요. 근데 점점 **학생들 반응이 안 좋았어요.** 그래서 요즘은 중국어를 많이 사용해요. 한국에서 유학도 끝나고 와서 한국어를 많이 써야지 생각했는데 학생들이 이해를 못 하고 어려워해서. 지금은 중국어를 더 많이 써요.

<연구 참여자 4>

한국어교육을 전공했지만 전공하는 과정에서 직접 수업을 해 본 적은 없잖아요. 이론적으로만 책에서만 공부했기 때문에, 당장 (중국에) 오니까 누가 가르쳐 준 사람도 없고, 물론 내용을 어떻게 해야 한다는 것도 없고, 다른 선생님 강의를 들어본 적도 없고, 아무 것도 없었거든요. 그래서 어떻게 말을 해야 하는지 모르니까

<연구 참여자 1>

이렇게 사실 제가 고민을 해본 적이 있었어요. 한국어로 해야 하는지, 중국어로 해야 하는지 그거는 학생들이 2학년으로 들어갈 때. 근데 **제가 한족이잖아요. 그래서 제가 한국인 원어민 화자처럼 자연스럽게, 정확하게 하는 것이 저한테 어려운 점이고요.** 만약에 학생들에게 잘못된 입력을 주면 좋지 않다고 생각해서 그래서 계속 중국어로 강의를 하게 됐어요.

<연구 참여자 2>

결국 좋은 한국어 교사가 되기를 희망하는 중국인 한국어 교사의 교수 언어 사용에 대한 인식은 현실적인 조건에 영향을 받는다. 이때 중심 현상으로서 중국인 한국어 교사는 '어떤 언어를 사용해서 한국어를 가르쳐야 하는가'라는 문제 상황에 직면하게 되는데, 이러한 중심 현상에 대한 반응으로 취해진 행위/상호작용을 조장하거나 강요하는 중재 조건은 '교수 경험', '학

과 정체성', '동료 교사의 다양성'으로 나타났다. 한국어 교사는 교수 경험을 통해 적절한 교수 언어 선택에 대한 안목을 키우게 되고, 원어민 교사와 비원어민 교사가 공존하는 학과의 특성과 교사 구성의 다양성에 근거하여 중국어 사용 비중을 서서히 늘리게 된다.

> **강의를 해보면 알죠. 교수 경험을 통해서.** 처음에 시도도 해봤어요 한국어로. 얘기를 했더니 못 알아듣는 거예요. 그리고 시간도 오래 들고. 그래서 저는 제 나름대로 시도를 해 봤더니 안 되는 부분이 있으면 시정을 하고
>
> <연구 참여자 5>

> 여기는 한국어 어학당이 아니잖아요. 전공자들이잖아요. 전공자들이 어학당처럼 강의하면 전공 의식이 전공자로서 자부심이 떨어질 수 있거든요. 그래서 저 같은 경우는 문법 수업이나 문법을 강조하기는 해요. 학습자들한테 문법 용어라든가 수업 시작하기 전에 예를 들면 조사를 배운다 뭐를 배운다 그러면 조사라든가 한국어 문형의 특성이라든가, **들어가기 전에 문법 술어에 대한 설명, 문법 체계에 대한 간단한 특징 먼저 간단하게 설명을 하고 들어가거든요.** 강의 도중에서 순간순간 정리를 해주기도 하고요. **전공으로서 한국어를 배우는 거니까 지식적인 것을 강조**하는 거죠.
>
> <연구 참여자 1>

> **아무래도 원어민 선생님이 한국어를 주로 사용하고 노출하는 과목을 맡고 있으니까** 중국인 선생님들은 중국어를 사용해서 문법이나 번역을 효율적으로 가르치는 방향으로. 학교들마다 대체적으로 그럴 것 같습니다. 특히 한족 선생님들은 그런 부담감이 줄어들 것 같아요.
>
> <연구 참여자 4>

이처럼 교수 언어 선택이라는 문제 상황에서 중재적 조건으로서 교수 경험과 학과 정체성 그리고 동료 교사의 다양성으로 인해 중심 현상에 대한 반응으로 취하는 구체적인 행동을 의미하는 행위/상호작용으로는 '교수 맥락 안에서 교사의 정체성 자각하기', '원어민 교사와 역할 구분하기', '풍부한 정보 제공하기', '한국어 기초 형성하기', '인생의 다양한 문제 상담하기'이다. 결국 이러한 조건에 의해 학습자 모어인 중국어 사용 비율이 높아지고, 효과적인 중국어 사용 전략을 익히게 되면서 교육 내용과 방법에 따라 사용 시기를 구분하고, 필요한 상황에 전략적으로 중국어를 사용하게 된다.

> **서로 자신들이 잘하는 부분을 맡아서 하면 효과가 더 좋죠.** 중국인 선생님들은 한국어를 배운 경험이 있기 때문에 문법 해석이 강점이에요. 배운 경험이 있으니까 학생들에게 알맞게 설명을 해줄 수 있죠. 그리고 학생들과 소통도 장점이라고 할 수 있죠. 중국어를 할 수 있다는 거, 한국어 문법 지식이 두 가지가 제일 장점인 거 같아요. **중국인 선생님들도 이걸 알고 문법을 가르칠 때 중국어를 사용하죠. 원어민 선생님과 비교했을 때 강점이니까.**
>
> <연구 참여자 1>

> **정독 수업은 원래 기초잖아요. 어차피 중국어로 하는 게 좀 나은 것 같아요.** 정독 수업에서 필요한 단어, 기초 단어, 필요한 문법 사항 중국어로 선생님한테 배운 다음에 듣기 수업, 말하기 수업에서 활용하는 거예요.
>
> <연구 참여자 5>

> 학생들과 짧은 시간에 한국어만 가르치는 것이 아니라 유학, 취업, 연애, 결혼, 생활 등 다양한 주제 가지고 깊이 교류하고 싶어서 그렇습니다. 그럴 때는 **단어 몇 개 가르치는 것보다 생각을 교류하는 것이 더 중요하다고 생각**

합니다. 한국어만 잘한다고 해서 꼭 성공할 수 있는 것이 아닌 것 같다고 생각하기 때문입니다.

<연구 참여자 3>

이상의 전략을 활용해서 나타난 결과로는 '성공적인 교수 학습', '친밀한 관계 형성', '교사의 자존감 획득'이며 이러한 결과는 '좋은 교사'와 '한국어 교육 전문가'를 원하는 중국인 한국어 교사들의 바람에 부합하게 되면서 중국인 한국어 교사의 교수 언어로서 중국어 사용이 강화된다.

주로 한국어를 많이 사용하는 과목을 원어민 선생님이 맡으니까 중국인 선생님들은 한국어 사용에 대한 부담감을 줄일 수 있고, **중국어를 사용해서 문법과 내용을 효율적으로 설명하는 데에 집중**할 수 있습니다.

<연구 참여자 3>

되게 마음을 편하게 열 수 있는 거 같아요. 말이 잘 통해서. 개인적인 상담도 있어요. 공부 잘 되냐? 나중에 뭐 되고 싶냐? 요즘 뭐 하냐? 많이 하는 학생도 있고, 안 하는 학생도 있어요. 지금 학생들이 우울증 걸린 학생들이 있잖아요. 전에는 한 학생이 WeChat으로 기분이 좋지 않을 때 저랑 연락해요.

<연구 참여자 2>

중국인 교수, 중국인 선생님 할 수 있는 부분은 내가 생각하기에는 아무래도 기초. 특히 발음. 발음뿐만 아니라 기초 부분. 그렇게 한국어와의 시작을 좀 좋게 더 아름답게. 저번에 1학년 마치고 나서 어떤 학생이 나한테 써준 엽서가 있었어요. 선생님 고맙다 한국어와의 첫만남을 아름답게 해주셔서.

중국말로 아주 멋있게 표현한 엽서를 보내줬어요. 그때 보람을 느꼈어요. 아름다운 첫 만남, 좋은 만남.

<연구 참여자 1>

이처럼 중국인 한국어 교사는 중국어 사용을 통해 교수·학습 내용에 대한 명확한 전달, 친밀한 관계 형성 등의 결과를 얻었고, 이러한 결과는 궁극적으로 중국인 교사로서 자존감 향상에 도움을 주었다. 따라서 한국어와 중국어 사이에서 고민하던 교수 언어 결정의 어려움은 학습자 요구와 같은 현실적인

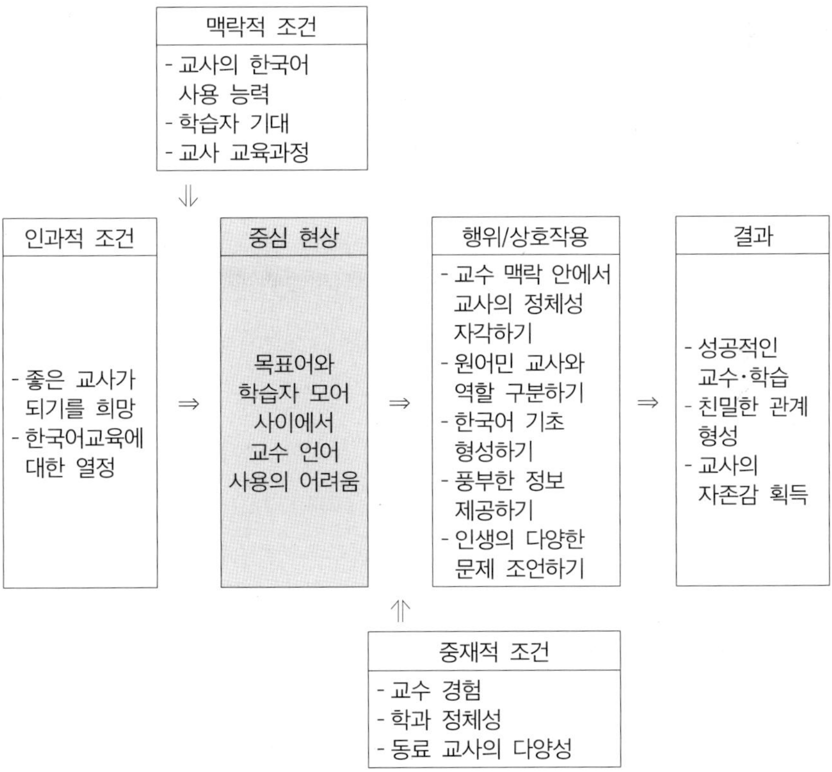

[그림 2] 학습자 모어 사용 과정에 대한 패러다임 모형

조건에 의해 중국어 사용이 확대되었고, 이를 통해 중국인 교사로서 고유한 역할 수행에 긍정적으로 기여하였다. 이상의 내용을 패러다임 모형에 따라 도식화하면 [그림 2]와 같다.

3.3. 한국어 교사의 학습자 모어 결정 과정 분석

지금까지 개방 코딩을 통해 수집한 자료를 범주화하였고, 축코딩을 통해 패러다임 모형 속에서 중심 현상을 둘러싼 조건과 관계를 확인하였다. 근거 이론 방법론에서 추구하는 이론화의 마지막 단계는 선택 코딩을 통해 관련된 범주를 발전시키고, 범주들 간의 상호관계를 분석함으로써 이야기를 결합하는 것이다(조흥식 외, 2015:110-113). 선택 코딩(Selective coding)은 핵심 범주를 선택하고 이를 중심으로 이야기의 윤곽을 형성하는 단계이다. 특히 범주들 사이의 상호관련성에 대해서 더 나은 견해를 제공할 수 있도록 패턴을 기술하는 단계로서 하위 범주들이 중심 현상에 어떠한 영향을 미치는지 이해하기 위한 점검이 수행된다. 이때 핵심 범주란 연구의 중심 주제로 '연구가 무엇에 관한 것'인지를 알려주는 개념이다. 핵심 범주는 자주 나타나고, 다른 범주와 쉽게 연결되며, 자료의 변동을 잘 설명할 수 있고, 이론을 최대한 함축하고, 이론이 단계적으로 진척될 수 있어야 하며, 분석에 있어서 최대한의 변동을 허용하는 것이어야 한다(Strauss & Corbin, 1998:133).

이러한 기준에 근거하여 발견한 핵심 범주는 '학습자 모어를 사용하여 중국인 교사의 고유한 역할 수행하기'이다. 중국인 교사의 고유한 역할이란 비원어민 한국어 교사로서 중국인 교사만이 수행할 수 있는 역할을 의미한다. 많은 연구에서 원어민 교사와 비원어민 교사의 담당 과목과 수행 업무가 다르다고 하였다(최윤곤, 2010; 전나영, 2014; 허세립·이인순, 2018). 언어적, 문화적 자원의 차이는 담당 과목의 구분으로 이어지고, 원어민 교사와 구별되는 신분적 특성은 다양한 업무에서도 차이를 보인다. 중국인 교사는 학과의 다양한 보직을 맡아 학교나 정부에서 요구하는 행정적인 업무와 학생 관리 및 지도 업무를 담당하지만 원어민 한국어 교사는 학생 지도나 행정 업무에서 배제되고 주로 수업에만 집중한다.

이처럼 원어민 교사와 구별되는 중국인 교사의 고유한 역할을 수행하는 과정에서 학습자 모어인 중국어가 중요한 역할을 한다. 고유한 역할 수행을 위한 중국어 사용은 질적 코딩을 통해 도출한 17개의 범주와 밀접한 관련을 맺는다. 좋은 교사가 되고자 하는 열망과 한국어교육 전문가에 대한 열정은 학습자 모어를 사용함으로써 초급 학습자를 주로 담당하는 중국인 교사에게 큰 도움을 주고, 어휘와 문법 교수에 있어서 명확한 전달을 가능하게 한다. 또한 교수 경험을 통한 교수 맥락에 대한 자각은 학습자 모어 사용의 중요성을 인식하는 계기가 된다. 교육기관 내에서 원어민 교사가 한국어 입력을 담당하는 역할을 맡고 있기 때문에 한국어 사용에 대한 부담감을 줄일 수 있다. 비원어민으로서 중국인 교사의 한국어 사용 능력의 한계는 학습자 모어 사용을 통해 극복하게 된다. 중국인 교사의 한국어 사용 결과 학습자들의 만족도가 높아지고, 수업에 적극적으로 참여하게 되는 성공적인 교수·학습이 이루어지고, 원활한 의사소통을 통해 다양한 화제에 대해 깊이 있는 대화를 하면서 친밀한 관계가 형성된다. 무엇보다 중국인 교사로서 자존감 향상과 긍정적인 정체성 형성에 기여를 하게 된다.

이러한 중국인 교사의 학습자 모어 사용 과정에 대한 과정적 접근을 통해 확인한 구체적인 학습자 모어 사용의 절차는 '교수 맥락 안에서 중국인 한국어 교사의 고유한 역할 인식 단계', '원어민 교사와 역할 분담 단계', '학습자 모어를 사용하여 고유한 역할 수행 단계'로 세분화된다. 먼저 목표어와 학습자 모어 사이에서 시행착오를 겪은 중국인 한국어 교사는 교수 경험을 통해 맥락에 대해서 인식하게 되고, 비원어민 한국어 교사로서 교사의 한국어 능력에 대해서 자각하게 된다. 이는 중국인 한국어 교사의 정체성 자각으로 이어지며, 이를 통해 학습자 모어 사용의 중요성을 인식하게 된다. 이후 동료 교사인 한국인 원어민 교사와 협력을 통해 '언어 모델(Language model)로서 원어민 교사', '학습자 모델(Learner model)로서 중국인 교사'로 역할을 분담한다. 역할 분담 이후, 초급 학습자를 위한 한국어 기초 형성하기, 학업과 관련한 풍부한 정보 제공하기, 인생의 다양한 문제에 대해 상담하기 등의 고유한 역할을 수행하고, 이때 학습자 모어를 전략적으로 사용한다. 이처럼 고유한 역할 수행을 위한 학습자 모어 사용의 결과는 인지적인 측면에서 성공적인 교수·학습으로 이어지고, 사회적인 측면에서 교사와 학습자 사이의 친밀한 관계 형성에 기여한다. 나아가 교사 측면에서 비원어민 한국어 교사로서 긍정적인 정체성을 확립[1]하는 데에 도움을 준다. 이상의 과정을 정리하면 다음과 같다.

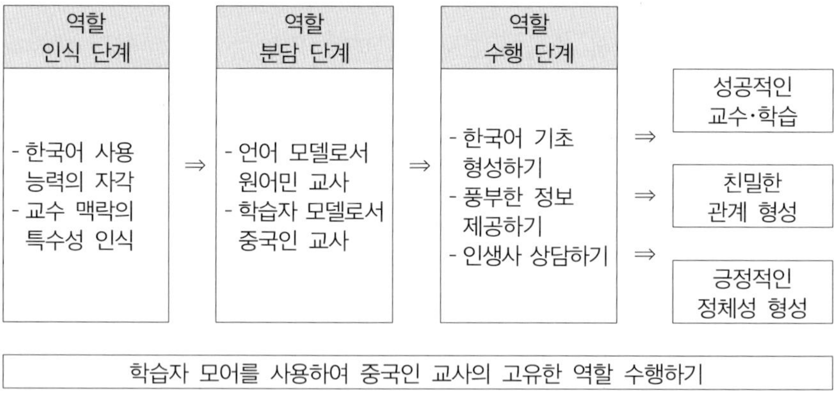

[그림 3] 한국어 교사의 학습자 모어 사용 과정

1 학습자 모어를 긍정적인 정체성 형성의 '수단'으로 사용한 것인지 혹은 학습자 모어 사용의 '결과'로서 긍정적인 정체성 형성이 이루어진 것인지에 대해서는 후속 논의가 필요하다. 현재까지 수행한 본 연구에는 비원어민 교사로서 정체성의 혼란이나 정체성 문제가 드러나지 않았기 때문에 이러한 문제를 해결하기 위한 수단으로 학습자 모어가 사용되었다고 볼 수 없다.

4. 결론

지금까지 중국 대학에서 한국어를 가르치는 중국인 한국어 교사를 대상으로 교수 언어 결정 과정과 교수 언어로서 학습자 모어의 사용 과정을 근거이론적 접근을 통해 확인하였다. 기존의 연구에서 간과했던 언어 사용의 주체로서 교사에 주목하여 비원어민 교사로서의 고유한 역할 수행이 교수 언어로서 학습자 모어 사용을 추동하는 주요한 요인이 된다는 사실을 새롭게 발견하였다. 기존의 학습자 모어 사용 연구는 인지적인 측면과 정의적인 측면에서 효용성에 기반한 표면적인 연구였지만, 본 연구에서는 중국인 한국어 교사로서 역할에 대한 자각과 고유한 역할 수행을 위해 학습자 모어인 중국어를 교수 언어로 결정하게 된다는 것을 새롭게 확인하였다. 나아가 이러한 교수 언어 결정을 통해 비원어민 교사의 학습자 모어 사용 현상을 이해하는 개념적 폭을 넓히게 되었다. 특히 교사의 교수 언어 결정과 사용 그리고 결과를 포함하는 전체 과정으로 이해함으로써 사용 목적뿐만 아니라 사용에 영향을 미치는 요인까지 충분하게 고려할 수 있게 되었다. 이러한 탐구를 통해 중국인 한국어 교사가 경험하는 학습자 모어 사용의 과정이 '중국인 한국어 교사로서 역할 인식 단계', '원어민 교사와의 역할 구분 단계', '성공적인 역할 수행 단계'의 과정으로 이루어진다는 것을 밝혔다는 점에서 의의가 있다.

그러나 이러한 연구 결과는 5명의 연구 참여자를 대상으로 수행한 연구인 만큼 전체 중국인 한국어 교사의 교수 언어 결정 과정으로 일반화하는 데에는 한계가 있다. 앞서 언급하였듯이, 교수 언어 결정에 중요한 영향을 미치는 조건이 맥락이라는 점을 고려한다면 학습자의 특성과 학교 수준, 지역적 특성, 교사 구성 등이 큰 차이를 보이는 중국의 한국어교육 현장에 모두 적용하는 것은 불가능하다. 특히 맥락적 조건의 다양성이 교수 언어 결정에 영향을 미치기 때문에 이러한 요인을 통제하여 보다 엄밀한 조건 속에서 논의가 이루어져야 할 것이다. 또한 교수 언어로서 중국어 사용 결과 탐구가 교사 관점에서만 이루어졌는데, 학습자를 대상으로 성취도와 교사와의 관계 개선 등에 대한 확인이 이루어졌을 때 보다 정확한 교수 언어 사용의 결과가 도출될 수 있을 것이다.

이러한 한계에도 불구하고, 비원어민 한국어 교사로서 중국인 한국어 교사가 보편적으로 지니게 되는 정체성의 문제가 학습자 모어 사용에 관여하는 주요한 요인이라는 발견의 성과는 부인하기 어려울 것이다. 따라서 중국인 한국어 교사를 대상으로 한 후속 연구에서는 교사 정체성에 초점을 맞추어 교사 정체성과 학습자 모어 사용 사이의 관계를 보다 심층적으로 확인한다면 교수 언어로서 학습자 모어 사용 연구는 물론 비원어민 교사 연구의 지평이 확장될 수 있을 것이다. 나아가 다양한 교수 맥락을 고려하여 교수 맥락과 학습자 모어 사이의 관계에 대한 정치한 분석이 이루어진다면 중국에서 이루어지는 한국어교육은 물론 중국인 한국어 교사와 학습자 모어 사용에 대한 깊이 있는 이해가 가능할 것이다.

참고문헌

1. 일반 논문

강보유, 「중국 대학교에서의 한국어 교육과 교수법」, 『한국어교육』 13(2), 국제한국어교육학회, 2002.

강승혜, 「한국어교육 연구에서의 교사, 학습자 연구 동향 분석」, 『이중언어학』 56, 이중언어학회, 2014.

강은국, 「대학교 본과 외국어 비통용 어종 학과 규범의 측면에서 본 중국에서의 한국어 교육」, 『중국한국(조선)어교육연구학회』, 2010.

권재일, 「한국어 교육을 위한 표준 문법의 개발 방향」, 『새국어생활』 10(2), 국립국어연구원, 2000.

권향원, 「근거이론의 수행 방법에 대한 이해: 실천적 가이드라인과 이론적 쟁점을 중심으로」, 『한국정책과학회보』 20(2), 한국정책과학학회, 2016.

김가람, 「비원어민 한국어 교사 교육의 과제와 방향: 중국의 '한어국제교육'과 비교를 중심으로」, 『이중언어학』 59, 이중언어학회, 2015a.

김가람, 「중국인 한국어 학습자의 한국어 교사에 대한 인식 연구: 북경 지역 학습자를 대상으로」, 『외국어로서의 한국어교육』 43, 연세대학교 언어연구교육원 한국어학당, 2015b.

김가람, 「비원어민 한국어 교사 연구의 동향 분석」, 『국어교육연구』 43, 서울대학교 국어교육연구소, 2019a.

김가람, 「중국인 한국어 교사의 문법 용어 사용 양상 연구: '한국어정독' 수업을 대상으로」, 『언어와 문화』 15(3), 한국언어문화교육학회, 2019b.

김선희, 「중국 연변 조선족 언어의 이질화 연구」, 『한국어문연구』 11, 한국어문연구학회, 1998.

김영근·임총인, 「중국인 한국어 교사의 민족 구성을 고려한 재교육 방안 연구: 절강 지역 교사 요구 분석을 바탕으로」, 『이중언어학』 59, 이중언어학회, 2015.

김영수, 「중국에서의 대학교 한국어교육과정 현황과 개선연구」, 『중국한국(조선)어교육연구학회』, 2010.

김영옥, 「중국에서의 한국어(조선어) 교육에 관한 고찰」, 『청람어문교육』 26, 청람어문교육학회, 2004.

김재욱, 「한국어 수업에서 교사 발화 연구」, 『이중언어학』 34, 이중언어학회, 2007.

김중섭, 「한국어 교사 초청 사업의 발전 방향 제언」, 『국외 한국어 교사 초청 연수 백서』, 국립국어원, 2010.

김지형 외, 『2015년 국외 한국어 교육 기관 현황 조사 최종 보고서』, 세종학당재단, 2015.

김판준, 「중국 대학 한국어과의 교육 과정과 교수·학습 모형 분석」, 『전남대학교 세계한상문화연구단 국내학술회의』 12, 전남대학교 세계한상문화연구단, 2016.

김현기, 「중국 조선족 방언 음성의 실험적 연구」, 『말소리와 음성과학』 1(1), 한국음성학회, 2009.

김호정, 「한국어 교재 내의 용어 계량 연구」, 『언어과학연구』 46, 언어과학회, 2008.

김호정, 「한국어 「문법」 학습자의 문법 용어 인식 양상 연구」, 『언어과학연구』 50, 언어과학회, 2009.

김호정 외, 「한국어 수업 담화 분석을 통한 교사의 문법 용어 사용 사례 연구」, 『언어과학연구』 57, 언어과학회, 2011.

김호정 외, 「한국어 교사의 등급별 문법 용어 사용 실태」, 『국어교육』 139, 한국어교육학회, 2012.

김호정·정연희, 「한국어 수업 중에 이루어지는 수정적 피드백에 대한 실행연구」, 『우리말연구』 47, 우리말학회, 2016.

남혜림·박선호, 「초등 영어교사의 교수 언어 유형 선택: 영어 전용과 코드 스위칭」, 『초등영어교육』 24(1), 한국초등영어교육학회, 2018.

노금송, 「중국 북경지역 한국어교육 현황과 과제」, 『국어교육연구』 23, 서울대학교 국어교육연구소, 2009.

니콜라, 「한국어 비원어민 교사에 대한 학습자의 인식」, 『이중언어학』 43, 이중언어학회, 2010.

류혜진, 「제2언어 교실에서 학습자 모국어의 효용: 협동적 과제 수행을 중심으로」, 『한국어교육』 26(2), 국제한국어교육학회, 2015.

민현식, 「제2언어로서의 한국어 문법 교육의 현황과 과제」, 『새국어생활』 10(2), 국립국어연구원, 2000.

박은하, 「한국어 교재와 교수 언어에서의 메타언어 쓰임: 피동과 간접인용의 의미 기술을 중심으로」, 『새국어교육』 107, 한국국어교육학회, 2016.

방성원, 「한국어 교육용 문법 용어의 표준화 방안」, 『한국어교육』 13(1), 국제한국어교육학회, 2002.

손희연, 「한국어 수업 상황의 코드 스위칭: 프랑스의 한국어 수업에서 관찰되는 유형과 기능」, 『이중언어학』 31, 이중언어학회, 2006.

신은경, 『한국어 교사의 교수학적 내용지식(PCK) 연구』, 부산외국어대학교 박사학위 논문, 2014.

안정민, 「한국어 교사의 수업 시간 외국어 사용 연구: 교사의 언어적 배경과 한국어 교수 환경을 중심으로」, 『이중언어학』 67, 이중언어학회, 2017.

안주호, 「한국어 문법용어의 영어 대역어에 대한 계량적 연구」, 『새국어교육』 89, 한국국어교육학회, 2011.

오상순, 「중국에서의 한국어교육 현황과 과제」, 『한어문교육』 23, 한국언어문학교육학회, 2010.

왕단, 「한국어 교육용 문법 용어의 중국어 표준화 연구」, 『한글』 282, 한글학회, 2008.

왕단, 「중국에서 한국어교육 현황과 전망」, 『Journal of Korean Culture』 12, 한국어문학국제학술포럼, 2009.

윤경원, 「미국 대학 초급 교실에서 교사의 학습자 모어 사용에 대한 학습자의 인식」, 『이중언어학』 75, 이중언어학회, 2019.

이정희·김중섭, 「중국 대학 한국어 교원 재교육 프로그램 개발을 위한 사례 연구」, 『이중언어학』 31, 이중언어학회, 2006.

전나영, 「외국인 한국어 교사 양성의 과제」, 『외국어로서의 한국어교육』 41, 연세대학교 언어연구교육원 한국어학당, 2014.

정명숙, 「한국어 학습자를 위한 전략적 발음 교육: 중국인 학습자를 중심으로」, 『한국어학』 38, 한국어학회, 2008.

조항록, 「중국 내 한국어교육의 과제와 전망, 중국에서의 한국어, 한국문화」, 『국제한국어교육학회·중앙민족대학교 공동 국제학술대회 논문집』, 국제한국어교육학회·중앙민족대학교, 2004.

최권진, 「한국어 교실에서 학습자 모국어 사용에 관한 의식 조사 연구」, 『언어와 문화』 5(1), 한국언어문화교육학회, 2009.

최열, 「한국어 학습 목적에 따른 비원어민 한국어 교사에 대한 인식 비교: 학문 목적 학습자와 이주 목적 학습자를 대상으로」, 『시학과 언어학』 25, 시학과 언어학회, 2013.

최윤곤, 「비원어민 한국어 교원의 현황과 역할: 중국 대학 사례를 중심으로」, 『외국어로서의 한국어교육』 35, 2010.

최윤곤, 「중국어권 한국어 문법 교재 용어 분석(Ⅰ): 품사를 중심으로」, 『새국어교육』 89, 한국국어교육학회, 2011.

최윤곤, 「중국어권 한국어 문법 교재 용어 분석(Ⅱ): 어미를 중심으로」, 『외국어로서의 한국어교육』 40, 연세대 한국어학당, 2014.

최윤곤, 「중국어권 한국어 문법 교재 용어 분석(Ⅲ): '문장 성분'과 '문장 구조'를 중심으로」, 『한중인문학연구』 49, 한중인문학회, 2015.

최정순, 「한국어교재의 중국어 번역 출판, 무엇을 고려해야 하나?」, 『국어교육학연구』 49(3), 국어교육학회, 2014.

한상미, 「비원어민 한국어 교사의 수업 담화 오류 연구: 한국어 교사 연수 과정 수료생의 담화를 중심으로」, 『언어와 문화』 8(3), 한국언어문화교육학회, 2012.

한송화, 「한국어 문법용어 사용에 대한 교사·학습자의 인식 연구」, 『한국어교육』 21(4), 국제한국어교육학회, 2010.

호욱문·김영주, 「중국인 한국어 교사의 학습자의 모어 사용에 대한 인식 조사」, 『새국어교육』 97, 한국국어교육학회, 2013.

허세립·이인순, 「중국대학의 한국어교육 현황과 전망」, 『한중인문학연구』 38, 한중인문학회, 2013.

허세립·이인순, 「중국 대학의 한국어교육의 흐름, 현황 및 발전방안에 대하여」, 『한국학연구』 65, 고려대학교 한국학연구소, 2018.

Bae, K-M & Jay-Ar M, I.(2012), "A Study on Non-native Teacher of Korean as a Foreign Language", Journal of Korean Language Education 23, 343-364.

Brooks-Lewis, K.(2009). Adult learners' perceptions of the incorporation of their L1 in foreign language teaching and learning. Applied Linguistics 30(2), 216-235.

Brown, H. D.(2007). Teaching by principles: An interactive approach to language pedagogy(3rd ed.). White Plains, NY: Addison Wesley Longman.

Borg, S.(1999), The Use of Grammatical Terminology in the Second Language Classroom: A Qualitative Study of Teacher's Practice and Cognition, Applied Linguistics 20-1, 95-126.

Chaudron, C.(1983), Second language classrooms: Research on teaching and learning. Cambridge University Press.

Cheung, Y.L., & Braine, G(2007), "The Attitude of university students towards Non native Speakers English Teacher in Hong Kong", RELC Journal, Vol 30, 257-277.

Cook, V.(2001). Using first language in the classroom. Canadian Modern Language Review, 57, 402-423.

Creswell, J. W.(2013). Qualitive Inquiry & Research Design: Choosing Among Five Approaches(3rd ed). Thousand Oaks, CA: Sage. 조홍식·정선욱·김진숙·권지

성 공역(2015), 『질적 연구방법론: 다섯 가지 접근』, 학지사.

DiCamilla, F. J. & Anton, M.(1999). Socio-Cognitive Functions of L1 Collaborative Interaction in the L2 Classroom, The Modern Language Journal 83(2), 233-247.

Dietze, A. & Dietze, H.(2007). Approaches to L1 use in the EFL classroom, The Language Teacher 31(8), 7-11.

Glaser, B. G. & Strauss, A. L.(1965). Awareness of Dying. Chicago, IL: Aldine.

Kern, R.(1994). The role of mental translation in second language reading. Studies in Second Language Acquisition, 16(4), 441-461.

Krashen, S.(1985). The input hypothesis: Issues and implications, New York, NY: Longman.

Lasagabaster, D.,& Sierra, J.M.(2005). What do students think about the pros and cons of having a native speaker teacher. In E. Llurda(Ed.), Non-native language teacher: Perceptions, challenges and contributions to the profession. New York: Springer.

Mahboob, A.(2004), Native or nonnative: What do students enrolled in the intensive English Program think? In L. Kamhi-Stein(Ed.), Learning and Teaching from experience: Perspectives on nonnative English-speaking professionals. Michigan: Michigan University Press.

Macaro, E.(2001). Analysing student teachers' codeswitching in foreign language classrooms: Theories and decision making. The Modern Language Journal, 85(4), 531-548.

Medgyes, P.(1994). The non-native teachers, London: Macmillan.

Medgyes, P.(2001), When the teacher is a non-native speaker, In M. Celcia- Muricia (ed). Teaching English as a Second or Foreign Language. Boston, Ma: Heinle & Heinle

Mitchell, J. T. & M. L. Redmond(1993), Rethinking grammar and communication, Foreign Language Annals, 26-1, 13-19.

Moussu, L., & Braine, G.(2006), "The attitudes of ESL students towards nonnatives English language teachers", TESL Repoter, 39(1), pp.33-47.

Phillipson, R.(1992), Linguistic Imperialism, Oxford: Oxford University Press.

Shavelson, R. J.(1973), The Basic Teaching Skill: Decision Making, Journal of Teacher Education, 24, 144-151.

Shin, S. C.(2009), Language Instructors' Use of Learners' L1 and L2 in Classroom: Perceptions by Students and Teachers of Korean, 언어정보와 사전편찬 24, 157-186.

Strauss, A. L. & Corbin, J.(1998). Basics of Qualitative Research: Techniques and procedures for developing grounded theory(2nd ed.). Thousand Oaks, CA: Sage. 신경림 옮김(2003), 근거이론의 단계, 현문사.

Stern, H. H.(1983), Fundamental Concepts of Language Teaching, Oxford: Oxford University Press.

Turnbull. & Dailey-O'Cain.(2009), First Language Use in Second and Foreign Language Learning, Bristol: Multilingual Matters.

娄小琴(2008). "长三角地区高职韩语教育的现状及对策", 浙江旅游职业学院学报2008年, 4卷 4基, 浙江旅游职业学院. 88-91.

2. 학위논문

교우박, 『중국의 한국어 교재 '정독'에 대한 연구: 학습자의 반응과 요구를 중심으로』, 고려대학교 박사학위논문, 2011.

김가람, 『중국인 한국어 교사의 코드 스위칭 사용 양상과 맥락 요인 연구』, 서울대학교 박사학위논문, 2020.

니콜라, 『비원어민 한국어 교사 정체성 연구』, 고려대학교 박사학위논문, 2012.

손영, 『중국 단동 거주 조선족의 언어에 대한 사회언어학적 연구』, 인하대학교 박사학위논문, 2013.

신은경, 『한국어 교사의 교수학적 내용지식(PCK) 연구』, 부산외국어대학교 박사학위논문, 2014.

왕해하, 『학습자 반응 분석을 통한 한족, 조선족, 원어민 한국어 교사 집단 대조 연구』, 호서대학교 석사학위논문, 2012.

원팅팅, 『중국인 한국어 전공자를 위한 한국어 문법 용어 교육 내용 연구: 조사 관련 문법 용어를 중심으로』, 세종대학교 박사학위논문, 2013.

정연, 『한국어 교육에서의 문법 용어 범위 선정 및 효용성 고찰: 중국 내 초급 한국어 학습자를 중심으로』, 중앙대학교 석사학위논문, 2016.

조윤경, 『교사의 학습자 모어 사용이 교실 상호작용과 정의적 요인에 미치는 영향』, 부산외국어대학교 박사학위논문, 2012.

추애방, 『중국 대학 학부 과정 한국어 전공자를 위한 종합 한국어 교육 내용 연구』,

고려대학교 박사학위논문, 2017.
축문영, 『한국어 말하기 수업에서 교사의 학습자 모어 사용 전략 연구: 중국에서 한국어 말하기 수업을 중심으로』, 서울대학교 석사학위논문, 2012.
한상미, 『외국어로서 한국어교육에서 교사말 연구』, 연세대학교 석사학위논문, 2001.
홍은실, 『초급 한국어 수업의 교수 언어 연구: 메타 언어 사용을 중심으로』, 서울대학교 석사학위논문, 2005.
호욱문, 『중국인 한국어 교사의 수업 내 학습자 모어 사용 양상 연구』, 경희대학교 석사학위논문, 2014.

3. 단행본

강인애, 『왜 구성주의인가?』, 문음사, 1997.
고석주·김미옥, 『한국어 학습자 말뭉치와 오류 분석』, 한국문화사, 2004.
권태환, 『중국 조선족사회의 변화: 1990년 이후를 중심으로』, 서울대학교 출판부, 2006.
문창덕, 『현대조선어 연구』, 한국학술정보(주), 2006.
이관규, 「교육용 문법 용어」, 『한국어교육론 2』, 한국문화사, 2005.

김가람

전남 고흥 출생. 전주대학교 국어교육과에서 학사, 서울대학교 국어교육과에서 한국어교육을 전공으로 석사와 박사 학위 취득. 이후 북경대학교 조선(한국)어문화학부 객원교수, 전북대학교 교과교육연구소 연구 교수를 거쳐 현재 전북대학교 한국어학과에서 조교수로 재직. 『세종한국어』, 『신경전한국어』 등의 한국어 교재와 『한국어교육학 사전』, 『한중연어 사전』, 『한국어교육학개론』 등의 한국어교육학 분야의 학술 서적을 출간하였음.

전북대학교 교과교육연구총서 ⑬

중국인 한국어 교사 연구

초판 1쇄 인쇄 2025년 10월 17일
초판 1쇄 발행 2025년 10월 31일

지은이 김가람
펴낸이 이대현

편집 이태곤 권분옥 임애정 강윤경
디자인 안혜진 최선주 김다윤
마케팅 박태훈
펴낸곳 도서출판 역락 | **등록** 1999년 4월 19일 제303-2002-000014호
주소 서울시 서초구 동광로46길 6-6 문창빌딩 2층(우06589)
전화 02-3409-2060(편집부), 2058(영업부) | **팩스** 02-3409-2059
전자우편 youkrack@hanmail.net | **홈페이지** www.youkrackbooks.com

ISBN 979-11-7396-176-2 94370
979-11-5686-187-4 94080(세트)

책값은 뒤표지에 있습니다.
파본은 구입처에서 교환해 드립니다.